पेंगुइन स्वदेश

शब्दों के साथ-साथ

पिथौरागढ़ जनपद (उत्तराखंड) के एक गाँव में जन्मे डॉ. सुरेश पंत ने दिल्ली विश्वविद्यालय से हिंदी में तथा हिमाचल प्रदेश विश्वविद्यालय से संस्कृत में परास्नातक करने के बाद मेरठ विश्वविद्यालय से पीएचडी संपन्न की। दिल्ली से रूसी भाषा में डिप्लोमा और दक्षिण भारतीय भाषा केंद्र, मैसूरु से तमिल में सघन डिप्लोमा पाठ्यक्रम पूर्ण किया एवं हिंदी और तमिल का तुलनात्मक अध्ययन भी किया। 1960 के दशक से उत्तर प्रदेश और दिल्ली में हिंदी शिक्षण के साथ-साथ अनेक महत्त्वपूर्ण सरकारी और गैर-सरकारी संस्थानों में हिंदी के विषय विशेषज्ञ, परामर्शदाता, पाठ्यक्रम और पठन सामग्री निर्माता, शिक्षक-प्रशिक्षक तथा लेखक-समीक्षक इत्यादि विविध प्रकार की भूमिकाओं में सक्रिय रहे।

डॉ. पंत की प्रमुख प्रकाशित रचनाओं में 'कुमाउँनी और हिंदी क्रियापदों का भाषा-वैज्ञानिक अध्ययन' और 'कुमाउँनी क्रियापदों की पड़ताल' सम्मिलित हैं। पूर्व में डॉ. पंत ने शिक्षक और शिक्षार्थियों के लिए शैक्षिक व्याकरण की अनेक शृंखलाएँ भी लिखी हैं। उनकी रचनाएँ अनेक पत्र-पत्रिकाओं में प्रकाशित होती रही हैं। वे स्तंभ लेखक, ब्लॉगर, यूट्यूबर के रूप में भी जाने जाते हैं।

भाषा के क्षेत्र में महत्त्वपूर्ण योगदान के लिए डॉ. सुरेश पंत को 'शब्दावली' (Valley of Words), 2024 के गौरवपूर्ण पुरस्कार से सम्मानित किया गया है। इसके अतिरिक्त आर्ष विद्या विकास केंद्र, भुवनेश्वर, उड़ीसा; साहित्य कला परिषद, दिल्ली; दक्षिण भारत हिंदी प्रचार सभा, काकीनाडा, आंध्र प्रदेश; हिंदी अकादमी एवं संस्कृत अकादमी, दिल्ली तथा हिमाचल प्रदेश सरकार इत्यादि संस्थानों द्वारा सम्मानित किया जा चुका है।

सोशल मीडिया पर लेखक से जुड़ने के लिए:
https://www.facebook.com/suresh.pant.39
https://twitter.com/drsureshpant

लेखक की अन्य पुस्तक

शब्दों के साथ-साथ : 2

शब्दों के
साथ-साथ

सुरेश पंत

पेंगुइन स्वदेश
पेंगुइन रैंडम हाउस इंप्रिंट

पेंगुइन स्वदेश

यूएसए। कनाडा। यूके। आयरलैंड। ऑस्ट्रेलिया। सिंगापुर
न्यू ज़ीलैंड। भारत। दक्षिण अफ़्रीका। चीन

पेंगुइन स्वदेश, पेंगुइन रैंडम हाउस ग्रुप ऑफ़ कंपनीज़ का हिस्सा है,
जिसका पता global.penguinrandomhouse.com पर मिलेगा

पेंगुइन रैंडम हाउस इंडिया प्रा. लि।
चौथी मंजिल, कैपिटल टावर 1, एमजी रोड,
गुरुग्राम 122002, हरियाणा, भारत

पेंगुइन
रैंडम हाउस
इंडिया

प्रथम हिंदी संस्करण शब्दों की पड़ताल हिन्द पॉकेट बुक्स में पेंगुइन रैंडम हाउस द्वारा 2023 में प्रकाशित
यह हिंदी संस्करण पेंगुइन स्वदेश में पेंगुइन रैंडम हाउस द्वारा 2025 में प्रकाशित

10 9 8 7 6 5 4 3 2

यह पुस्तक एक नॉन-फ़िक्शन कृति है। पुस्तक में व्यक्त किए गए विचार
केवल लेखक के हैं और किसी अन्य व्यक्ति के विचारों और राय को
प्रतिबिंबित या प्रतिनिधित्व नहीं करते हैं।

ISBN 9780143460138

टाइपसेटिंग : डीजीअल्ट्राबुक्स प्रा. लि., नई दिल्ली
मुद्रकः रेप्रो इंडिया लिमिटेड

कृपया ध्यान दें कि ऑर्टिफ़िशल इंटेलिजेंस (कृत्रिम बुद्धिमत्ता/एआई)
तकनीक के प्रशिक्षण या उससे संबद्ध किसी प्रणाली से संबंधित
किसी उद्देश्य से इस पुस्तक या इसके किसी भी भाग का
किसी भी तरीक़े से उपयोग या पुनरुत्पादन
नहीं किया जा सकता है।

www.penguin.co.in

MIX
Paper from
responsible sources
FSC® C047271
www.fsc.org

सौंपना है
उन हाथों में
जो बरत रहे हैं अपनी भाषा,
और
जानना चाहते हैं कुछ और,
कुछ और,
कुछ और . . .

अनुक्रम

कुछ कहना है . . .

हिंदी के विकास के इतिहास का एक अध्याय भारतीय स्वतंत्रता आंदोलन के इतिहास से जुड़ता है, जब हिंदी को राष्ट्र प्रेम का पर्याय मान लिया गया था और हिंदी से इतर भाषाएँ बोलने वाले स्वतंत्रता सेनानी भी आदर भाव से हिंदी सीखने-बरतने को आतुर थे। स्वतंत्रता प्राप्ति के बाद इस भावना को उड़ान के लिए नए पंख तब मिले, जब इसे संविधान द्वारा राजभाषा का सम्मान दिया गया। इसी मोड़ पर हिंदी के प्रति कुछ आशंकाओं और पूर्वग्रहों के कारण कुछ लोगों में रोष बढ़ा और रुकावटें भी आईं। इस सब के होते हुए भी आज कोई भी अनुभव कर सकता है कि हिंदी का प्रवाह निरंतर प्रबल और बहुमुखी है और जीवन के विविध क्षेत्रों में सामाजिक आर्थिक विकास के साथ-साथ हिंदी का प्रयोग बढ़ रहा है।

अपेक्षाकृत नवीन और विकासमान भाषा का व्याकरण पूर्णतः स्थिर नहीं हो सकता, क्योंकि भाषा स्वयं विभिन्न दिशाओं में पैर पसार रही होती है और क्योंकि व्याकरण गतिमान भाषा के किसी बिंदु को ही अवलोकन का आधार बनाता है, इसलिए वह या तो ऐतिहासिक विवेचना करता है या समकालीन प्रयोगों का विश्लेषण। भावी प्रयोगों की संभावना को कभी नहीं पकड़ा जा सकता। हिंदी के लिए यह कठिन इसलिए भी है कि एक ओर यह देश के एक बड़े व्यापक क्षेत्र की अनेक 'मातृभाषाओं' की सामूहिक पहचान है और दूसरी ओर देश की विविधता पूर्ण संस्कृति का प्रतिबिंब भी है।

निरंतर प्रयोग से हिंदी के शब्द भंडार में नए-नए शब्द जुड़ रहे हैं, पारंपरिक शब्द संपदा कोशीय अर्थों से बाहर विविध प्रकार की अर्थ छवियाँ ग्रहण कर रही है, लाक्षणिक प्रयोग हो रहे हैं। कहीं-कहीं शब्द परंपरागत अर्थ छोड़ रहे हैं और उनमें अर्थ विस्तार हो रहा है। ऐसे में हिंदी का उपयोग करने वालों के सामने यह चुनौती होती है कि अपनी बात को व्यक्त करने के लिए अमुक शब्द उपयोगी होगा या नहीं, उसे वाक्य में प्रभावी ढंग से कैसे पिरोया जाए और उसकी वर्तनी क्या होगी।

प्रचार-प्रसार के साथ-साथ हिंदी के स्वरूप में क्षेत्रीय प्रभाव अधिक पड़ रहा है। अब हिंदी में पूर्वी हिंदी या पश्चिमी हिंदी का ही अंतर नहीं रहा; हैदराबादी हिंदी, मुंबइया हिंदी, कोलकाता वाली हिंदी जैसी क्षेत्रीय पहचानें स्पष्ट दिखाई पड़ती हैं, जो हिंदी के भेद नहीं, हिंदी की विशेषताएँ हैं।

सृजनशीलता की सभी पारंपरिक विधाओं में हिंदी का प्रयोग निरंतर बढ़ रहा है। मीडिया के क्षेत्र में, विशेषकर मुद्रण माध्यम ने पिछली सदी में हिंदी को सँवारने का जितना काम किया वह ऐतिहासिक है। तब के संपादक मंडल शब्दों की व्युत्पत्ति, वर्तनी, अर्थ, प्रयोग और वाक्य गठन के प्रति बहुत सजग थे और अपने समकालीन लेखकों और सहकर्मियों को भी दीक्षित-प्रशिक्षित ही नहीं, प्रोत्साहित भी कर रहे थे। समय के साथ-साथ वह ज़िम्मेदार पीढ़ी विलुप्त हो गई।

विस्फोटक सूचना क्रांति के बाद पिछले कुछ दशकों में मीडिया अपनी उत्कृष्ट तकनीकी और ताम-झाम के साथ अनेक रूपों में उभरा। भाषा के अनुप्रयोग के अनेक आयाम उभर आए और इसके परिणाम स्वरूप कुशल भाषा कर्मियों की माँग भी बढ़ी। माँग और पूर्ति के बीच उभर आए असंतुलन के कारण कहीं-कहीं आधी-अधूरी भाषिक कुशलता वाले व्यक्ति भी पैठ पा गए। इसके परिणाम स्वरूप भाषा प्रयोग के प्रति

आकस्मिकता का दृष्टिकोण बढ़ गया। वर्तनी, प्रयोग, अर्थ संदर्भ, वाक्य गठन आदि के प्रति जागरूकता में कमी होना कोई नई बात नहीं थी, किंतु अब सही रूप को समझने और बरतने के प्रति भी उदासीनता दिखाई पड़ती है जो "सब चलता है" के दृष्टिकोण में परिणत हो गई है। परिणाम यह हुआ कि एक ओर तो विविध कार्यक्षेत्रों में हिंदी का उपयोग करने वालों में निराशा पनपी है और दूसरी ओर हिंदी के बदले स्वरूप से सबसे अधिक समस्या उन लोगों को हो रही है जिनकी मातृभाषा हिंदी नहीं है और अनेक कारणों से वे हिंदी के प्रति उन्मुख हो रहे हैं। इस श्रेणी में भिन्न-भाषा भाषी भारतीय ही नहीं, अनेक देशों के वे लोग भी आते हैं, जो विविध अभिप्रेरणाओं से गंभीरता पूर्वक हिंदी सीख रहे हैं। कुल मिलाकर स्थिति निराशाजनक नहीं है। हिंदी के प्रति आकस्मिकता का दृष्टिकोण रखने वाले लोगों की संख्या कम है और उनकी अपेक्षा वे लोग अधिक हैं, जो सही प्रयोग जानना चाहते हैं। कम-से-कम सही वर्तनी और अशुद्ध प्रयोग जानने समझने के प्रति रुचि कम नहीं हुई, जिज्ञासा बढ़ी ही है। कमी संसाधनों और स्रोत की तुरंत उपलब्धता की भी है। आज आपा-धापी और भाग-दौड़ में शब्दकोश या अन्य संदर्भ ग्रंथ देखने का समय लोगों के पास नहीं है। अंग्रेज़ी और अन्य अनेक भाषाओं में अंतरजाल में इतनी प्रामाणिक सूचनाएँ उपलब्ध हैं, किंतु हैरानी होती है कि हिंदी में पर्याप्त विश्वसनीय सामग्री सुलभ नहीं है।

हिंदी अध्यापन में सक्रियता के दिनों में लेखक का देश-विदेश में उन लोगों से संपर्क होता रहा, जो हिंदी को मातृभाषा द्वितीय/ तृतीय भाषा या विदेशी भाषा के रूप में पढ़ा रहे हैं या पढ़ रहे हैं। उनकी आवश्यकता के अनुरूप पाठ्य सामग्री के निर्माण से भी जुड़ा रहा। सक्रिय अध्यापन से विरत होने के बाद भी व्यक्तिगत रूप से भाषा प्रयोग के

अनेक पहलुओं पर विचार-विमर्श करने और हिंदी शिक्षकों से संवाद करने, उनकी शंकाओं और व्यावहारिक कठिनाइयों के निराकरण के लिए अनेक मंचों से अवसर मिलते रहे। अपने ब्लॉग, यूट्यूब, ट्विटर, फेसबुक आदि के माध्यम से हिंदी से जुड़ी शंकाओं से निवारण का प्रयास यथासंभव करता रहा। ट्विटर से जुड़ने के बाद धीरे-धीरे स्थिति यह हुई कि सैकड़ों अनुसारकों से कोई-न-कोई भाषा संबंधी जिज्ञासा आती रहती है। इन जिज्ञासुओं में दैनंदिन व्यवहार में हिंदी का प्रयोग करने वाले, हिंदी सीखने वाले, प्रतियोगी परीक्षाओं में हिंदी विषय वाले ही नहीं, प्रतिष्ठित लेखक, पत्रकार, अनुवादक तथा अनेक अन्य क्षेत्रों के भाषाकर्मी भी होते हैं। कुछ जिज्ञासाएँ तो मेरे लिए भी मार्गदर्शक होती हैं।

अपनी बढ़ती उम्र और गिरते स्वास्थ्य के चलते कभी सोचा नहीं कि इन भाषिक टिप्पणियों को पुस्तकाकार प्रकाशित किया जाए। यह अजब संयोग ही था कि एक दिन *पेंगुइन इंडिया* की ओर से वैशाली माथुर का फ़ोन आता है कि वे मेरी भाषा टिप्पणियों को ट्विटर पर पढ़ती रहती हैं और एक पुस्तक इसी विषय पर चाहती हैं। थोड़ी-सी ना-नुकर के बाद उनके आग्रह को टालना संभव नहीं लगा और उसका परिणाम पाठकों के हाथ में है।

ऐसा नहीं है कि यह कोई अभूतपूर्व कार्य बन पड़ा हो। हिंदी में ऐसे अनेक प्रयास हुए हैं। अनेक कोशकारों के अतिरिक्त किशोरीदास बाजपेयी, रामचंद्र वर्मा, विद्यानिवास मिश्र, बद्रीनाथ कपूर, हरदेव बाहरी, अजित वडनेरकर, वी. रा. जगन्नाथन आदि भाषाविदों की कृतियाँ पहले से विद्यमान हैं। अनेक विद्वानों ने विविध माध्यमों से विशद भाषा चर्चाएँ की हैं। फिर भी भाषा में, विशेषकर विकासशील भाषा में, कहने को कुछ-न-कुछ सदा अवशिष्ट रह जाता है और यहीं इस पुस्तक की संकल्पना जुड़ती है।

कुछ कहना है . . .

शब्दों की पड़ताल के इस अभियान को मुखर करने के लिए मेरी समझ को तैयार करने और बढ़ाने में जिन विद्वानों का विशेष हाथ रहा है, उनमें दिल्ली विश्वविद्यालय में मेरे गुरु भोलानाथ तिवारी जी के अभिप्रेरण के बाद केंद्रीय हिंदी निदेशालय के नरेंद्र व्यास सबसे पहले याद आते हैं। उनके साथ कोश संपादन का कार्य करते हुए शब्दों के अर्थ और प्रयोग की बहुत-सी सूक्ष्मताओं पर प्रायः चर्चा होती रहती थी। प्रतिष्ठित संस्थानों की गोष्ठियों में रमानाथ सहाय, हरदेव बाहरी रवींद्र श्रीवास्तव, वी. रा. जगन्नाथन, कृष्ण कुमार गोस्वामी, दिलीप कुमार आदि अनेक भाषाविदों का सान्निध्य भी शब्द अभ्यास बढ़ाने में सहायक रहा। युवा पीढ़ी के भाषाविदों में लीडन विश्वविद्यालय, नीदरलैंड्स में हिंदी शिक्षक अभिषेक अवतंस की विशेषज्ञता से भी उनकी ट्विटर टिप्पणियों के माध्यम से मैं लाभान्वित हुआ।

शुरू में, सीधे हिंदी पाठकों और हिंदी कर्मियों से जोड़ने का श्रेय श्री सूर्यनाथ सिंह, वरिष्ठ संपादक, 'जनसत्ता' को जाता है जिन्होंने आग्रह पूर्वक *जनसत्ता* में एक भाषा विषयक स्तंभ लिखने के लिए मना लिया था। फिर यह क्रम अन्यत्र भी चला और अब आशुतोष चतुर्वेदी के *प्रभात खबर* से नया जुड़ाव हुआ है। मैं आभारी हूँ पेंगुइन रैंडम हाउस इंडिया, वैशाली माथुर और उनकी सहयोगी टीम का भी जिन्होंने प्रकाशन का दायित्व हाथ में लिया।

इस आधे-अधूरे प्रयास को पाठकों के हाथों में सौंपते हुए मैं पूर्व उल्लिखित सभी विद्वानों, मित्रों के प्रति कृतज्ञता व्यक्त करता हूँ। समय-समय पर उत्साह बढ़ाने के लिए निकट संपर्क में रहे नई पीढ़ी के हिंदी शिक्षकों, पत्रकारों, प्रकाशकों तथा अनेक देशों में फैले अपने शिष्य समुदाय और कुटुंब के कनिष्ठों को धन्यवाद। श्रीमती जी के प्रति विशेष कृतज्ञता इस अपराधबोध

के साथ कि जो समय उनके साथ-साथ बिताना था, उसे मैं 'शब्दों के साथ-साथ' बिताता रहा।

सुरेश पंत
जनवरी 1, 2023

बड़ी प्रसन्नता का विषय है कि पहले संस्करण को पाठकों ने हाथों हाथ लिया और प्रकाशन के दो ही महीनों के भीतर इसका दूसरा पुनर्मुद्रण आवश्यक हो गया। उसके मात्र एक वर्ष में यह दूसरा नया संस्करण आपके हाथों में है।

इस संस्करण में सुधी पाठकों द्वारा संकेतित कुछ चूकों का निराकरण कर दिया गया है और कुछ बातों को उदाहरण देकर अधिक स्पष्ट किया गया है। पुस्तक के अंत में उन सभी शब्दों को स्थान देकर संदर्भ सूची को विस्तृत कर दिया गया है जिनकी व्युत्पत्ति या प्रयोग के बारे में पुस्तक में चर्चा हुई है। सभी चर्चित विषय और शब्द अकारादि क्रम से सूचीबद्ध किए गए हैं जिससे आवश्यकतानुसार वांछित शब्द का संदर्भ देखने के लिए पुस्तक अधिक उपयोगी हो सके।

हमें विश्वास है कि अब यह पुस्तक पाठकों के लिए और भी अधिक उपयोगी हो सकेगी।

पाठकों के सुझावों का सदैव स्वागत।

सुरेश पंत
उत्तरायणी,
जनवरी 14, 2025

1
अगला, आगामी और अग्रिम

अगला संस्कृत अग्र > अग्गल (प्राकृत) से बना विशेषण है। अगला का अर्थ है आगे का, सामने वाला, अगाड़ी का। विशेष बात यह है कि अगला पिछला का उलटा भी है, और पीछे वाला भी। कभी-कभी दोनों से भिन्न भी, जैसे :

- शनिवार से अगला (next) दिन है रविवार।
- कहते हैं अगले (past) ज़माने में लोग सीधे-साधे होते थे।
- कौन जाने, अगला (coming) समय कैसा आएगा।
- पता नहीं, अगला (someone) क्या सोचेगा।

संस्कृत में भी यों तो अग्र का मुख्य अर्थ अगले भाग, आगामी समय के लिए ही है, किंतु 'अग्रज' वह नहीं है, जो आगामी समय में पैदा हो। अग्रज वक्ता से पहले जन्म लिया हुआ भाई है और अग्र (आगे) जन्म लेने वाला अनुज (बाद में जन्मा) कहलाता है।

अगला के ही अर्थ में एक तत्सम विशेषण शब्द है – आगामी जो गम् (जाना) धातु से बना है। 'आ' उपसर्ग जुड़ जाने से आगम का अर्थ होगा आना। आगत, आगमन, आगंतुक जैसे शब्द इसी से बने हैं। आगामी अर्थात आने वाला, भावी, जो वर्तमान के बाद आएगा। यह आने वाला समय निकट भविष्य भी हो सकता है और दूरवर्ती भविष्य भी। इसे अधिकतर अगला से बदला जा सकता है।

1

- मैं आज नहीं आ सका आगामी (अगले) रविवार तक आऊँगा।
- वर्षा नहीं हुई, लगता है आगामी (अगला) वर्ष कठिनाई का होगा।

अगला और आगामी के प्रयोग के कुछ बंधन भी हैं। किसी पंक्ति में से क्रमशः बुलाते हुए आप अगला व्यक्ति, अगला उम्मीदवार कह सकते हैं, आगामी व्यक्ति या आगामी उम्मीदवार नहीं कह सकते।

इसी वर्ग में अग्र से बनने वाला एक और शब्द है अग्रिम। विशेषण के रूप में अग्रिम का अर्थ है, जो पहले किया जा चुका, या पहले से संबंधित है।

- लेखिका के आने की हमें अग्रिम (पहले से) सूचना नहीं थी।
- अग्रिम (पूर्व) जानकारी के अभाव में कुछ नहीं कहा जा सकता।
- आरोपी को अग्रिम (पहले ही) ज़मानत मिल गई।

हम यात्रा का अग्रिम (पूर्व) आरक्षण करवाते हैं, अग्रिम पंक्ति में बैठना चाहते हैं, अग्रिम किराया देते हैं।

स्वतंत्र शब्द के रूप में अग्रिम का प्रयोग संज्ञा के रूप में होता है और भिन्न अर्थ देता है। तब अग्रिम का अर्थ कार्य पूरा होने से पहले दी जाने वाली राशि, पेशगी, बयाना (advance) है। ध्यान रहे कि अग्रिम आगामी नहीं है, इसलिए आगामी रविवार को हम अगला रविवार तो कह सकते हैं, किंतु अग्रिम रविवार नहीं कह सकते।

2

अच्छा-भला

किसी के लिए कोई विशेषण तत्काल न सूझे तो हम 'अच्छा' का प्रयोग करते हैं। यह समस्या निवारक शब्द जैसे हमारी जीभ पर स्थायी निवास बनाए बैठा है। अकेला शब्द अनेक सद्गुणों को अपने में समेटे हुए है और अपनी मिठास बिखेरकर माहौल को अच्छा बनाता है। आप अच्छे, आपका पद अच्छा, स्वभाव अच्छा, कपड़े अच्छे, घर अच्छा, सब अच्छा-ही-अच्छा! अब यदि कहा जाए कि छोटा-सा भोला-भाला यह शब्द कितना ही अच्छा क्यों न हो, अपने आप में बड़ा उलझा हुआ है तो अच्छे-अच्छों को शायद विश्वास न हो।

प्रायः किसी शब्द की व्युत्पत्ति ढूँढ़ने के लिए हम पहले संस्कृत की ओर भागते हैं, सो इसका मूल भी संस्कृत में दिखाई पड़ता है। संस्कृत में एक शब्द है 'अच्छ', जो हिंदी में 'स्वच्छ' शब्द में ज्यों-का-त्यों दिखाई पड़ता है। इसका मूल अर्थ है साफ़, निर्मल, पारदर्शी, 'क्रिस्टल क्लियर'। हिंदी में इसका बहुत अर्थ-विस्तार हुआ है। विशेषण के रूप में इसका प्रयोग ऐसे अनेक संदर्भों में होता है – जब किसी की प्रशंसा उसके कार्यों, गुणों या अन्य बातों के लिए की जाती है। जैसे :

- *प्रशंसनीय या अनुकरणीय होने पर* : अच्छा विचार है आपका, अच्छे काम कीजिए, अच्छा स्वभाव हो तो मित्र बना लो, अच्छा मित्र हितैषी भी होता है, आदि।

- *देखने-सुनने में मन को आनंदित/प्रसन्न करने वाला*, मनोरंजक : अच्छा कार्यक्रम, अच्छा संगीत, अच्छा स्वर, अच्छी पेंटिंग, अच्छी धूप, आदि।
- *खोट या मिलावट रहित, शुद्ध* : अच्छी मिठाई दीजिए, अच्छा देसी घी चाहिए, अच्छा सोना है इन गहनों में, अच्छा मोती चमकदार होता है, आदि।
- *गुणी, अनुभवी, विश्वसनीय* : हमें अच्छा डॉक्टर मिल गया, अच्छे नागरिक बनिए, कोई अच्छा शिक्षक बताइए, आदि।
- *शुभ या कल्याणकारी* : अच्छा मुहूर्त है आज, अच्छा लग्न था, अच्छी साइत तो दस बजे की है, लगता है आज दिन अच्छा है, आदि।
- *लाभदायक, आनंददायक* : अच्छा लाभ कमाया; मिल गई अच्छी नौकरी? अच्छे दिन कब आएँगे? अबके अच्छी फसल होगी, आदि।
- *संतोषजनक, सुंदर, निर्दोष* : अच्छी बहू, अच्छा कुल, अच्छी लिखावट, अच्छा प्रश्न, अच्छा उत्तर, आदि।
- *गुण, दशा, स्थिति* : अच्छा आम (मीठा, ताज़ा), रोगी कुछ अच्छा है (दशा सुधर रही है), आदि।
- *पर्याप्त, बहुत* : धंधे में अच्छा मुनाफ़ा कमाया; मेरी आमदनी अच्छी है; अच्छे दाम मिलें तो बेच दूँगा।
- *हितैषी/घनिष्ठता* : वे हमारे अच्छे संबंधी हैं। दोनों में अच्छी मित्रता है।
- *विपरीत भाव में* : उसकी अच्छी पिटाई हुई, (बुरी तरह पीटा); अच्छा हाल बनाया उसका (बुरा हाल बनाया)।

अव्यय के रूप में भी अच्छा की अर्थ-छवियाँ विविध हैं। कहीं यह किसी प्रोक्ति के भीतर अपने आप में स्वतंत्र वाक्य होता है तो कहीं वाक्य का अंश बनकर विशेष अर्थ देता है, जैसे :

- *ठीक, बेहतर के अर्थ में* : कैसे हैं आप? अच्छा हूँ।

- *स्वीकृति* : समय से खा लेना। जी अच्छा।
- *अविश्वास* : उनका तो निधन हो गया। अच्छा . . .!
- *विस्मय* : अच्छा, आप भी नहीं समझे मेरी बात!
- *बात प्रारंभ करने के लिए* : अच्छा, आप पहले क्या करते थे?
- *विषय बदलने के लिए* : अच्छा, अब दूसरी बात पर आइए।
- *बात समाप्त करने के लिए* : अच्छा शेष कल करेंगे।
- दशा, स्थिति : 'वो समझते हैं कि बीमार का हाल अच्छा है।' हाल अच्छा नहीं है उनका।
- *आभार का भाव* : अच्छा याद दिलाया आपने!
- *अपेक्षित स्वीकृति* : चुपचाप बैठे रहना, अच्छा?
- *तकिया कलाम* : अच्छा, अच्छा-अच्छा, अच्छा तो . . .

कुछ शब्दों के साथ संयुक्त होने पर यह विशेष अर्थ देता है। जैसे अच्छे-भले (योग्य, कुशल), अच्छा-ख़ासा (विशेष, ठीक-ठाक), अच्छे-अच्छों को (बड़े-बड़ों को)।

अच्छा से बने कुछ मज़ेदार प्रयोगों पर भी एक दृष्टि यहाँ डाली जा सकती है :

- अच्छा होना/ करना :
  1. स्वस्थ होना : मैं तो काढ़ा पीने से ही अच्छा हो गया।
  2. व्यंग्य : अच्छा हुआ, तुम आ गए! ('आ गए हो तो झेलो' वाला भाव)
  3. सकुशल होना : अच्छे तो हो तुम लोग? जी, सब अच्छे हैं।
- अच्छा लगना (प्यारा लगना, पसंद होना) ऋषभ को कृत्तिका अच्छी लगती है। उसे मुम्बई अच्छा लगता है।
- अच्छा आना : समुचित ज्ञान होना
- अच्छा कहना : प्रशंसा करना
- अच्छा ख़ासा : पर्याप्त, अधिक

3
अब और अभी

'अब तेरा क्या होगा कालिया?'

यह फिल्मी संवाद अब भी बहुत लोकप्रिय है! लेकिन समस्या भी इसी 'अब' से जुड़ी हुई है कि यहाँ 'अब' का तात्पर्य इसी क्षण से है या इसके आगे भी इसकी व्याप्ति है? 'अब के बरस भेज भैया को बाबुल . . .' इस लोकगीत में तो यह 'अब' साल में कभी भी हो सकता है। बाबुल जब भी भैया को बहना की ससुराल भेज दें, तभी 'अब' है!

वस्तुतः यह 'अब' नाम का क्रियाविशेषण क्रिया के वर्तमान काल में होने का संकेतक तो है, किंतु प्रयोग और प्रयोक्ता के मंतव्य के अनुसार 'इसी क्षण' से लेकर 'आगे', 'इससे आगे', फिलहाल', 'आधुनिक काल में' आदि अनेक अर्थ दे सकता है अर्थात अनिश्चित वर्त्तमान या निकट भविष्य में कहीं भी संकेत कर सकता है, जैसे :

इसी क्षण	:	अब आशीर्वाद दीजिए, मैं चल रहा हूँ।
आगे	:	सुनिश्चित कीजिए कि अब आप ऐसा नहीं करेंगे।
फिलहाल	:	अब कोई संभावना तो नहीं है, फिर भी . . .
आजकल	:	अब यह चलन नहीं रहा।
इसके बाद	:	अब तुम जानो, तुम्हारा काम जाने।

कोई विशेष स्थिति होने पर :   अब मैं क्या कहूँ, स्वयं निर्णय करो।
निकट भविष्य में   :   अब रोज़गार के लिए कहाँ जाएँ?

कुछ परसर्गों, प्रत्ययों, शब्दों के जुड़ने पर तो इसके अर्थ में और भी अनेक छवियाँ आ जाती हैं :

- *अब से (इस क्षण के बाद, आने वाले समय में)* : अब से सुबह उठूँगा। अब से मांसाहार बंद।
- *अब का/अब की (ताज़ा, हाल का, आधुनिक)* : अब की सिंकी रोटी हो तो तभी देना, अब की फसल बच जाए, बस।
- *अब के (इस बार, इस फेरे)* : 'अब के सावन में ये शरारत मेरे साथ हुई' 'नीरज'; अब के सूखा पड़ गया है। अब के खीर खिलाओगे या हलवा?
- *अब जाकर (इतनी देर बाद)* : दस साल बाद अब जाकर फैसला आया। अब जाकर आँख खुली।

अब तक (पिछले कुछ समय से इस घड़ी तक) :

'अब तक क्या किया, जीवन क्या जिया' (मुक्तिबोध);

- अब तक तो चुप थी, अब नहीं रह पाऊँगी।
- *अब भी (आज भी, इतने पर भी)* :
- 'शहर अब भी संभावना है' (अशोक वाजपेयी); इतना समझाया, अब भी नहीं मानता।

कभी-कभी यह 'अब' अपने सजातीय शब्दों के साथ संबंध भी जोड़ता है और उन्हें अपने वाक्य में ले आता है। उन संबंधियों में प्रमुख हैं 'जब' और 'तब', 'तो', 'तभी', जैसे :

- जो अब अपना नहीं है, वह तब क्या होगा, जब उसे मालूम पड़ेगा कि वह तुम्हारा बेटा नहीं है।
- अब जब आप आ ही गए हैं, तो स्वयं देख लीजिए।
- अब पूछ रहे हैं, जब जग ज़ाहिर हो गई बात!

- अब महँगा है, तब सस्ता था।
- अब आप तभी सच्चाई जान पाएँगे, जब मतगणना पूरी हो जाएगी।

अब से बने मुहावरे भी मज़ेदार हैं। आपका कोई मसला किसी के पास पड़ा हो और वह टालता जा रहा हो तो आप कहते हैं, 'मानता ही नहीं, अब-तब करता जाता है!' आप बेसब्री से उसे निबटाने को कहते हैं तो वह पलटकर कह सकता है, 'तुम्हें अपनी ही अब-तब पड़ी है, अब मेरे पास और भी तो काम हैं।' किसी मरणासन्न का हाल बताने वाला कहता है, 'क्या बताएँ, बस अब-तब लगी है, थोड़े समय का मेहमान है।'

'अब' से 'अभी' की ओर चलें।

'अभी-अभी मेरे दिल में ख़्याल आया है' कि इस 'अभी' की भी अजीब दास्तान है। अब का ही एक सगोत्री भाई है 'अभी'। इसकी बड़ी सीधी-सी व्युत्पत्ति है। 'अब' (क्रियाविशेषण) के साथ 'ही' (बल देने वाला निपात) जोड़ने पर 'अभी' बनता है। कुछ लोग इसे अब + भी मानते हैं, जो ठीक नहीं लगता, क्योंकि अब और भी दोनों स्वतंत्र शब्द हैं, और दोनों का स्वतंत्र प्रयोग होता है।

व्युत्पत्ति में ही नहीं, व्यवहार में भी इस 'अभी' के समान उदारवादी मिलना अभी तो कठिन है। इसे संदर्भ के यथासंभव निकटस्थ क्षणों का समय संकेतक माना जा सकता है, जैसे :

- *तत्काल* : अभी निकल जाओ यहाँ से; अभी टाइप करके ले आइए।
- *निकट के कुछ समय तक* : अभी आप केवल फल ही लें; अभी कुछ दिन आराम कीजिए।
- *कुछ समय पूर्व* : अभी तो फोन आया था उनका; अभी तो आए हो, कुछ सुस्ता लो।
- *कुछ समय पूर्व से वर्तमान में भी* : सँभालिए अपने लाड़ले को, अभी से बिगड़ गया है।

- *आगे कुछ समय तक, कुछ देर* : अभी सोच लीजिए, बाद में बताइएगा हमें।

दुहरा दिए जाने पर 'अभी-अभी' संदर्भ के क्षण के अधिक निकट होता है। जैसे, अभी-अभी तो छूटी है प्रयागराज एक्सप्रेस; अभी-अभी तो नौकरी लगी है।

मीडिया में 'अभी-अभी' ब्रेकिंग न्यूज़ या ताज़ा खबर के लिए भी प्रयुक्त हो रहा है।

अभी के साथ एक 'भी' और जोड़ दिए जाने पर यह 'इसके बावजूद' 'ऐसा होते हुए भी' का अर्थ देता है : इतना समझाया, तुम अभी भी नहीं सुधरे! अभी भी मान जाओ, कुछ नहीं बिगड़ेगा।

यह 'अभी' समय के प्रति हम भारतीयों के दृष्टिकोण को, हमारे स्वभाव को भी आईना दिखाता है। जैसे इन स्थितियों पर ध्यान दीजिए :

> आप बिल भुगतान के लिए 'क्यू' में खड़े थे। शायद कार्यालय से छुट्टी ली हो, शायद बिल भुगतान की अंतिम तिथि हो। जब आपकी बारी आती है तो खिड़की पर बैठा कर्मचारी यह कहकर उठ जाता है, 'अभी आया . . .।' आप प्रतीक्षा करने को बाध्य हैं, अभी आएगा। जब आप अपना पसीना पोंछ रहे हों, तब तक भी वह नहीं लौटता। आप समझ रहे थे दो-चार मिनट में आ जाएगा, किंतु यह आपका भाग्य है कि उसकी यह 'अभी' कितनी देर में समाप्त हो! वहाँ 'अभी' निपात की तात्कालिकता अनिश्चितकालिकता में भी बदल सकती है, 'आए-न-आए' की स्थिति तक फैल सकती है। आपकी छुट्टी बर्बाद चली जाए या बिल भुगतान न होने से बिजली कट जाए, इसके लिए आप 'अभी' शब्द को दोषी नहीं ठहरा सकते। हाँ, समय के प्रति भारतीय अभिवृत्ति को कोस ज़रूर सकते हैं!

'अभी' के शिथिल समय बोध की एक और स्थिति हो सकती है। आपने अपने स्नेह पात्र युवा की रुचियों और कुशलताओं को देखकर उसे समझाया,

'तुम विधिवत संगीत का अभ्यास शुरू करो, तुममें इसके संस्कार हैं, लक्षण हैं।' या ऐसा ही कोई सुझाव दिया तो उत्तर मिलता है, 'जी, मैं भी यही सोचता हूँ। अभी करता हूँ, बस अमुक काम से निबट जाऊँ' फिर अगली बार . . . अगले वर्ष . . . जब भी आप मिलते हैं, वही उत्तर, 'जी, अभी करता हूँ बस . . . ' अंततः आप ही बस कर देते हैं और मान लेते हैं कि इसका 'अभी' कभी नहीं आने वाला!

'अभी' ऐसी अनिश्चित दीर्घ अवधि का भी हो सकता है, जिसकी समाप्ति तो होगी, किंतु कब होगी, यह नहीं कहा जा सकता, जैसे किसी को आप समझाएँ, 'अभी पढ़-लिख लो, तो बाद में बड़े आदमी बनोगे।' किसी के लिए विवाह का कोई प्रस्ताव आए और माता-पिता कहें, 'निरुपमा तो अभी पढ़ रही है, बाद में सोचेंगे।'

यहाँ ध्यान देने की बात यह है कि कुछ लोग 'अभी' के साथ फिर से 'ही' निपात जोड़कर वाक्य में प्रयोग करते हैं। व्याकरण की दृष्टि से यह ठीक नहीं लगता, क्योंकि 'अभी' शब्द में 'ही' पहले से ही उपस्थित है। इसलिए उसके साथ एक बार फिर 'ही' को बुलाकर बिठाने की कोई आवश्यकता ही नहीं है। इसी प्रकार 'तभी ही', 'कभी ही' जैसे प्रयोग भी ग्राह्य नहीं हैं। 'इसी', 'उसी', 'किसी' के साथ 'ही' लगाना भी अशुद्ध प्रयोग है, किंतु जैसा कि कहा गया, 'अभी', 'कभी', 'तभी' के बाद आवश्यकता होने पर एक और 'भी' को जोड़ा जा सकता है, जैसे :

- मैं अभी भी आपकी बात से सहमत नहीं हो पा रहा हूँ।

- आप कभी भी आइए, द्वार सदा खुले मिलेंगे।

- इतना समझाया, तभी भी (तब भी) तेवर वैसे-के-वैसे ही हैं।

4

अर्थ, आशय, अभिप्राय, तात्पर्य और भावार्थ

उपर्युक्त पाँचों शब्द प्रायः समानार्थी माने जाते हैं। शब्दकोश भी इनके अर्थ मिलते-जुलते देते हैं, किंतु सूक्ष्म रूप से देखें तो इनमें निश्चय ही कुछ अंतर है। 'अर्थ' से तात्पर्य सामान्यतः शब्दार्थ (अभिधार्थ) से होता है। आप किसी उक्ति, कथन में प्रयुक्त शब्दों के अभिधार्थ जानते हैं तो आप उक्ति का सामान्य अर्थ भी जानते हैं। उसके अर्थ को बता भी सकते हैं। आशय और अर्थ में बस इतना ही अंतर है कि शब्दों का अलग-अलग अर्थ जाने बिना भी आप संदर्भ समझते हुए बात का 'आशय' ग्रहण कर लेते हैं।

'तात्पर्य' इससे कहीं आगे है। यह तत्परता का दूसरा रूप है। तत्पर अर्थात उसके बाद आने वाला (तत् परम्)। जब आप किसी बात के गूढ़ अर्थ समझाने लगते हैं, एक के बाद एक उसकी परतें खोलने लगते हैं, तब आप तात्पर्य समझा रहे होते हैं और दूसरा भी तात्पर्य ग्रहण कर रहा होता है।

'अभिप्राय' में अभि उपसर्ग है और इसका आशय गति करने के निकट है (संस्कृत √इ धातु, अभि और प्र उपसर्ग), अर्थात आप अगले के भावों तक पहुँचते हैं। अपना अभिप्राय स्पष्ट करते हैं तो उसमें आपकी राय, आपकी धारणा भी दूसरे तक पहुँचती है, क्योंकि आप अभिप्राय समझा रहे होते हैं। यह बहुत कुछ अंग्रेज़ी के 'इंटेंडेड मीनिंग'–सा है। (ध्यान रहे कि अंग्रेज़ी के मोटिफ़ शब्द को भी हिंदी में अभिप्राय कहा

11

गया है।) तात्पर्य का संबंध विषय या वस्तु से होता है, लेकिन अभिप्राय प्रायः व्यक्ति का होता है।

'भावार्थ' आशय, अभिप्राय, तात्पर्य से थोड़ा हटकर है और तीनों के थोड़ा समान भी। तात्पर्य या अभिप्राय में आपको अपनी बात समझाने के लिए अधिक बातों, वाक्यों का सहारा लेना पड़ सकता है, किंतु भाव समझाने में आप संक्षिप्तता का आश्रय लेते हैं। जो कथन या आशय है, उसको आप केंद्रीय भाव मानकर समझाते हैं। तब आप भावार्थ समझा रहे होते हैं और दूसरा भावार्थ ग्रहण कर रहा होता है।

पुरानी किंतु शास्त्रीय शब्दावली का प्रयोग करें तो कह सकते हैं कि अर्थ और आशय में 'अभिधा' अर्थ देखा जाता है तथा अभिप्राय, तात्पर्य और भावार्थ के लिए हमें 'लक्षणा' और 'व्यंजना' को भी समझना, स्पष्ट करना होता है।

5
अधिक, अधिकांश और अधिकतर

अधिकांश और अधिकतर दोनों ही अधिक से बने हैं, इसलिए पहले अधिक की ही चर्चा की जाए। अधिक परिमाण, मात्रा और संख्या बताने वाला विशेषण है।

- *बहुत, ज़्यादा (much) के अर्थ में* : जैसे आपको अधिक कष्ट नहीं होगा।

- *तुलना (more than) के अर्थ में* : मुझे आप से अधिक वेतन नहीं मिलता।

- *मात्रा (quantity) के अर्थ में* : अधिक वर्षा से फसल नष्ट हो गई।

'अधिकांश' दो शब्दों (अधिक+अंश) से बना हुआ यौगिक शब्द है और 'अधिकतर' अधिक के साथ तुलनावाची '-तर' प्रत्यय जुड़ने से बना है। 'अधिकांश' गणनीय इकाइयों के साथ प्रयुक्त नहीं होगा, क्योंकि 'अंश' का अर्थ भाग है जिसे गणित से नहीं समझाया जा सकता, अर्थात अंश की इकाइयों को एक-एक कर व्यक्त नहीं किया जाता, जैसे :

- 'अधिकांश विधायक' असंतुष्ट बताए जाते हैं, यह कहना ठीक नहीं होगा। 'अधिकतर विधायक' कहना ठीक है, क्योंकि विधायक गिने जा सकते हैं।

- 'अधिकांश रेलें समय पर चल रही हैं,' कहना भी ठीक नहीं है, क्योंकि रेलें गिनी जा सकती हैं। इसलिए, अधिकतर रेलें चल रहीं है।

इसी प्रकार अधिकांश खेत, अधिकांश गेहूँ, अधिकांश बजट, अधिकांश कपड़ा, अधिकांश समय, अधिकांश संपत्ति, अधिकांश शक्ति, अधिकांश भीड़ कहना ठीक है।

खेतों, कपड़ों आदि की कभी गणना भी संकेतित हो तो अधिकतर भी संभव है, जैसे:

- पहाड़ों में अधिकतर खेत सीढ़ीदार हैं, खेतों का अधिकांश उपजाऊ है।
- अधिकतर कपड़े सूख गए, इस कपड़े का अधिकांश गीला है।
- 'अधिकांश भाग' भी कहा, लिखा जा रहा है, किंतु यह भी व्यर्थ का दुहराव है, जो अंश है वही भाग भी है।

'अधिकांश' प्रायः एकवचन रहता है, किंतु 'अधिकतर' में चूँकि एकाधिक इकाइयाँ होती हैं, इसलिए वह बहुवचन; जैसे:

- अधिकांश मैदान खाली पड़ा था, अधिकतर लोग जा चुके थे।
- अधिकांश वन काटा जा चुका, अधिकतर पेड़ बिक गए।
- अधिकांश फिल्म बेकार थी, अधिकतर संवाद उबाऊ थे।

6
आचार्या और थानेदारनी

कहा जाता रहा है, और एक सीमा तक सच भी है कि हिंदी में लिंग निर्धारण कठिन है। नियम अनेक हैं और उप नियम, विकल्प या अपवाद भी। फिर भी कुछ बातें स्थिर हो रही हैं।

नियम है कि पदवाची विशेषण सर्वत्र पुल्लिंग होते हैं; जैसे राष्ट्रपति, मंत्री, विधायक, अध्यक्ष, सभापति, प्रधान, सरपंच, सेक्रेटरी आदि।

अपवाद यहाँ भी दिखाई देते हैं। अध्यापिका, डॉक्टरनी, प्रधानाचार्या आदि का प्रयोग धड़ल्ले से होता है। कक्षा में बच्चों से इस प्रकार के अभ्यास भी कराए जाते हैं।

लगता है, इसके दो कारण हैं। कुछ तत्सम शब्द जैसे-के-तैसे ले लिए गए हैं : आचार्य/आचार्या; अध्यापक/अध्यापिका। इसलिए ऐसे कुछ शब्दों के दोनों रूप चल रहे हैं।

डॉक्टरनी की स्थिति भिन्न है। आगत शब्दों में व्याकरणिक नियम हिंदी के ही लागू होंगे। इसलिए स्त्री प्रत्यय '-नी' जुड़ने से थानेदार > थानेदारनी, डॉक्टर > डॉक्टरनी।

यहाँ भी ध्यान रखना होगा कि ये पत्नी भाव से स्त्रीलिंग हैं, पद नाम के स्त्रीवाची नहीं। पद पर तो महिला भी थानेदार या डॉक्टर ही कहलाएगी, किंतु अपवाद यहाँ भी दिखाई पड़ता है। लोक में महिला डॉक्टर भी डॉक्टरानी / डाक्टरनी है और महिला अध्यापिका, मास्टरनी भी।

7
आज, कल और आजकल

आज की व्युत्पत्ति है अद्य > अज्ज > आज। वर्तमान में जो दिन चल रहा है, उसे आज कहेंगे। भारतीय परंपरा से सूर्योदय से प्रारंभ और अब वैश्विक रीति से अर्धरात्रि 12:00 बजे से प्रारंभ होने वाला दिन।

• आज (जो दिन बीत रहा है उसमें) माँ का उपवास है।

सामान्यतः दिन का विलोम रात है, किंतु आज के साथ दिन और रात दोनों आ सकते हैं; जैसे :

• शर्मा जी आज रात की गाड़ी से जाएँगे।

• आज कौन-सा दिन है?

यों तकनीकी रूप से आज के अंतर्गत कुल मिलाकर चौबीस घंटे का समय होता है, किंतु अनेक प्रसंगों में यह अनिश्चित वर्तमान भी हो सकता है। इस प्रकार के प्रयोग में आज इन दिनों, वर्तमान समय का अर्थ देता है :

• आज तुम शक्तिशाली हो, कल कोई और होगा।

• आज रामकरन की टक्कर का कोई पहलवान नहीं है।

उक्ति वाले दिन (आज) के बाद आने वाले दिन और उससे पिछले दिन दोनों को कल कहते हैं। इसकी उत्पत्ति संस्कृत के कल्य शब्द से मानी जाती है, कल्य > कल्ल > कल। कल का काल निर्धारण करते समय वाक्य में उसके प्रयोग के साथ जुड़ी क्रिया या संकल्पना सहायक होती है। यदि भूतकाल की क्रिया का प्रयोग हुआ हो तो कल आज से पिछले दिन

16

(yesterday) के लिए है और यदि भविष्यत काल का संकेत हो तो कल आने वाले दिन (tomorrow) के लिए होगा। जैसे निम्नलिखित वाक्य से दोनों कल स्पष्ट हो रहे हैं :

- पिताजी कल दिल्ली से लौट आए और भैया कल दिल्ली जाएँगे। कभी-कभी कल का प्रयोग अनिश्चित भूतकाल या अनिश्चित भविष्य के लिए भी होता है, जैसे :
- कल के बुरे दिन तो इतिहास बन गए हैं।
- आज मौज कर लो, कल की कौन जाने!

कल के कुछ लाक्षणिक प्रयोग भी देखे जा सकते हैं:

- कल का (नया) छोकरा ज़बान लड़ाता है!
- तुम्हारी शादी ऐसे याद है, जैसे कल की बात (हाल की) हो।
- आज परिश्रम करोगे तो कल (भविष्य में) सुखी रहोगे।
- अभी तो माँ स्वस्थ हैं, कल (कुछ समय बाद) गाँव में उनकी देख-रेख कौन करेगा?

आजकल (आज + कल) में निश्चित अर्थ न आज से व्यक्त होता है, न कल से। यह दोनों से निरपेक्ष, किंतु दोनों का सम्मिलित अर्थ देता है। आजकल का तात्पर्य वर्तमान समय या इन दिनों से है और इसका फैलाव कुछ अतीत से लेकर कुछ भविष्य तक है :

- आजकल दिल्ली में बारिश हो रही है।
- आजकल आप क्या कर रहे हैं?
- आजकल इस कपड़े का फ़ैशन नहीं रहा।

कुछ लाक्षणिक प्रयोग हैं:

- आजकल में (कुछ दिनों में) ही आपके रुपए लौटा दूँगा।
- जब भी रुपए लौटाने की बात करो तो वह आज-कल करता (टाल देता) है।
- बस, आज कल की साँस (मरणासन्न) है।

8
आटा, चून और पीठ

आटा (संस्कृत) आर्त (ज़ोर से दाबना) > (प्राकृत) अट्ट मागधी/प्राकृत आटा से व्युत्पन्न हुआ है। अर्थ है किसी अन्न का पिसा चूरा, पिसान (पिसा अन्न), बुकनी, पाउडर। इसके लिए दूसरा संस्कृत शब्द है चूर्ण, जिससे हिंदी में चून बना। अनेक प्रकार का चून (चूर्ण) बेचने वाले कहलाए, परचूनिये।

'आटा' के लिए फ़ारसी शब्द है आर्द, जो संस्कृत आर्द का ही प्रतिरूप प्रतीत होता है। कुछ प्रमुख भारतीय भाषाओं में आटो (गुजराती), ओटू (कश्मीरी), पीठ (मराठी), पीठो (नेपाली), अट्टसु (कन्नड़), आटा (पंजाबी, बांग्ला, ओड़िया)। तमिल और मलयालम में आटा से भिन्न 'मावु' है।

अब हिंदी क्षेत्र में आटा शब्द गेहूँ के आटे के लिए रूढ़ हो गया है। अन्य अनाजों के आटे के लिए आपको अन्न का नाम भी साथ लगाना पड़ता है, जैसे चावल का आटा, जौ का आटा, बाजरे का, चने का, सिंघाड़े का, कुट्टू का आदि। धुले गेहूँ के बहुत महीन आटे को मैदा और चने के ऐसे ही विशेष आटे को बेसन (वेशन सं > वेषण प्रा) कहा जाता है।

कुमाउँनी में आटा केवल जौ का आटा ही है। उसके साथ जौ कहने की आवश्यकता नहीं। गेहूँ के आटे के लिए अवश्य कहा जाता है–ग्यूँक् पिस्यूँ (पिस्यूँ =पिसान से प्राप्त, पिसा हुआ) कुमाउँनी और नेपाली में आटे के लिए एक शब्द 'धुलो' भी है, जो धूल से व्युत्पन्न है। किसी क्षेत्र में आटा का अर्थ चावल का आटा ही है।

मराठी में आटे के लिए 'आट' के अतिरिक्त 'पीठ' शब्द भी है, जो पिष्ट (√पिष् + क्त) से बना है, अर्थ वही – पिसा हुआ, चूरा। पिष्ट से बनने वाला व्यंजन पिष्टक, जिसे लोक में पिठौरी कहा जाता है। यह पीठ, पिठो कुमाउँनी में आटे के साथ साथ कुटे हुए चावल से लगी हुई आटेनुमा पिट्ठी/पीठी के लिए भी है। हिंदी में पिट्ठी/पीठी उड़द या मूँग की दाल के गीले पेस्ट का नाम है। बना यह भी पेषण (पीसना) से है। इसी से मुहावरा बना, 'पिष्ट पेषण करना' अर्थात पिसे हुए को और पीसना, बीच में ज़बरदस्ती ऐसी बात कहना, जो कही जा चुकी हो।

हिंदी में आटा से बने कुछ रोचक मुहावरे प्रचलित हैं:

कंगाली में (गरीबी में) आटा गीला होना = मुसीबत में धन की कमी, संकट के समय पास से कुछ और जाता रहना।

- आटा-दाल का भाव मालूम होना = संसार के व्यवहार का ज्ञान होना।
- आटा-दाल की फ़िक्र = आजीविका की चिंता।
- आटा-माटी होना = नष्ट-भ्रष्ट होना।
- आटे में नमक के बराबर = बहुत कम।

9
आंदोलन और संघर्ष

आइए, अब चलें आंदोलन की ओर अर्थात आंदोलन शब्द की ओर।

संस्कृत में एक धातु है √दुल् जिसका अर्थ है हिलना-डुलना। इसी से हिंदी में दोलन, दोला, डोला बने हैं और शायद अंग्रेज़ी का पेंडुलम शब्द भी बना हो।

दुल् > दोलन से हिंदी की डोलना, डुलाना क्रियाएँ बनी हैं। डोलना का अर्थ है गति करना, चलना, घूमना-फिरना। निरुद्देश्य फिरने को भी डोलना कहा जाता है। डोलना तन से ही नहीं, मन से भी होता है। मन का अस्थिर हो जाना या चित्त का चंचल हो जाना डोलना है।

दोलन एक स्थिति से गति करके दूसरी स्थिति में जाना है और पुनः पूर्व स्थिति में आकर इस गति का बार-बार होना आंदोलन है। आंदोलन का अर्थ है बड़ी हलचल, अशांति, उथल-पुथल और संगठित तथा नियोजित सामूहिक संघर्ष भी।

√घृष् (घिसना, रगड़ना) से बनता है घर्षण और सम् उपसर्ग जुड़ने से संघर्ष। सामान्य अर्थों में किन्ही दो व्यक्तियों या वस्तुओं में होने वाली स्पर्धा, टकराव या रगड़ संघर्ष है। इसका दूसरा कुछ विस्तृत अर्थ है – कठिनाइयों या प्रबल विरोधी शक्तियों को दबाने के लिए प्राणपण से की जाने वाली चेष्टा, जो आंदोलन के अर्थ के निकट बैठता है।

यों संघर्ष और आंदोलन में बहुत अंतर है। हम दैनिक जीवन में,

व्यवसाय में भी अनेक संघर्ष करते हैं, किंतु उन्हें आंदोलन नहीं कह सकते। आंदोलन वह है, जो किसी विशेष उद्देश्य से किया जा रहा हो, बार-बार उत्प्रेरित हो रहा हो और प्रायः स्वतःस्फूर्त हो। राजनीतिक सुधारों या परिवर्तन की आकांक्षा के कारण बड़े आंदोलन होते है। इसके अतिरिक्त सामाजिक, धार्मिक, पर्यावरणीय या सांस्कृतिक लक्ष्यों की प्राप्ति के लिए भी आंदोलन चलाया जाता है। उदाहरणस्वरूप पर्यावरण रक्षा से जुड़े महत्त्वपूर्ण आंदोलन हुए हैं: विश्नोई आंदोलन, चिपको आंदोलन, एप्पिको आंदोलन, जो पेड़ों की रक्षा के लिए चलाए गए आंदोलन रहे हैं। अपने देश में अनेक महत्त्वपूर्ण और ऐतिहासिक आंदोलन हुए हैं जिनका संबंध हमारे स्वतंत्रता संघर्ष से रहा है; जैसे नील आंदोलन, असहयोग आंदोलन, भारत छोड़ो आंदोलन, सविनय अवज्ञा आंदोलन, नमक आंदोलन इत्यादि।

आंदोलन असंतोष व्यक्त करने के लिए, परिवर्तन या बदलाव के लिए, व्यवस्था में परिवर्तन या सुधार के लिए, किसी बात के सामूहिक विरोध के लिए हो सकता है, किंतु आवश्यक नहीं है कि सभी आंदोलन विद्रोह लिए हुए हों। किसी विशेष लक्ष्य के लिए किए जा रहे कार्यों की पूरी शृंखला आंदोलन के अंतर्गत आ सकती है।

10
आदेश और आज्ञा

यह कल्पना ही असंभव है कि हमें किसी-न-किसी रूप में कभी किसी आज्ञा या आदेश का पालन न करना पड़ा हो। कभी-कभी तो इन दोनों शब्दों में अंतर करना कठिन हो जाता है कि यह जो कहा गया है, वह आदेश है या आज्ञा और इस नासमझी से क्रिया व्यापार में बड़ा अंतर पड़ सकता है।

इन दोनों शब्दों में अंतर थोड़ा नाज़ुक अवश्य है, पर है बड़ा रोचक। आप आज्ञाकारी हैं या नहीं, यह तो आपको आज्ञा देने वाले जानें, किंतु आदेश देने वाले जानते हैं कि उनके आदेशों का अनुपालन न करना सहज नहीं है। कोई आज्ञा की अनदेखी तो कर सकता है, परंतु आदेश की अनदेखी के लिए उसे सौ बार सोचना पड़ सकता है। आज्ञा पालन विवशता नहीं है, यह श्रद्धा और कर्तव्य की परिधि में आता है। हमारा-आपका कर्तव्य है बड़ों की आज्ञा मानना, किंतु न मानें तो यह बड़ों पर है कि वे उस अवहेलना को नैतिक मुद्दा बनाते हैं या नहीं। आदेश के साथ यह विकल्प उपलब्ध नहीं है। किसी भी आदेश के पीछे आदेश देने वाले का पद, रुतबा या अधिकार होता है और होता है उसमें निहित भय, जो आपको आदेश का अनुपालन करने के लिए विवश करता है। आप आदेश से असहमत हों, तब भी। इस प्रकार आदेश में औपचारिकता भी है और बाध्यता भी। सक्षम अधिकारी का आदेश आप न मानें तो तो आपको 'कारण बताओ' नोटिस दिया जा सकता है, आपकी पेशी हो सकती है, आप दंड के अधिकारी हो सकते हैं और संभवतः आपके रोज़गार पर भी प्रतिकूल प्रभाव पड़ सकता है।

आज्ञा पालन में मानसिक संतोष हो सकता है, उसमें आपकी विनम्रता भी झलकती है, परंतु आदेश पालन में भी यह सब होता हो, आवश्यक नहीं। पैर पटकते, गर्दन झटकते, बुदबुदाते-भुनभुनाते हुए भी आप आदेश का पालन करते हैं। बॉस, अधिकारी, मंत्री आदेश देते हैं। राष्ट्रपति का आदेश तो 'अध्यादेश' हो जाता है जिसे राजा-प्रजा, कार्यपालिका, न्यायपालिका और विधायिका–सभी मानते हैं। लोकतंत्र के नाम पर नेता लोग 'जनादेश' पाने गली-गली घूमते हैं। यह बात और है कि उस आदेश को पा जाने के बाद उसका पालन करना वे ज़रूरी नहीं समझते।

कहते हैं एक ज़माने में पति की बात भी 'आदेश' ही मानी जाती थी ज्योतिष शास्त्र में 'आदेश' धरती छोड़कर आकाश की बात करने लगता है। वहाँ इसका अर्थ किसी आकाशीय पिंड ग्रह, नक्षत्र, राशि या इनकी परस्पर स्थिति का फल या भविष्य कथन हो जाता है। व्याकरण में 'आदेश' किसी एक ध्वनि या अक्षर के स्थान पर दूसरी ध्वनि या अक्षर के आ जाने की व्यवस्था है। जोगियों के कुछ सम्प्रदायों में 'आदेश' अभिवादन सूचक के रूप में प्रयुक्त होता है। अधिकांश शाबर मंत्रों में भी यह 'आदेश' पिरोया हुआ मिलता है।

यह 'आज्ञा' शब्द विनम्र भाव से अनुमति चाहने के अर्थ में भी प्रयुक्त होता है, जैसे :

- मुझे आज्ञा दीजिए, मैं अब घर जाना चाहता हूँ।
- आज्ञा हो तो निवेदन करना चाहूँगा।

आज्ञा के लिए अरबी मूल का 'हुक्म' (बोलचाल में हुकुम, हुक्म) शब्द भी हिंदी प्रचलित है। यह हुक्म आज्ञा, आदेश के अतिरिक्त शासन, प्रशासन, राजकाज आदि के अर्थ में भी चलता है; जैसे :

- सेनापति ने हमला करने का हुक्म दिया। (आदेश)
- राजा देवजू का हुक्म चलता है यहाँ। (शासन)
- मुझ पर हुकम चलाने की कोशिश मत करो। (रोब गाँठना)

- आप कर पाएँगे? 'जी, हुकम कीजिए।'
- (मानने की आतुरता और आश्वस्ति)
- बात सुनो। 'जी हुकम।'　　　　(सम्मान भरी स्वीकृति, हुंकारा)

'हुकम/हुकुम' का यह आदर भरा प्रयोग राजस्थान में अधिक देखा जाता है। हुकूमत (शासन), हुक्मरान (शासक) भी हुक्म से बने हुए शब्द हैं।

हुक्म से बने कुछ मुहावरे बहुत चलते हैं, कोई हुक्म बजा लाता है, कोई हुक्म की तामील करता है। कुछ लोग बैठे-बैठे हुक्म चलाते रहते हैं और कुछ किसी का हुक्म न मानते हैं, न चलने देते हैं!

11
'आना' क्रिया के कारनामे

हिंदी में 'आना' क्रिया के प्रयोग अनेक अर्थ छटाओं में प्राप्त होते हैं। यहाँ हम उनमें से कुछ छटाओं की चर्चा करेंगे।

आना गत्यर्थक अकर्मक क्रिया है जिससे वक्ता या उल्लिखित, संदर्भित व्यक्ति के प्रति कर्ता की गति का बोध होता है। चलने के स्थान का उल्लेख 'से' प्रत्यय से तथा उद्दिष्ट स्थान, जाने, पहुँचने के स्थान का बोध प्रायः 'तक' से हो सकता है या इसके लिए कोई कारक प्रत्यय नहीं भी हो सकता।

- जीजा जी घर आए।
- नेताजी दिल्ली से आगरा आए।
- मैं कानपुर से लखनऊ तक आपके साथ आ रहा हूँ।

एक विचित्र स्थिति तब आती है, जब गतिशील कर्ता उद्दिष्ट स्थान के साथ 'आना' क्रिया लगाता है। स्थान स्थिर है और क्रिया का वास्तविक कर्ता भी नहीं है। तब हम मन के अर्थ बिंब के अनुसार अर्थ ग्रहण करते हैं; जैसे :

- स्टेशन आया, मैं उतर गया। (स्टेशन नहीं आया, गाड़ी स्टेशन पर आई)
- अब आधे घंटे बाद आगरा आएगा। (आगरा कहीं आता-जाता नहीं, अब हम आगरा पहुँचेंगे)

किसी कौशल या विद्या की जानकारी होने के लिए भी आना किया प्रयुक्त

25

होती है। ऐसी स्थिति में कर्ता के साथ 'को' लगता है। क्रिया प्रायः अपूर्ण पक्ष में होती है और इस संरचना को 'जानना' संरचना से बदला जा सकता है, जैसे :

- मुझे संस्कृत आती है / मैं संस्कृत जानता हूँ।
- तुम्हें तैरना नहीं आता / तुम तैरना नहीं जानते।

आना क्रिया संयुक्त क्रियापद के दोनों घटकों में आ सकती है अर्थात मूल क्रिया और रंजक क्रिया के रूप में। जहाँ मूल क्रिया के रूप में प्रयुक्त होती है, वहाँ कुछ गिनी-चुनी क्रियाएँ ही इसका साथ देती हैं, जैसे:

- आ धमकना, आ पड़ना, आ गुज़रना, आ मरना।

रंजक क्रिया के रूप में यह क्रिया व्यापार के धीरे-धीरे होने का अर्थ देती है, जैसे :

- बादल घिर आए।
- आँसू उमड़ आए।
- आँखें भर आईं।
- दिल पसीज आया।

आना क्रिया का एक अर्थ समाना, अँटना, फिट होना भी है।

- यह कमीज़ मुझे नहीं आती, तुम पहन कर देखो।
- इस बरतन में दो लीटर दूध कैसे आएगा?
- क्या इस थैले में दो पैकेट आ जाएँगे?

मूल्य के बदले किसी चीज़ को प्राप्त करने के अर्थ में भी आना क्रिया का प्रयोग होता है, जैसे :

- दस रुपये में भला आता ही क्या है आजकल?
- ये आम कितने के आए?
- मुंबई का टिकट कितने का आएगा?

आना क्रिया फलने, फ़सल होने, बढ़वार, वृद्धि का संकेत भी करती है, जैसे:

- इस वर्ष बाग में आम बहुत आए हैं।
- गीता तो अपने पति के कंधे तक ही आती है।
- धान कमर तक आ गए।
- यह बेल कितनी जल्दी टहनी के बराबर आ गई!

हमारे कुछ शारीरिक और मानसिक क्रिया व्यापारों के लिए भी आना क्रिया का प्रयोग होता है, जैसे :

- शारीरिक व्यापार – नींद आना, सुस्ती आना, उबकाई आना, खाँसी आना, उल्टियाँ आना, चक्कर आना आदि।
- मानसिक व्यापार – क्रोध आना, प्यार आना, याद आना, गुस्सा आना, पसंद आना, विचार आना, ध्यान आना, आदि।
- उपलब्धि - हाथ आना, घर आना, पहले स्थान पर आना।

कुछ विशेष रोगों के लिए प्रायः आना क्रिया अधिक प्रयोग की जाती है, जैसे :

- आँख आना (आँख का संक्रामक रोग)
- माता आना (चेचक, खसरा)
- मुँह आना (मुँह के भीतर छाले)

12

इष्ट-मित्र और मित्र समूह

इष्ट-मित्र की शब्द रचना बड़ी रोचक है। द्वंद्व समास मानें तो यह होगा इष्ट और मित्र। विशेषण मानने पर होगा इष्ट हैं जो मित्र। अब प्रश्न यही है कि इष्ट क्या है, मित्र कौन? भ्वादि गण की √इष् धातु से बनता है इष्ट अर्थात चाहा हुआ, प्रिय, पूज्य, अनुकूल, आदरणीय, सम्मानित। हम जो चाहते हैं उसका मिल जाना इष्ट प्राप्ति या इष्ट सिद्धि कहा जाता है। जो देवता, व्यक्ति या परिवार के लिए सर्वदा वंदनीय होता है, उसे इष्ट देव या इष्ट देवी कहा जता है। मनचाही मुराद को मनोभष्टि कहा जाता है और उसकी प्राप्ति को मनोभीष्ट प्राप्ति।

अब रहा मित्र। मित्र एक वैदिक देवता का नाम है। सूर्य को भी मित्र कहा जाता है और अनेक ऋचाओं में यह शब्द प्राप्त होता है।

वेद सुझाते हैं कि हमें सबको परस्पर 'मित्र की दृष्टि' से देखना चाहिए। मित्र (सूर्य) सबको समान दृष्टि से देखता है।

मित्रस्य मा चक्षुषा सर्वाणि भूतानि समीक्षन्ताम्।
मित्रस्याहं चक्षुषा सर्वाणि भूतानि समीक्षे।
मित्रस्य चक्षुषा समीक्षामहे।

(यजुर्वेद ३६/१८)

मित्र के बारे में भर्तृहरि कहते हैं :

तन्मित्रम् आपदि सुखे च समक्रियं यत्

मित्र वह है, जो आपदा और सुख के समय हमारे साथ होता है

और ऐसे मित्र सौभाग्य से प्राप्त होते हैं।

आज हिंदी में और अन्य आर्यभाषाओं में मित्र विद्यमान है।

(मित्र को संस्कृत में नपुंसक लिंग माना गया है और हिंदी में पुल्लिंग, यद्यपि स्त्री मित्र और महिला मित्र जैसे प्रयोग मिलते हैं)

वस्तुतः मैत्री (मित्रता) या दोस्ती दो या अधिक व्यक्तियों के बीच पारस्परिक लगाव का संबंध है। मैत्री संबंध में दो दिल एक-दूसरे के प्रति सच्ची आत्मीयता से भरे होते हैं। सच्ची मैत्री अत्यधिक सशक्त और अंतर्वैयक्तिक बंधन है।

कुछ पौराणिक मैत्रियाँ उल्लेखनीय है, जैसेः कृष्ण-अर्जुन, कृष्ण-सुदामा, कर्ण-दुर्योधन, राम-सुग्रीव आदि। मित्र से बनने वाले कुछ यौगिक शब्द हैं — मित्रभाव (मैत्री), मित्रद्रोह (मित्र से विश्वासघात करना), मित्रभेद (मित्रता भंग होना) आदि।

मित्रता की अवधारणा, स्वरूप और उसके सामाजिक-मनोवैज्ञानिक पक्षों पर अन्य शास्त्रों जैसे समाजशास्त्र, मनोविज्ञान, नृतत्वशास्त्र, दर्शन आदि में भी अध्ययन किया जाता है। विश्व खुशहाली डाटाबेस के अध्ययनों में पाया गया है कि परस्पर करीबी संबंध रखने वाले मित्र अधिक प्रसन्न रहते हैं।

प्रथम और द्वितीय विश्वयुद्ध ने हिंदी शब्द भंडार के दो यौगिक शब्द दिए है – मित्र राष्ट्र (एलाइड पावर्स) तथा धुरी राष्ट्र (एक्सिस पावर्स)। धुरी राष्ट्र के अंतर्गत वे राष्ट्र थे जिनमें तानाशाही या क्रूर राजशाही शासन था, जैसे जर्मनी, इटली, जापान आदि। मित्र राष्ट्र लोकतांत्रिक थे और परस्पर मित्रतापूर्वक धुरी राष्ट्रों से सशस्त्र संघर्ष के लिए प्रतिबद्ध थे।

13

उगते–उभरते मुहावरे, गाँव और शहर के

मुहावरा शब्द मूलतः तो अरबी भाषा का है। इसके स्थान पर जो भी शब्द हिंदी में चलाने के प्रयास हुए वे सब व्यर्थ रहे। 'वाक्-पद्धति', 'वाक् रीति', 'वाक्-व्यवहार' और 'विशिष्ट स्वरूप' को संस्कृत और हिंदी में विभिन्न विद्वानों ने अपनाना चाहा। विष्णु दिगंबर पराड़कर ने 'वाक्-सम्प्रदाय' को मुहावरे का पर्यायवाची माना। काका कालेलकर ने 'वाक्-प्रचार' को 'मुहावरे' के लिए 'रूढ़ि' शब्द मानने का सुझाव दिया, पर मुहावरा ही हिंदी वालों के मुँह लगा और फिर सिर पर बिठा लिया गया।

संस्कृत में भी इसका कोई ठीक-ठीक पर्याय नहीं है, पर इसका अर्थ यह नहीं कि संस्कृत में मुहावरे नहीं हैं। ननु न च (टालने के लिए तर्क करना), दशमो ग्रहः (जामाता/जँवाई), अर्द्धचन्द्र दानम् (थप्पड़ लगाना), गर्दन पकड़ना, बाहर कर देना क्षते क्षारमिव (जले पर नमक), अरण्य रोदनम् (जंगल में प्रलाप) आदि अनेक संस्कृत मुहावरे हिंदी में भी आ गए है। सच तो यह है कि कोई भी भाषा जीवित रहेगी तो उसमें मुहावरे बनेंगे ही।

जैसा कि सब मानते हैं, किसी मुहावरे में प्रयुक्त शाब्दिक (कोशीय) अर्थ उसके वास्तविक अर्थ को स्पष्ट नहीं करते, उन घटक शब्दों के आधार पर संकेतित किसी लाक्षणिक अर्थ के लिए वे रूढ़ हो जाते हैं। जूते खाना, जान हथेली पर रखना, क़ब्र में पैर लटकाए होना को ही देखें : जूते खाने की चीज़ नहीं, जान ऐसी चीज़ नहीं जिसे हथेली पर रखा

30

जा सके, जीवित आदमी क़ब्र में पैर लटकाकर बैठेगा नहीं। सो केवल लाक्षणिक अर्थ लिया जाता है, जो क्रमशः होगा – अपमानित होना, जान की परवाह न करना, मृत्यु निकट होना।

मुहावरों के लिए सबसे उर्वर भूमि है हमारा लोकमन। भारत में इस 'लोक' का सबंध चूँकि नागरी संस्कृति की अपेक्षा ग्राम्य संस्कृति से अधिक रहा है, इसलिए मुहावरे भी इसी ग्राम्य अंचल के उत्पाद अधिक है। अधिकतर मुहावरे मूलतः ग्राम्य जीवन और बोली से उपजे हैं, इसलिए लोग उनमें शिष्टता-अशिष्टता ढूँढ़ने लगते हैं, जो वस्तुतः विशेष महत्त्व नहीं रखती। प्रायः इनका उपयोग बोलचाल में, दो व्यक्तियों के बीच होता है, इसलिए दोनों की उम्र, अनुभव, घनिष्ठता, परिवेश, मनोविज्ञान आदि के आधार पर भले ही अशिष्ट मुहावरों का उपयोग हो, लेकिन प्रयोग करने वाले को या सुनने वाले को न केवल कोई असभ्यता महसूस नहीं होती, बल्कि लगता है उस परिस्थिति विशेष में वही विशेष मुहावरा सबसे अधिक व्यंजक है। हाँ, बोली में असभ्य कहे-समझे जाने वाले मुहावरे प्रायः लिखित भाषा में सभ्य स्वरूप ले लेते हैं।

ग्रामीण परिवेश को समझे बिना ऐसे मुहावरे समझना कठिन हो जाता है, यद्यपि उनका प्रयोग चलता रहता है। हाथ के तोते उड़ जाना, अपना उल्लू सीधा करना, साँड-सा डोलना, काली कमरी, आवा बिगड़ना, गुड़ गोबर करना, भट्ठा बैठना, बिल्ली के भागों छीका टूटना, तेली का बैल, दहलीज़ का कुत्ता, धोबी का कुत्ता, ऊसर में बीज डालना, खेती लेट जाना, खीरा-ककड़ी होना, चलती गाड़ी में रोड़ा अटकाना, ढाक तले की फूहड़, बिजूके-सी सूरत, ढाक के तीन पात, नया गुल खिलाना, भुस के भाव होना, सरसों फूलना, पेड़ गिनना, आम खाना, फूल-काँटे का साथ होना, मूली-गाजर की तरह काटना इत्यादि ऐसे मुहावरे हैं, जो शहरीकरण और स्मार्ट सिटी संस्कृति में अपनी जड़ों को भूलते जाने को विवश हैं। हम इनका प्रयोग तो जब-तब करते हैं, पर इनकी उत्पत्ति के कथा प्रसंगों से बिलकुल अनजान होते हैं।

ऐसा भी नहीं है कि शहरी भूमि मुहावरों के लिए एकदम अनुर्वर हो। मुहावरे शहरी जीवन के भी हैं। सुर्खियों में रहना, हीरो बने घूमना, रॉकेट-सा भागना, चश्मे का नंबर बदलना, रंगीन चश्मा, चौराहे पर नीलामी, भाव बढ़ना, सेटिंग होना, मुट्ठी गरम करना, कुर्सी तोड़ना, कुर्सी की लड़ाई, कागज़ी काम, किस्तों में जीना, आटे-दाल का भाव, बैलेंस बिगाड़ना, बैलेंस शीट मिलाना, वीक-एंड-मस्ती, किराएदार-सा रहना, वैलेंटाइन का गुलाब होना आदि सैकड़ों मुहावरे हैं जिनकी जड़ें शहरी जीवनशैली में मानी जा सकती हैं।

भाषा का समकालीन विश्लेषण सरल नहीं होता, किंतु कुछ प्रवृत्तियों पर गौर किया जा सकता है। जैसे यह तो मानना पड़ता है कि संपूर्ण हिंदी क्षेत्र राजनीतिक दृष्टि से बहुत सजग है। बस, मेट्रो, जलसा, जुलूस, बाज़ार, ढाबा, मेले-ठेले में कहीं भी दो-चार जन इकट्ठे हों तो अपने-अपने ढंग और अपनी-अपनी समझ से समसामयिक चर्चा होने लगती है। इनमें भी कुछ मुहावरे उगते-उभरते पाए गए हैं। उनमें ठेठ बोलियों के छोड़ भी दिए जाएँ, तो सामान्य हिंदी बोलचाल में प्रायः ये नवीनतम मुहावरे सुने जाते हैं – पाला बदली करना, नामदार बनाम कामदार, सिक्कुलर पंथी, नोटबंदी का मारा, फेंकना, जुमलेबाजी करना, टिकट कटना, गंगा नहाना, झोलाछाप, सूपड़ा साफ़ होना, भगत होना, रायता फैलाना, भगवाकरण, धूल चटाना, नोट दिखाना, रिटर्न टिकट, घर वापसी और ऐसे ही बीसियों मिल जाएँगे। राजनीति से हटकर अन्य अनुभवों के कुछ मुहावरे भी अधिक पुराने नहीं हैं, जैसे युवक-युवतियों के सप्ताहांत मनोरंजन के लिए वीक-एंड-मस्ती' माँग बढ़ने पर व्यक्ति या वस्तु के दुर्लभ हो जाने के लिए 'वैलेंटाइन का गुलाब होना', नौकरी में कठिन प्रोजेक्ट को पूरा न कर पाने का तनाव व्यक्त करने के लिए 'प्रोजेक्ट का मारा', टार्गेट का सताया आदि।

आज नई पीढ़ी की बोलचाल में अपने काम और काम करने के संसाधनों से जुड़े हुए अनेक नए मुहावरे सुने जा रहे हैं, जैसे - मेमोरी

डिलीट होना, हार्ड डिस्क क्रैश होना, दिमाग में वायरस आना, ओवरलोडेड जीनियस, पायरेटेड माइंड, सॉफ्ट कॉपी बंदा (आदमी), हार्ड्वेयर आदमी, बैकअप खत्म होना, रिवर्स गियर लगाना आदि; और किसी भी जीवित भाषा में यह प्रक्रिया चलती रहती है।

वस्तुतः मुहावरों की उत्पत्ति जनसाधारण के जीवन-व्यवहारों के लिए आवश्यक भाषा की विलक्षणता की देन है। जीवन का कोई क्षेत्र ऐसा नहीं जिससे संबंधित मुहावरे न बने हों। सच तो यह है कि यह ऐसी सतत प्रक्रिया है, जो किसी भी जीवित भाषा में कभी नहीं थमती। आज भी हमारे आसपास हो रहे संवाद में मुहावरे बन रहे हैं। व्यक्तिगत व्यवहार में, समूह के साथ संवाद में, बाज़ार-व्यवहार में, सार्वजनिक परिवहन में जो भी, जैसी भी भाषा काम में लाई जा रही हो, उसके विविध संदर्भ, प्रयोग और छटाएँ होती हैं। व्यक्तिभाषा के ही कुछ प्रयोग ऐसे होते हैं, जो धीरे-धीरे स्थिर होते हैं और चुपचाप मुहावरे के रूप में समूह भाषा के अंग बनते जाते हैं।

14
उछल-कूद की बातें

सामान्यतः एक धरातल से वेगपूर्वक उठना ही उछलना है। संस्कृत में उद्+शल् (दौड़ना) से ल्युट् प्रत्यय जोड़कर उच्छलन बनता है। हमारे राष्ट्रगीत के 'उच्छल-जलधि-तरंग' में यही 'उच्छल' (उछलना) है। इसका सामान्य अर्थों में प्रयोग है : गेंद उछलती है, बच्चे भी उछलते हैं, किंतु लाक्षणिक प्रयोग अधिक रोचक और विविध हैं, जैसे :

- अरहर के दाम उछले।
- सोने में उछाल आया!
- आजकल शेयरों में उछाल दिखाई पड़ता है।
- मेरे सामने उछलो मत, मैं तुम्हारी असलियत जानता हूँ। (घमंड करना)
- मतगणना में प्रारंभिक दौर का रुझान देखकर नेताजी उछल पड़े। (प्रसन्नता से इतराना)।
- सफलता का समाचार सुनकर विद्यार्थी उछल पड़ते हैं।
- भ्रष्टाचार की बात उछाली जाती है।
- किसी की प्रसिद्धि में भी उछाल आता है।
- लोग एक दूसरे पर कीचड़ उछालते हैं।
- समुद्री तूफ़ान से लहरों में उछाल आता है।

अर्थ में उछलना के निकटस्थ मित्रों में हैं कूदना, फाँदना, छलाँगना और

34

लाँघना। कूदना तो संस्कृत का कूर्दन ही है। कूदना में किसी सतह से उछलकर उसी धरातल पर वापिस आने की क्रिया है। यह क्रिया के साथ जोड़ीदार बनकर भी आता है और स्वतंत्र भी।

- वह तालाब में कूदा।
- बंदर पेड़ से कूद पड़ा।
- उछलना-कूदना बच्चों का स्वभाव है।
- लोग किसी की बातों के बीच कूद पड़ते हैं (दखल देना)।
- अनेक लोग स्वतंत्रता संग्राम में कूद पड़े (अचानक शामिल होना)।
- अब कूदना-फाँदना व्यर्थ है।
- कूदने की प्रतियोगिताएँ कल होंगी।
- रस्सी कूदना अच्छा व्यायाम है।

फाँदना/फलाँगना भी एक प्रकार से लाँघना (लंघन) ही है। इसके अंतर्गत उछलना पहली क्रिया है और फाँदना दूसरी। अर्थात फाँदने के लिए हम पहले हवा में उछलते हैं, फिर किसी दूरी या रोक को लाँघते/फाँदते हुए कूदकर नीचे आते हैं। लाँघना में दूरी कम होती है, बिना उछले ही कदम को लंबा करके भी पार की जा सकती है :

- बकरी भेड़ को लाँघकर आगे निकल गई।
- सड़क में गड्ढा है, फाँदकर आ जाइए।
- चोर दीवार फाँदकर आया।

कभी-कभी यह फाँदना एक उछाल में नहीं भी संपन्न होता, जैसे:

- पर्वतारोही अनेक पर्वतों को फाँदकर अंतिम शिखर पर पहुँचे।

छलाँग लगाना में अंतर यह है कि छलाँग उछलकर दूर तक कूदने की क्रिया है। इसका गंतव्य होता है, कूदना में नहीं होता। जैसे मेंढक छलाँग लगाते हैं। 'फुदकना' में गति तो छलाँग वाली है, पर गंतव्य आगे बदलता बढ़ता रहता है, जैसे :

- तितलियाँ एक फूल से दूसरे फूल पर फुदकती हैं।
- मेंढक फुदक-फुदककर चला गया।
- टिड्डियाँ उड़ती हैं और फुदकती भी हैं।
- गौरैया आँगन में आई और फुदक-फुदककर दाना चुगने लगी।

लगे हाथ उछल-कूद के प्रसंग में 'रणबीच चौकड़ी' भरने वाले राणा प्रताप के घोड़े की चाल भी याद कर लें। आखिर चेतक का चौकड़ी भरना क्या है? सामान्यतः पशु चलते-फिरते, उछलते-कूदते हैं। इस क्रिया में चारों पैर बारी-बारी से गति करते हैं। यह भी हो सकता है कि पशु कूदे तो पहले पिछले पैरों पर खड़ा होकर अगले पैर उठाए और अगले पैर टिकाने पर ही पिछले पैर आगे ले आए, किंतु चौकड़ी भरते हुए वह अपने चारों पैर हवा में उछालकर आगे रखता है और फिर इसी तरह से तीव्र गति से कूदता हुआ आगे बढ़ता है। यही चौकड़ी भरना है। जब आवश्यक हो तो हिरन, घोड़े, चीते चौकड़ी भरते हुए दौड़ते हैं।

15

उलटना, पलटना और लौटाना

कभी विचार किया है कि तवे पर सेंकी जा रही रोटी को दूसरी ओर सेंकने के लिए आप उसे उलटते हैं या पलटते हैं या फिर लौटाते हैं? संभव है तीनों क्रियाओं में से किसी का भी प्रयोग कर लेते हों, किंतु इनमें सूक्ष्म अंतर है।

उलटना पूर्व स्थिति से बिलकुल विपरीत स्थिति में हो जाना है जैसे औंधे से चित या चित से औंधा कर देना। पीठ के बल लेटे हुए को छाती के बल लिटा देना। रोटी या दोसे के साथ हम यही करते हैं, किंतु थोड़ा ठहरिए। क्या हम रोटी को पलटते हुए भी यही क्रिया नहीं कर रहे होते? तो पलटना भिन्न कैसे? इसे यों समझिए। कोई पीठ के बल लेटा हुआ हो तो संभव है कि पलटकर वह दाईं या बाईं करवट हो जाए। उलटने में यह विकल्प नहीं है। उलटे हुए को फिर से उलटना या पिछली स्थिति में पुनः लौटाना भी पलटना है। इसलिए उलटना-पलटना क्रिया का प्रयोग एक साथ भी किया जाता है। पराठे को अनेक बार उलटना-पलटना पड़ सकता है। समाज में या किन्हीं भी स्थितियों में कोई बड़ा परिवर्तन होता है तो इन क्रियाओं का लाक्षणिक अर्थ में प्रयोग किया जाता है, उलट-पलट होना या उलट-फेर होना। अर्थ विस्तार से अपनी बात से मुकर जाना भी पलटना है। कोई कुछ वादा करके नहीं मानता तो वह अपनी बात से पलट जाता है। राजनीतिक संदर्भ में भी कोई दल का नेता अपनी घोषित नीति या पक्ष को छोड़कर दूसरा पक्ष विचारधारा को अपना लेता है तो उसे भी पलटना कहा जाता

है और ऐसा करने वाले के लिए विशेषण है 'पलटू'। उलटना पर लौटाने से उलटू या लौटू विशेषण नहीं करते। उलटने-पलटने के अर्थ में एक और क्रिया है फेरना, जिसका प्रयोग अब कम होता है। अमीर ख़ुसरो ने कहा है :

घोड़ा अड़ा क्यों?
पान सड़ा क्यों? फेरा न था।

रोटी के संदर्भ में उलटना, पलटना के व्यापक अर्थ में लौटाना का प्रयोग कर सकते हैं, लेकिन लौटाना का क्षेत्र और अधिक व्यापक है। आप ऋण लौटाते हैं, संतुष्ट न होने पर ख़रीदी हुई वस्तु को भी। कोई रूठकर जा रहा हो तो उसे लौटाकर ले आते हैं। परिक्रमा करते हुए आप लौटकर वहीं आ जाते हैं, जहाँ से चले थे।

लौटना क्रिया का सकर्मक रूप है लौटाना।

16
उपयोग और प्रयोग

संस्कृत √युज (जोड़ना) से योग शब्द बनता है जिससे उपसर्ग उप- जोड़कर उपयोग और प्र- जोड़कर प्रयोग बनते हैं। दोनों के प्रयोग क्षेत्र कहीं समान हैं, तो कहीं भिन्न।

काम में लाया जाना, इस्तेमाल करना, बरतना के अर्थ में प्रयोग और उपयोग दोनों चल रहे हैं।

- भारतीय व्यंजनों में मसालों का बहुत प्रयोग/उपयोग होता है।
- गुटखे का प्रयोग/उपयोग अधिक करने से कैंसर हो सकता है।

इसी प्रकार प्लास्टिक की थैली का ~, आयुर्वेदिक दवाओं का~, मिक्सर ग्राइंडर का~ जैसे अनेक स्थानों पर उपयोग/प्रयोग दोनों व्यक्तिगत रुचि के अनुसार आ सकते हैं।

प्रयोग का प्रयोग करने में उसके आगे-पीछे कुछ कारक प्रत्यय, विशेषकर (का/को/में) यथास्थान अवश्य होते हैं, जैसे :

- पकवानों में घी का प्रयोग करना, घी को प्रयोग में लाना।

क्रियापद भी वाच्य के अनुसार रूप बदलता है :

- सड़क निर्माण में कोलतार का प्रयोग होता है। (कर्तृवाच्य)
- कोलतार का प्रयोग किया जाता है। (कर्मवाच्य)

उक्त दो वाक्यों को इसी अर्थ में 'प्रयुक्त' (प्रयुज (ज में हलंत लगाना है) + क्त) से इस प्रकार कहा जा सकता है :

- सड़क निर्माण में कोलतार प्रयुक्त होता है।

कहीं बल देने के लिए केवल प्रयोग का ही प्रयोग होता है, उपयोग काम नहीं आता, जैसे :

- अध्यक्ष ने विशेषाधिकार का प्रयोग किया
- पुलिस को बल प्रयोग करना पड़ा।
- छायावादी कवियों ने नए बिंबों और प्रतीकों का प्रयोग किया।

भाषा में 'प्रयोग' विशेष भाषिक प्रयुक्ति के अर्थ में भी है, जैसे – मित्रों और मित्रो दो भिन्न प्रयुक्तियाँ हैं। संबोधन में मित्रों! कहना ठीक नहीं, मित्रो! कहा जाना चाहिए।

इसके अंतर्गत ऐसे अनेक प्रयोग भी आएँगे, जो अपने विशेष अर्थ से भाषा को संपन्न करते हैं, जैसे : देखते-ही-देखते, खड़े-खड़े, बातों में ले उड़ना।

अनुसंधान के क्रम में किसी विशेष उद्देश्य से परीक्षण करना भी प्रयोग के अंतर्गत आता है।

वैज्ञानिक प्रयोगशाला में ही नहीं, खेत खलिहान में भी प्रयोग करके किसी निर्णय तक पहुँचते हैं।

हिंदी व्याकरण में प्रयोग का एक अर्थ और भी है। किसी वाक्य में उसके वाच्य के अनुसार प्रयोग तीन प्रकार के माने जाते हैं – कर्तरि प्रयोग, कर्मणि प्रयोग, और भावे प्रयोग। अनेक आधुनिक वैयाकरण वाच्य से भिन्न प्रयोग की संकल्पना से सहमत नहीं हैं।

उपयोग से उपयोगी, उपयुक्त (विशेषण) और उपयोगिता, उपयुक्तता (संज्ञा) बनते हैं। उपयोगकर्ता, उपयोगितावाद यौगिक शब्द है। उपयोग और उससे निर्मित शब्दों का विलोम अन् उपसर्ग जोड़कर बन सकता है, जैसे – अनुपयोग, अनुपयोगी, अनुपयुक्त, अनुपयुक्तता आदि। प्रयोग से निर्मित शब्दों के विलोम अन् से नहीं, अ से बनते है – अप्रयोग, अप्रयुक्त, अप्रायोगिक आदि। प्रयोग से बने प्रायोगिक, प्रयोगात्मक, प्रयुक्त, प्रयुक्ति

के अतिरिक्त अनेक यौगिक शब्द मिलते हैं, जैसे प्रयोगशाला, प्रयोगवादी, प्रयोगवाद, प्रयोगाधीन, बल प्रयोग आदि।

17
और की और-और अर्थ छवियाँ

हिंदी में 'और' एक बहु प्रचलित शब्द है और बहुअर्थी भी । सामान्यतः इसे समुच्चयबोधक अव्यय या योजक माना जाता है जो दो पदों या उपवाक्यों को जोड़ता है, जैसे :

- घोड़े और गधे । (दो पदों का योजक)
- वह आया और चला भी गया । (दो उपवाक्यों का योजक)

प्रयोग और अर्थ के अनुसार और को समुच्चयबोधक ही नहीं, अन्य व्याकरणिक कोटियों तथा अर्थ छवियों में भी देखा जा सकता है, जैसे :

- अभी और लोग आएँगे । (विशेषण)
- कुछ और दीजिए । (क्रियाविशेषण)
- काम भी करो और ताने भी सुनो । (परिणाम)
- मैं, और चुपचाप सुनता रहूँ! (विपरीतता या विलक्षणता)
- एक मैं, और एक तुम! (विपरीतता, विरोध)
- और क्या तुम उसे कंधे पर बिठाते! (जो हुआ उससे अधिक की चाहत)
- और मुँह लगाओ मूर्खों को! (व्यंग्य से दुष्परिणाम का संकेत)
- अगर कुछ और परिश्रम करते तो सफल हो जाते । (विशेषण)
- और कोई इस झगड़े में क्यों पड़ने लगा? (विशेषण; दूसरा, अन्य)
- गाड़ी और तेज़ चलाओ । (क्रियाविशेषण)

- यह आदत मेरी नहीं, किसी और की होगी। (सर्वनाम)
- और-और बातें करता रहा, काम की बात कोई नहीं की। (भिन्न-भिन्न)
- और क्या! (गर्वोक्ति)
- और तो और, पहले आप ही करके देखिए। (बाकी जाने दो)
- और तो क्या, घर के लोग नहीं मानेंगे। (दूसरों की बात छोड़ें)
- और तो और, यह छोकरा भी ज़बान लड़ाता है। (जैसे वह समर्थ ही नहीं)
- और ही कुछ। (सबसे निराला)
- और ही और (अनोखा, आश्चर्यजनक)
- और तो क्या, पानी तक को नहीं पूछा। (और बातें तो दूर)

किसी से मिलने पर बात की शुरुआत और से होती है। वह 'और' बात का प्रारंभक है और इसमें अर्थ की दृष्टि से पूरा वाक्य निहित है :

- और (और सुनाइए; हालचाल बताइए।)

और का एक और प्रयोग उपर्युक्त प्रयोगों से भिन्न है। जब टेलीफ़ोन में कोई कहे 'और सुनाओ' तो सीधा अर्थ है कि बात करने के लिए कुछ बचा नहीं, यों ही व्यर्थ बतियाते हुए समय बिताएँ या बंद करें?

18
करा-कराया और किया-कराया

करे-कराए पर पानी फेरना एवं किए-कराए पर पानी फेरना – दोनों समान रूप से सुने जाते हैं, किंतु यदि पूछा जाए कि इन दोनों में कौन-सा ठीक है और कौन-सा गलत, तो सहसा उत्तर देते नहीं बनता। हिंदी का व्यवहार करने वाले सामान्य जन ही नहीं, हिंदी विशेषज्ञ, व्याकरणविद भी चौंकते हैं और ठीक-ठीक उत्तर नहीं दे पाते। इसका कारण हिंदी में दो प्रकार की (नियमित, अनियमित) क्रियाओं की रूप रचना का अभ्यास न होना है। नियमित क्रियाओं में रूप रचना का समान पैटर्न होता है, जैसे :

मरना > मरा, मरी, मरे

भरना > भरा, भरी, भरे

तरना > तरा, तरी, तरे

इस अनुकरण पर करना क्रिया के रूप भी होने चाहिए थे – करा, करी, करे, किंतु ऐसा नहीं है। करना के रूप बनते हैं – किया, की, किए। यह करना क्रिया के अनियमित होने के कारण है। जिस क्रिया की रूप रचना का एक बँधा-बँधाया नियम हो वह नियमित और इससे भिन्न अनियमित। मरना, भरना आदि क्रियाएँ नियमित हैं और करना, लेना, देना, पीना आदि अनियमित।

चूँकि हिंदी में संज्ञा और विशेषण शब्दों से करना जोड़कर नामिक/ यौगिक क्रियाएँ बहुत बनती हैं, इसलिए करना का उपयुक्त प्रयोग न जानने से उन सारी क्रियाओं के साथ भी अशुद्धियाँ संक्रमित होती हैं, जैसे :

44

- मैंने भोजन करा। (किया)
- तुमने प्रार्थना करी। (की)
- उन्होंने काम पूरे करे। (किए)
- अब आप शिकायत करिए। (कीजिए)

सच तो यह है कि अब करी, करा, करे और करिए का बोलबाला बढ़ रहा है, क्योंकि अनियमित क्रिया होने पर भी इसका नियमित क्रिया के समान रूप बनाकर उपयोग करना सरल है।

लगता है पश्चिमी हिंदी और पूर्वी हिंदी शैली का यह भी एक व्यतिरेकी लक्षण है। भौगोलिक क्षेत्र विशेष की प्रवृत्ति होने के अतिरिक्त भाषा का अभ्यास और शब्द चयन में व्यक्तिगत रुचि भी निर्धारक होती है। एक व्यक्ति एक ही प्रोक्ति में 'करिए'/'कीजिए', 'करा'/'किया' का प्रयोग कर लेता है। व्याकरण में चाहे यह ठीक न हो और जिसे आदत नहीं उसे अटपटा लगे, किंतु इसका व्यापक चलन देखते हुए हमारा विचार है कि अब करना को नियमित/अनियमित दोनों वर्गों में मान लिया जाना चाहिए।

19
करनी, करतूत, करतब और करामात

किसी प्रयत्न द्वारा संपादित क्रिया व्यापार के लिए हिंदी में संज्ञा शब्द हैं–कर्म, काम, कार्य, काज। काम से अनेक यौगिक शब्द बने हैं, जैसे कामकाज, कामचोर, काम-धंधा, काम-धाम, काम-तमाम। काम के साथ कुछ क्रियाओं के जुड़ जाने पर विविध लाक्षणिक प्रयोग देखे जा सकते हैं, जैसे: काम अटकना (रुकावट), काम आना (मारा जाना), काम करना (असर होना), काम बनना/बनाना, बिगड़ना/बिगाड़ना, सिद्ध होना; काम चलना/-चलाना, -निकलना/-निकालना आदि।

किसी काम को समाप्ति की ओर आगे बढ़ाना या उसके संपादन के लिए क्रिया है करना। वस्तुतः सारी ही क्रियाएँ या तो 'होती हैं', या 'की जाती हैं'; जिसे क्रमशः होना और करना क्रिया से व्यक्त किया जाता है।

करना क्रिया से कुछ ऐसे संज्ञा शब्द भी बनते हैं, जो मूल अर्थ में कुछ विस्तार करते हैं और प्रायः हीनार्थक हैं। उनमें से एक है करनी। करनी का अर्थ है काम, कार्य; किंतु प्रयोग में यह कुछ अनुचित कार्य, दुर्भाग्य या बुरे काम के अर्थ में दिखाई पड़ता है।

- तुम कौन-सी करनी कर लोगे? (व्यंग्य)
- अपनी करनी का फल भोग रहे हैं। (दुर्भाग्य)
- जैसी करनी वैसी भरनी। (कर्मफल)

दूसरा ऐसा शब्द है करतूत, अर्थात अनुचित या हीन आचरण। कोई बुरा या निंदनीय काम। इसका प्रयोग प्राय: व्यंग्य में किया जाता है, जैसे :

- यह तुम्हारे लाड़ले बेटे की ही करतूत हो सकती है।
- ऊँच निवास नीच करतूती – तुलसीदास

यों करनी और करतूत लगभग समानार्थी हैं, परंतु प्रयोग में कहीं पूरक भी हो सकते हैं, जैसे :

- कुछ करनी (दुर्भाग्य), कुछ करतूत (अनुचित काम)।

करतब प्रायः करतूत, हीन आचरण के लिए प्रयुक्त होता है, किंतु कभी-कभी यह किसी कला, हुनर, गुण जताने वाले कार्य के अर्थ में भी प्रयुक्त होता है।

- मदारी के करतब देखकर लोग तालियाँ बजाने लगे।
- सास और बहू दोनों अपने करतबों में निपुण थे।
- 'करतब वायस, वेश मराला' – तुलसीदास

करामत/ करामात (अरबी) और करिश्मा (फ़ारसी) भी इसी वर्ग के शब्द हैं, जो विलक्षण कार्य, अद्भुत कृत्य या चमत्कारी कारनामों के अर्थ में प्रयुक्त होते हैं। इन्द्रजाल, जादू, चमत्कार अथवा अन्य आश्चर्यजनक या विलक्षण कार्य करामात या करिश्मा कहे जाते हैं।

20
कल की कालयात्रा

पक्षियों का कलरव हो या बहती नदी की कलकल, इनकी सराहना किए बिना कल नहीं पड़ती। यह कल कालवाची कल से भिन्न है, व्युत्पत्ति और अर्थ दोनों में। जाने किसने कहा है, 'बात निकलेगी, बड़ी दूर तलक जाएगी!' कल की बात भी जब निकली है तो दूर तक जाती लग रही है।

पहले कल की व्युत्पत्ति की बात करें। यह कल मूल रूप से भारोपीय भाषा का हज़ारों वर्ष पुराना शब्द है। संस्कृत में यह 'कल' है, जिसका एक अर्थ है शब्द करना। पंछियों के कलरव में यही कल है। यही 'कल' प्राचीन जर्मन में 'कल्लों,' नोर्स और प्राचीन अंग्रेज़ी में 'कल्ला' से होता हुआ उधर आज की अंग्रेज़ी में 'कॉल' बन गया है और इधर पंजाबी में 'गल'! यों संस्कृत में 'गल्' धातु भी है, जो अर्थ विस्तार से गला, गर्दन का अर्थ देती है। गले जैसी पतली, सँकरी पट्टी के लिए बन गई गली और फिर इसी गली से बना गलियारा और ब्रजभाषा में गैल! ध्वनिसाम्य से तो लगता है यही गलियारे वाला रास्ता शायद फ्रेंच और अंग्रेज़ी के 'गैलरी' तक भी पहुँचता हो, किंतु गैलरी को लैटिन मूल का कहा जाता है!

अंग्रेज़ी call (भारोपीय में गल) का संबंध है संस्कृत से। संस्कृत में बनता है 'गल्ल' और गल्ल से हिंदी में गाल। तुलसी का कथन है, 'पंडित सोइ जो गाल बजावा।' अब जब गाल बजाना ही है तो उससे गाली भी निकलेगी और गाली शब्द से गाली-गलौज जैसे शब्द भी। आख़िर है तो सब गलेबाज़ी ही!

48

अंग्रेज़ी के 'कॉल' शब्द का एक अर्थ यह भी है – ध्वनि या किसी पशु-पक्षी की विशेष आवाज़। यह संस्कृत या हिंदी में भी 'कल' का अर्थ है। संज्ञा के पहले इसे विशेषण के रूप में जोड़ने पर बड़े मनोरम शब्द बनते हैं, जैसे कलकंठ, कलरव, कलनिनाद आदि। कलकल एक स्वतंत्र शब्द है।

'कलयुग' शब्द का कलरव वाले कल से या इन कालवाची क्रिया विशेषणों से कोई लेना-देना नहीं है, यह कल (मशीन) से हो सकता है। यों भी कलि महाराज को जानते ही कितने लोग हैं कि वे इसे कलियुग कहें? चारों ओर मशीनें-ही-मशीनें हैं, तो इस मशीनी युग का नाम कलयुग होना अधिक तर्कसंगत लगता है।

हमें 'कल' से बने कुछ मुहावरे याद आ रहे हैं और उनकी चर्चा यहाँ ज़रूरी लग रही है। किसी व्यक्ति की 'कल बिगड़ जाए' तो वह उलटे-सीधे काम करने लग जाता है। तब 'कल सीधी करनी' पड़ती है। कुछ लोग 'कल ऐंठने' या 'कल घुमाने' के विशेषज्ञ होते हैं। वही 'कल सुधार' भी सकते हैं। 'बिगड़ी कल' से कुटुंबी जन भी बेकल हो जाते हैं। ऐसे लोग भी हैं जो दूसरों की कल को सदा अपनी मुट्ठी में रखने का दावा करते हैं। इन 'कल के छोकरों' से अक्सर बड़ों को शिकायत रहती है और उन्हें कुछ-न-कुछ सुनाए बिना इन्हें भी 'कल नहीं पड़ती'।

यदि किसी में बुराइयाँ-ही-बुराइयाँ दिखाई दें तो एक लोकोक्ति का सहारा लिया जा सकता है -

ऊँट की कोई कल सीधी नहीं होती।

21
कल-परसों की बात

अंग्रेज़ी में एक कहावत है, कल कभी नहीं आता, परंतु हम हिंदी वालों के पास तो कल-ही-कल है। आज के पहले भी कल, आज के बाद भी कल। 'काल करे सो आज कर' यह जिसने भी कहा हो, उसे मैं संत या कवि से अधिक दार्शनिक और वैयाकरण मानता हूँ। उसे पता था कि हिंदी में कल की तो कोई समय-सीमा ही नहीं है। आज से पहले या आज के बाद के दिनों तक ही नहीं, यह तो अनिश्चित भविष्य के लिए भी है और अनियत भूत के लिए भी वस्तुतः समय की रेखा पर यह कल किसी परमहंस-सा लगता है जिसे हजारीप्रसाद द्विवेदी ने 'कुटज' के स्वभाव का वर्णन करते हुए 'अवधूत' कहा है। अपने परिवेश से सर्वथा विरक्त और निर्लिप्त। 'मोह-माया व्यापे नहिं जेने'. . . !

यहाँ तक तो ठीक है कि 'आज' को यदि संदर्भ बिंदु मानें तो आज से पहले का दिन भी कल है और आज के बाद का भी। किसी वाक्य में सहायक क्रिया ही निश्चित करती है कि वक्ता का मंतव्य किस काल से है, जैसे :

- कल आए थे। (आज से पहला दिन, भूतकाल)
- कल आएँगे। (आज के बाद का दिन, भविष्यत काल)

अब इन स्थितियों और प्रयोगों को देखिए :

जब कोई पिता अपने पुत्र को कहे, 'कल तुम्हें बड़ा आदमी बनना है,'

तो यह कल आज के बाद का दिन ही नहीं है, अनिश्चित भविष्य की कोई संभावना बन जाता है ।

• इसी प्रकार माँ जब कहती है, 'आज इतनी बड़ी हो गई, कल तक तो गुड़ियों से खेलती थी!' तो यह कल भी पिछला दिन नहीं, पीछे के कुछ अनिश्चित समय का संदर्भ देता है ।

ऐसी ही उलझनों में उलझने के बाद हिंदी सीखने वाले इतर-भाषा भाषी प्रायः कहते हैं और ठीक ही कहते हैं कि एक ओर तो हिंदी संस्कृत के संपन्न शब्द भंडार की उत्तराधिकारी है और दर्जनों बोलियों के शब्दों से अपनी सम्पन्नता बढ़ाती है और दूसरी ओर ऐसी दरिद्र दिखाई पड़ती है कि उसके पास समय का संकेत करने वाले शब्द भी पर्याप्त नहीं । उन्हें लगता है ऐसी दरिद्र भाषा शायद ही कोई और हो । हम उनके इस चुभते उपालंभ को हँसकर टाल देते हैं और 'परसों' की ओर चलते हैं ।

हिन्दी में 'आज' की पहचान तो स्थिर और सुदृढ़ है । यह शब्द संस्कृत के 'अद्य' से जन्म लेकर प्राकृत और पालि के 'अज्ज' से होता हुआ हिंदी में 'आज' बना है । काल रेखा पर इस अद्य से पूर्व संस्कृत में है-'ह्यः' (कल) और परे है 'श्वः' (कल) । इनसे भी एक-एक दिन आगे या पीछे चलें तो इन्हीं के साथ 'पर-'उपसर्ग जोड़कर दो नए कालवाची क्रिया विशेषण बना लिए गए हैं – 'परह्यः' (विगत परसों) और 'परश्वः' (आने वाला परसों) । अब कल की ही तरह इस परसों को लेकर फिर उलझन! 'परश्वः' से परसों की व्युत्पत्ति सरल है और समझ में भी आती है, किंतु 'परह्यः' से भी परसों? हिंदी की कुछ बोलियों में 'स' ध्वनि 'ह' में बदलती देखी जाती है, परंतु 'ह' का 'स' में बदलना लगता है, जैसे केवल 'परसों' की व्युत्पत्ति 'परह्यः' से सिद्ध करने के लिए यह जुगाड़ किया जा रहा है । यह संभावना अधिक लगती है कि कभी परह्यः से 'परहों' बना हो और मुख-सुख के लिए उसे भी परसों बना दिया गया हो । कुमाउँनी में ऐसा दिखाई भी पड़ता है- परह्यः > पोरहों > पोरहूँ > पोरूँ ।

प्रसंगवश आज, कल, परसों के साथ 'आजकल' की चर्चा भी कर ली जाए। इस 'आज' के साथ कौन-सा 'कल' मानें? आज से पिछले दिन वाला या आज के बाद वाला? चलिए, दोनों मान लेते हैं; परंतु इस 'आजकल' की व्याप्ति मात्र दो-तीन दिनों तक नहीं सिमटती। इसमें तो इच्छानुसार पूरा वर्त्तमान काल भी है और कुछ अतीत और कुछ भविष्य को समेटे एक कालखंड भी।

- आजकल भारत स्वतंत्र है = पिछले पचहत्तर वर्षों से . . .
- आजकल जींस का फैशन है = पिछले कुछ वर्षों से लेकर आगे अनिश्चित समय तक . . .
- आजकल आप क्या लिख रहे हैं? = कुछ सप्ताहों/महीनों के दौरान
- आजकल दिखाई नहीं देते! (यह आशय नही कि परसों दिखाई दिए थे)

तो स्पष्ट है कि प्रयोग या काल-संकेत की दृष्टि से यह जुड़ा हुआ 'आजकल' स्वतंत्र रूप से आने वाले आज, कल या परसों से सर्वथा भिन्न है।

22
कसम खाना

हम कसम खाते हैं, जबकि कसम कोई खाद्य पदार्थ नहीं है।

कसम के साथ खाना क्रिया जोड़ने का संबंध एक प्राचीन ईरानियन प्रथा से है। एक जोरास्त्रियन (पारसी) रिवाज़ था जिसके अनुसार कसम खाने का 'कर्मकांड' पवित्र जल के साथ रोटी खाकर संपन्न होता था। पहलवी से चलकर फ़ारसी में आते-आते इसे 'सौगंद ख़ुर्दम' (सौगंध खाना) कहा गया। फ़ारसी से हिंदी / उर्दू में कसम (अरबी) के साथ भी खाना क्रिया लग गई।

देखा-देखी संस्कृत वाली शपथ भी खाई जाने लगी। संस्कृत में न सही, हिंदी में !

शपथ के लिए एक हिंदी शब्द है 'सौंह'। कुछ शब्दकोश इसे 'सौगंध' से व्युत्पन्न मानते हैं, किंतु सौंह संस्कृत शपथ से व्युत्पन्न होता है। शपथ प्राकृत में सवहो/ सवहं, हिंदी में सौंह, सौं, सूँ।

संस्कृत शब्दकोशों में सौगंध शब्द प्राप्त नहीं होता। यदि गंध से 'सु' जोड़कर किसी प्रकार (बलात्) सिद्ध कर भी लें तो गंध/ सुगंध का भाव शपथ, कसम में किसी प्रकार नहीं आता। इसे समरूपी भिन्न मूलक या भ्रामक व्युत्पत्ति का शब्द मान सकते हैं।

यह जानना रोचक होगा के सौगंध चाहे राम की खाएँ या संविधान की, यह शब्द हिंदी में फ़ारसी के समरूप बना लिया गया है। फ़ारसी में

'सौगंद' है, अर्थ है – शपथ, कसम। हिंदी में बलात् तत्समीकरण की प्रवृत्ति से सौगंद ही ढलकर सौगंध (शपथ) हो गया है। यह बात और है कि इस सौगंध में न भारतीय गंध है, न सुगंध।

23
कविराज और वैद्यराज

कवि शब्द संस्कृत की √कु धातु से बना है। अदादि गण, परस्मैपदी कु के अनेक अर्थों में है– कूजना, गूँजना, मधुर स्वर करना। कु से इ (कु > कव् + इन् (इ)) प्रत्यय जोड़कर निष्पन्न होता है कवि। प्रयोग की दृष्टि से कवि अनेक आयामी है। सर्वज्ञ, प्रतिभाशाली, विचारवान, बुद्धिमान, विचारक, ऋषि, कविता रचने वाला, प्रशंसनीय आदि इसके अर्थ हैं। सूर्य, ब्रह्मा, विष्णु, शुक्राचार्य, वाल्मीकि को भी कवि कहा गया है।

कवि शब्द के साथ जो प्रमुख अर्थ बिंब बनता है, उसमें प्रधान है कोई रचनाकार, जो काव्य रचना करता हो। संस्कृत में तो कवि सब प्रकार के रचना कर्मियों को कहा गया है, चाहे वह कविता, नाटक, कहानी, गल्प, निबंध कुछ भी लिखता हो। दूसरी ओर भगवान विष्णु को भी कवि कहा गया है। प्रबुद्ध, मनीषी, विचारवान भी कवि हैं। उपनिषद् के कथनानुसार कवि का एक अर्थ विद्वान भी है। यथा–'क्षुरस्य धारा निशिता दुरत्यया दुर्गं पथस्तत् कवयो वदन्ति।'(कठोपनिषद्) किसी ने तो यह भी कह दिया कि कवि अनुशासन या नियमों के अंकुश के परे होते हैं – 'निरंकुशा हि कवयः।'

जो हो, किंतु यहाँ समस्या यह है कि आयुर्वेद के विशेषज्ञों को 'कविराज' क्यों कहा जाता है? यह किसी ईर्ष्या, द्वेष या दोष-दर्शन की प्रवृत्ति से नहीं, शुद्ध भाषिक जिज्ञासा से पूछा जाता है। शब्दकोश में कहीं भी कवि का अर्थ

वैद्य या चिकित्सक नहीं मिला। धन्वंतरि या सुषेण जैसे चिकित्सकों को भी वैद्यराज कहा गया है।

कुछ विचार के बाद समाधान यह निकलता है कि कवि का अर्थ केवल काव्य रचना करने वाला ही नहीं, सुविज्ञ, विचारवान, चतुर, अतींद्रिय विषयों को जानने वाला भी है। वैद्य के लिए कविराज का प्रयोग संभवतः कवि शब्द में अर्थ विस्तार से होने लगा होगा, क्योंकि रोगों के बारे में जानना, उनका निदान और चिकित्सा करना सबके बस का नहीं होता। यह भी उस युग में जब आज की तरह उच्चतम कोटि के नैदानिक उपकरणों का अभाव था। यह कोई ऐसा व्यक्ति ही कर सकता है जिसे सामान्य इंद्रियों के परे देखने-समझने की शक्ति भी प्राप्त हो। इसलिए आश्चर्य नहीं कि वैद्यराज भी आगे चलकर कविराज कहलाए।

अपनी कविताई से राजाओं के गुण गाने वाले चारण, विरुदावली वर्णन करने वाले भाट भी कविराय, कविराज कहे गए हैं। वीरगाथा काल में ऐसे कुछ कविराज रासौकार भी हुए। आगे चलकर इन कविराजों को वीर रस के स्थान पर शृंगार की कविताई करनी पड़ी क्योंकि राजाओं को युद्ध की नहीं, अपनी प्रेमिकाओं और पत्नियों के समक्ष दुसरी प्रवृत्ति के युद्ध करने होते थे। निदान शृंगारी कविराज के साथ-साथ दरबारों में बैदकी वाले कविराज भी आवश्यक हो गए, क्योंकि क्षीण बल राजाओं को विरुद वर्णन वाली कविताई से जोश की आवश्यकता नहीं रह गई थी। मदन बल तभी मिल सकता था, जब श्रेष्ठ रस-रसायनों से निर्मित औषधियाँ मिलती रहें। यह काम वैद जी अर्थात कविराज का होता था। जैसे काव्यरूपी शरीर में अलंकारादि से रस की सृष्टि करने वाले 'कविराज' कहे गए, ठीक वैसे ही अस्थि-चर्ममय शरीर में औषधीय-रसायनादि से 'रस' का संचार करने वाले चिकित्सक (वैद्य) भी। इसे कुछ यों भी कहा जा सकता है कि राजाओं के कान में दरबारी कविराज घोर शृंगारपरक कविताओं का और बदन में वैद्यनाथ कविराज मदन और मकरध्वज की सूई लगाते थे।

24
काल, कालीन और तत्कालीन

संस्कृत से आगत 'काल' शब्द अनेकार्थी है। यह समय, अवसर, अवधि, मौसम, मृत्यु, यमराज, शिव, शनि आदि अनेक अर्थों में है। समय के संदर्भ में दिक् और काल ब्रह्मांड के दो आयाम हैं। काल का आदि या अंत ज्ञात नहीं है, इसलिए यह अनंत है। काल समय की ऐसी संकल्पना है, जो दो वस्तुओं के संपर्क को क्रमिक रूप से व्यक्त करती है। भाषा में 'मात्रा' काल की सबसे छोटी इकाई है, जो एक स्वर के उच्चारण में लगने वाले समय की द्योतक है। काल गणना के भारतीय पैमाने क्रमशः क्षण, दंड, मुहूर्त, प्रहर, दिन, रात्रि, पक्ष, मास, अयन, वर्ष . . . युग, मन्वंतर आदि हैं।

अपने लौकिक संदर्भ में हम इसे भूत, भविष्यत् और भवत् (वर्तमान) के नाम से जानते हैं। काल निरंतर गतिशील है, इसे बाँधा नहीं जा सकता। काल के निर्बंध और असीम प्रवाह में वर्तमान तो एक क्षण मात्र है, जो व्यक्त होने के तुरंत बाद अतीत (भूत) बन जाता है। जिसे हम नहीं जानते, वह भविष्य अनागत काल है।

यह तो हुई काल की गति।

भाषिक संरचना की दृष्टि से काल ऐसा समय सापेक्ष शब्द है जिससे अनेक यौगिक शब्द निर्मित होते हैं। अधिकांश समस्त पदों में काल उत्तर पद होता है – वर्षा काल, ग्रीष्म काल, विनाश काल, युद्ध काल, मध्यकाल, महाकाल आदि कुछ भी हो सकता है। कहीं-कहीं यह पूर्वपद भी हो सकता

है जैसे– कालातीत, कालक्रम, काल ग्रस्त, काल कवलित, कालकूट, कालरात्रि।

बिछाने वाला कालीन (गलीचा) तुर्की से अरब, ईरान होते हुए भारत पहुँचा है और संपन्न घरों की शोभा बढ़ाता है। इधर संस्कृत काल से व्युत्पन्न कालीन (काल संबंधी) देखने में चाहे गलीचे जैसा लुभावना न हो, किंतु उपयोगी बहुत है। विशेषण के रूप में यह अनेक शब्दों से जुड़कर यौगिक शब्द बनाता है। विनम्र इतना कि प्रायः शब्द के प्रारंभ में नहीं रहना चाहता, सदैव अनुसरण करता है, जैसे तत्कालीन, सर्वकालीन, पुराकालीन, मध्यकालीन, समकालीन! अनेक समयवाची शब्दों के स्वागत में आप इस कालीन को बरत सकते हैं।

काल के पूर्व उपसर्ग जोड़कर क्रियाविशेषण शब्द बनता है तत्काल–तुरंत, उसी समय, फौरन के अर्थ में। इस तत्काल से बने हुए दो विशेषण ध्यान देने योग्य हैं – तात्कालिक और तत्कालीन। अर्थ की दृष्टि से तत्कालीन तत् काल (उस समय) का द्योतक है, जबकि तात्कालिक तत्काल से – इक प्रत्यय जोड़कर बनाया गया है और इसके अर्थ में समय की व्याप्ति कम, तात्कालिकता अधिक है। तत्कालीन अर्थात उस समय का। तत्कालीन रीति-रिवाज़, तत्कालीन शासन प्रबंध आदि किसी वर्तमान या भूतकाल के संदर्भ में तत्कालीन का प्रयोग करते हैं। इसके साथ वर्तमान कालीन, हड़प्पा कालीन, मराठा कालीन, मुगल कालीन जैसे शब्द बनते हैं, किंतु ध्यान रखने की बात है कि प्राचीन कालीन, अतीत कालीन जैसे शब्द व्याकरण की दृष्टि से चाहे शुद्ध हों, किंतु उनका प्रयोग बहुत कम दिखाई पड़ता है। कठिनाई के समय, आपत्ति काल में आप तुरत-फुरत जो कदम उठाते हैं वे तात्कालिक उपाय हैं और उनके बारे में जब चर्चा करते हैं, तब वह चर्चा तत्कालीन होती है, तात्कालिक नहीं।

25
कांड, घोटाला से घूस तक

कांड संस्कृत शब्द है इसका अर्थ है खंड। दूब, गन्ना, बाँस, नरकट आदि घास वर्ग में दो गाँठों के बीच के भाग को कांड या पर्व (पोर) कहा जाता है। हमारी अंगुलियों में भी कांड होते हैं। कांड की विशेषता है कि नया पौधा गाँठ से ही जनमता-बढ़ता है। दूब के बारे में यजुर्वेद में कहा गया है कि वह कांड से सैकड़ों-हज़ारों शाखाओं में पनपती है।

काण्डात्-काण्डात् प्ररोहन्ती परुषः परुषस्परि।

एषा नो दूर्वे प्र तनु सहस्रेण शतेन च।

कांड उपासना मार्ग के सोपान और विषय विभाजन भी हैं- कर्मकांड, ज्ञानकांड, उपासना कांड।

प्राचीन साहित्य में रामकथा प्रायः कांडों में विभक्त है, एक कांड (गाँठ) से दूसरे कांड की ओर बढ़ती हुई। महाभारत में कांड नहीं, पर्व (पोर) हैं।अर्थ दोनों का एक ही है। आज जिन्हें हम अध्याय या खंड कहते हैं वे ही कांड या पर्व हैं। इन पर्वों और कांडों को उनके प्रधान विषय के अनुसार नाम दे दिए जाते हैं। रामकथा के कांडों में लंका कांड का संबंध आज कांड शब्द के अर्थापकर्ष के कारण लाक्षणिक रूप से कलह, संघर्ष से जोड़ा जा सकता है। जब कभी छोटा-मोटा संघर्ष होता है तो कह दिया जाता है लंका कांड हो रहा है अर्थात मारपीट, फ़साद हो रहा है। इस तरह कांड का दायरा बढ़ता गया और आज के बहुमुखी अर्थ तक पहुँच गया।

आज कांड शब्द का जितना अर्थ विस्तार और अर्थापकर्ष हो गया है, वह रोचक है। अब कांड केवल समाज विरोधी, लज्जास्पद, निंदनीय, घृणित कार्यों के संबंध में आता है। अग्निकांड, हत्याकांड, गोली कांड, जैसे कांड होते रहते हैं।

सचमुच 'कांड' अपने मूल अर्थ से बहुत दूर निकल आया है।

कांड के ही परिवार का एक अन्य देशज शब्द है घोटाला। इसे घुट (घोटना) से जोड़कर संस्कृत मूल का भी माना जाता है। किमी काम या बात में होने वाली बहुत बड़ी अव्यवस्था या गड़बड़ी घोटाला है।

घोटाला शब्द को मराठी घोटालणें से आया भी माना जा सकता है।

किसी कार्यालय, संस्था आदि के किसी अधिकारी, कर्मचारी द्वारा हिसाब-किताब में हुई गड़बड़ी अथवा सामग्री, धन आदि का दुरुपयोग घोटाले में आते हैं। कपट या धोखे से किसी व्यक्ति या समाज की सार्वजनिक धन-संपदा को हड़पने या दुरुपयोग करने का काम, घपला, बेईमानी, गोलमाल जैसे काम कहीं घोटाला कहलाते हैं, कहीं कांड।

घूस शब्द गुह्याशय [गुह्य (गोपनीय) + आशय (अभिप्राय)] से व्युत्पन्न माना जाता है। किसी गोपनीय नीयत से दिया हुआ धन या कोई अन्य सुविधा, वह द्रव्य जो किसी को अपने अनुकूल कोई कार्य कराने के लिए दिया जाए, अनुचित रूप से हुआ लेन-देन ये सब घूस (रिश्वत)की परिभाषा में आते हैं। बोलचाल में इसे सुविधा शुल्क कहा जाने लगा है।

संस्कृत में घूस के लिए 'उत्कोच' शब्द का प्रयोग मिलता है। कोच का अर्थ है लज्जा, जैसे संकोच। उत् (चला गया है) कोच (लज्जा भाव) जिसमें से वह उत्कोच। याज्ञवल्क्य स्मृति विधान करती है कि उत्कोच जीवियों की संपत्ति छीन ली जाए और उन्हें देश निकाला दे दिया जाए।

'उत्कोचजीविनो द्रव्यहीनान् कृत्वा प्रवासयेत्।'

26
कि, की और क्योंकि

'कि' और 'की' यों तो परस्पर असंबद्ध हैं, किंतु नए सीखने वाले को इनके प्रयोग में कुछ कठिनाई होती है। कठिनाई के दो कारण हो सकते हैं – उच्चारण में बहुत कुछ समानता और इ-ई स्वरों की मात्राओं का अभ्यास न होना। उपचार के लिए इ और ई ध्वनियों को शुद्ध बोलने-सुनने का और उसके बाद दोनों ही मात्राओं का अभ्यास अपेक्षित है।

जहाँ तक प्रयोग में अंतर का प्रश्न है इन दोनों के प्रयोग क्षेत्र सर्वथा भिन्न और परस्पर असंबद्ध हैं। प्रयोग की दृष्टि से 'कि' एक संयोजक (conjunction) शब्द है और 'की' कारक प्रत्यय। यहाँ दोनों के प्रयोग की परिस्थितियों पर चर्चा की जाएगी।

1. कि (that, if) योजक (connective particle) है और मिश्र वाक्य में प्राय: प्रधान उपवाक्य और आश्रित उपवाक्य को जोड़ता है।
   - उसने कहा कि आज नहीं आएगा।
   - बताओ तो सही कि कहाँ जा रहे हो?
2. या (or) के विकल्प संकेतक के रूप में भी 'कि' का प्रयोग किया जाता है:
   - आप चाय लेंगे कि (या) कॉफी?
   - करोगे कि (या) नहीं?

3. कारण बताने वाले, 'क्योंकि' में दो क्रिया विशेषण हैं – क्यों तथा कि। यह भी मिश्र वाक्यों में उपवाक्यों को जोड़ता है। वाक्य में 'क्योंकि', 'इसलिए' के साथ 'कि' का प्रयोग करने में प्रायः भूल होती है।

   कारण बता रहे हों तो 'कि' आएगा, 'क्योंकि' नहीं -

   - बता नही पा रहा है कि उसे प्यास लगी है।
     बता नही पा रहा है, क्योंकि उसे प्यास लगी है (अशुद्ध)
   - मैं इसलिए आया हूँ कि समझौता हो सके।
     इसलिए आया हूँ, क्योंकि समझौता हो सके (अशुद्ध)

   'क्योंकि' क्रिया विशेषण उपवाक्य के प्रारंभ में आता है; और 'कि' संज्ञा उपवाक्य को जोड़ता है।

   - मैं जा रहा हूँ, क्योंकि मुझे एक अच्छा मकान देखना है।
   - मैं जा रहा हूँ कि एक अच्छा मकान देख सकूँ।

'की' संबंध कारक का कारक प्रत्यय (-का, -के, -की) है और दो संज्ञा/ सर्वनामों में संबंध जोड़ता है।

- पापा की कमीज़।
- उसकी गाड़ी।
- कबीर की वाणी।

इसका लिंग, वचन अगली संज्ञा से नियमित होता है।

- उसका घर।
- बंगाल का रसगुल्ला।
- नागपुर के संतरे।
- पिताजी की पुस्तकें।

संबंध कारक में -का, -के, -की लगने पर भी कभी-कभी अर्थ में अस्पष्टता रहती है, जैसे :

- मुझे नींबू का अचार प्रिय है।
- मुझे माँ का अचार प्रिय है।

स्थिति यह है अचार का घटक तो नींबू है, फिर माँ का अचार कैसे। समझ सकते हैं कि पहले वाक्य में संबंध कारक घटक का संकेत कर रहा है और दूसरे वाक्य में बनाने वाले का। कुछ इस प्रकार :

- मुझे नींबू का अचार प्रिय है। (नींबू से बना)
- मुझे माँ का अचार प्रिय है। (माँ के द्वारा बनाया गया)

वस्तुतः -का -के -की निम्नलिखित प्रकार के संबंधों को व्यक्त करते हैं।

i) स्वामित्व संबंध
- राम का लड़का।
- मोहन की बहन।

ii) घटक वस्तु का संबंध
- सोने की चूड़ियाँ
- ईंटों का घर
- कागज की नाव

iii) मूल्य, माप का संबंध
- चार साल की लड़की।
- सौ रुपए की शक्कर।

iv) स्रोत, मूल या कारण संबंध
- कालिदास के नाटक
- खेत की उपज
- छूत के रोग

v) किसी काम का कर्ता
- नदी की कलकल
- आपकी कृपा
- बड़ों की शुभकामनाएँ

vi) उद्देश्य (कर्म)
- बच्चों की शिक्षा-दीक्षा
- अनजान की हत्या
- धन का अपव्यय

vii) पूर्ण का अंश होना
- फूल की पंखुड़ी
- साड़ी की किनारी
- पाठ की रूपरेखा

viii) उद्देश्य

[इस संबंध को संप्रदान कारक के (-के लिए) से भी व्यक्त किया जा सकता है]

- पीने की बोतलें। (पीने के लिए बोतलें)
- खाने की मेज़। (खाने के लिए मेज़)
- पहनने की साड़ी। (पहनने के लिए साड़ी)

ix) गुण-स्वभाव संबंध
- माँ की ममता
- फूलों की गंध
- बच्चे की सरलता

27
कर्तव्य - कर्त्तव्य

हिंदी में 'कर्तव्य' का उच्चारण 'कर्त्तव्य' किया जाता है, इसलिए कुछ लोग दुहरे /त/ से कर्त्तव्य लिखते भी हैं। हिंदी में /त/ के द्वित्त्व के लिए कोई नियम नहीं, यद्यपि संस्कृत में /त/ के द्वित्व के साथ 'कर्त्तव्य' की सिद्धि अष्टाध्यायी के अनुसार काशिका के तृतीय अध्याय में दी गई है। शब्दकल्पद्रुम और अनेक कोशो में 'कर्त्तव्य' की ही प्रविष्टि दी गई है।

हिंदी में प्रयुक्त इस तत्सम शब्द की व्युत्पत्ति इस प्रकार समझी जा सकती है:

√कृ (>√कर्) + संस्कृत प्रत्यय तव्यत् (हि. तव्य)] = कर्तव्य।

उच्चारण करते हुए त में द्वित्त्व सुनाई अवश्य देता है, किंतु यह कुछ अन्य भाषिक कारणों से होता है। बहुत पहले काशी नागरी प्रचारिणी सभा के नाम पट्ट और पत्र शीर्षक (लेटरहेड) पर उनके कार्यालय को 'कार्य्यालय' लिखा होता था। पर इस प्रक्रिया की वर्तनी को उन्हीं के शब्दकोश में स्थान नहीं मिला।

हिंदी में 'बृहत् हिंदी शब्दकोश' में दोनों प्रविष्टियाँ, कर्तव्य/कर्त्तव्य दी गई हैं, किंतु पुनः 'विशेष' के अंतर्गत लिखा भी है कि हिंदी में 'कर्त्तव्य' का प्रयोग न करके 'कर्तव्य ' लिखना ठीक है।

हमारा मानना है कि 'कर्त्तव्य' संस्कृत में अशुद्ध नहीं है, किंतु हिंदी में कर्तव्य ही व्याकरण सम्मत और लोक स्वीकृत है। वस्तुतः ऐसी वर्तनी को

अशुद्ध न कहकर यह कहना चाहिए कि यह हिंदी मानकीकरण और वर्तनी नियमों के अनुकूल नहीं।

संस्कृत में तो पहले बोलने-सुनने की ही परंपरा थी। सारे वेद आदि मौखिक रूप में ही जीवित रहे। उनका शुद्ध उच्चारण बना रहे इसके लिए षड्दर्शन में शिक्षा, व्याकरण और निरुक्त की विधिवत शिक्षा-दीक्षा अनिवार्य थी। हिंदी तक आते-आते 'शिक्षा' जैसी बात तो पहले ही कहीं समाप्त हो गई। परिणाम स्वरूप शुद्ध उच्चारण निर्धारित करना लगभग असंभव हो गया। अब 'यथा लोकोनुवर्तते' वाली बात है।

ठीक है कि संस्कृत में कर्तव्य, कर्त्तव्य भी था। वेद में तो सूर्य भी सूर्य्य था। एकरूपता और सीखने-सिखाने में सुगमता की दृष्टि से हिंदी ने अपनी जो परंपरा पकड़ी है और जिसको अधिकांशत: हिंदी निदेशालय ने भी अनुशंसित किया है, उसे ही मानकर बढ़ा जाना चाहिए।

सच यह है कि हिंदी विकसित होकर संस्कृत से बहुत आगे निकल आई है जिसका अपना व्याकरण है, जो प्राकृत, अपभ्रंश, भाखा, खड़ी बोली से होता हुआ हिंदी में स्थिर हो गया है। रथ को पुनः संस्कृत की लीक पर मोड़कर कर्त्तव्य को ही सही मानना व्यर्थ है। यह बात अनेक अन्य शब्दों के बारे में भी कही जा सकती, है जो संस्कृत के बंधनों से छिटककर हिंदी के बन गए हैं।

28

कड़ाह-कड़ाही, कड़ाई-कढ़ाई और काढ़ा

महाभारत के यक्ष प्रश्न वाले प्रसंग में जब यक्ष युधिष्ठिर से पूछता है कि समाचार क्या है तो युधिष्ठिर उत्तर देते हैं कि इस महामोहमय कटाह (कड़ाह) में काल सभी जीवों को रात-दिन पका रहा है, यही सबसे बड़ा समाचार है। इसी संस्कृत 'कटाह' से प्राकृत में कडाह और हिंदी में कड़ाह, कड़ाहा शब्द बना। एक बड़ा गोल, छिछला, उथला पात्र जो पकवान तलने, गुड़ उबालने या कुछ भूनने के काम आता है। छोटे आकार के कड़ाह को कड़ाही कहा जाता है। यह स्त्रीलिंग है, क्योंकि बड़ा पात्र होने से कड़ाह पुलिंग और छोटी कड़ाही स्त्रीलिंग। कड़ाही भी तलने, भूनने, तरकारी आदि पकाने के काम आती है।

सुनने में कड़ाही जैसा ही एक समध्वनिक शब्द है 'कड़ाई'। इसकी व्युत्पत्ति भिन्न है। यह संस्कृत कर्कर (कठोर, सख़्त) से व्युत्पन्न हुआ है। करकर या कड़कड़ अनुगूँज वाला शब्द है। इससे हिंदी में विशेषण बना कड़ा और कड़ा से भाववाचक संज्ञा कड़ाई। कड़कपन, सख़्ती या कठोरता के अर्थ में कड़ाई शब्द का प्रयोग होता है।

कड़ाई का समध्वनिक शब्द है कढ़ाई। कढ़ाई काढ़ना क्रिया से बना है और काढ़ना क्रिया संस्कृत के कर्षण से, जो प्राकृत में कड्ढण हो गया था। काढ़ना का अर्थ है खींचकर बाहर करना, अलग करना, बाहर लाना, घी - तेल में तलना और लकड़ी, पत्थर या कपड़े आदि पर बेल-बूटे उकेरना।

कर्षण अर्थात खींचकर बाहर लाने का भाव काढ़ना की प्रत्येक अर्थ छवि में दिखाई पड़ता है। हम दूध काढ़ते हैं। पूरी, बर्फ़ी काढ़ते हैं, कभी लज्जित होकर खीसें काढ़ते हैं, तो कभी बेशर्मी से खीसे से पैसा काढ़ लेते हैं। हम बैंक से ऋण काढ़ते हैं, पैर से काँटा काढ़ते हैं और माँग भी काढ़ी जाती है। जड़ से खींच लेने के अर्थ में भी काढ़ना का प्रयोग होता है, जैसे; खेत से मूली काढ़के ले आओ।

आयुर्वेद और यूनानी चिकित्सा पद्धतियों में एक शब्द है 'काढ़ा' अर्थात कुछ जड़ी बूटियों को उबालकर उनसे बना क्वाथ या जोशांदा। यह शब्द भी काढ़ना क्रिया से ही बना है। जो अनेक जड़ी बूटियों से काढ़कर निकाला जाए, वह काढ़ा।

29
कुश, कुशल और कुशाग्र बुद्धि

कुश (कुशा) एक पवित्र घास मानी गई है, जिसके बिना धार्मिक कर्मकांड में कोई नित्य-नैमित्तिक या पितृ कर्म संपन्न नहीं होता। इसका एक व्युपत्तिपरक अर्थ है: जो (असावधानी से तोड़ने पर) काटती है, चीरती है वह कुशा। गुरुकुलों, आश्रमों में जो नए माणव (विद्यार्थी) आते थे उन्हें प्रारंभ में कुश तोड़ने की अनुमति नहीं होती थी। उनके वरिष्ठ साथी उन्हें कुश तोड़ना सिखाते थे और कुश तोड़ने में सक्षम (कुशल) बनाते थे। कुशल का अर्थ ही है, जो कुश लाने में सक्षम हो अर्थात कुश तोड़ते हुए अपनी अँगुलियाँ घायल न कर ले।

कुश का अग्रभाग तीक्ष्ण होने के कारण उनको तोड़ना, समेटकर लाना कष्टकारक होता है, अतः कुश तोड़कर लाना चतुरता का प्रमाण भी था।

आज व्यवहार में कुशल शब्द का कुश घास से दूर-दूर तक कोई संबंध नहीं है। हम अपने-अपने विषयों में चाहे जितने कुशल हों, लेकिन मूल अर्थ में बहुत संभव है कि हम कुशल न हों। यह भी संभव है कि कुश तोड़ना तो दूर, कुछ ने कुश घास देखी भी न हो।

कुश से ही एक अन्य शब्द बना है– कुशाग्र। चूँकि कुश का अग्रभाग (अगला) बहुत तीखा और पैना होता है, इसलिए पैनी या तीक्ष्ण बुद्धि वाले को कुशाग्र बुद्धि (कुश के अग्रभाग जैसी पैनी बुद्धि वाला) कहा गया। 'कुशाग्र बुद्धि' अर्थ विस्तार से 'निपुणता' का द्योतक हो गया।

30
करना, कराना, होना

हिंदी में करना क्रिया संस्कृत √कृ (करणे) से बनी है। किसी भी कार्य को प्रारंभ करना, संपन्न करना, अंतिम परिणाम तक पहुँचाना, निबटाना, भुगताना, अमल में लाना आदि प्रसंगानुसार इसके विभिन्न अर्थ हैं। करना सकर्मक क्रिया है और होना अकर्मक। करना क्रिया के साथ प्रत्यक्ष या परोक्ष रूप से कोई कर्ता होता है, किंतु होना (अकर्मक क्रिया) के लिए कर्ता आवश्यक नहीं, कार्य स्वत: हो जाता है। संज्ञा से नामिक क्रिया बनाने में करना/होना क्रियाओं की बहुत बड़ी भूमिका है: जैसे पढ़ाई करना/होना, काम करना/ होना, खेतीबाड़ी करना/होना, निंदा करना/होना, हँसी करना/होना आदि।

करना को अनेक रंजक क्रियाओं के साथ जोड़कर नई-नई अर्थ छवियाँ देने वाली संयुक्त क्रियाएँ भी बना सकते हैं ; जैसे कर डालना, कर देना, कर लेना, कर आना, कर जाना, कर बैठना, कर निकलना, कर गुज़रना, कर मरना, कर रखना, कर पाना।

करना क्रिया के कुछ विशेष प्रयोग भी हैं। जैसे :
- रसोई करना (खाना पकाकर तैयार करना), दाल करना, रोटी करना।
- किसी वस्तु को निकट या दूर रखना
  • यह कलम यहाँ कर दो।
  • कूड़ा उधर कर दो।
- पति या पत्नी बनाना

- उस विधवा ने दूसरा पति कर लिया।
- वह नहीं लौटेगी, तुम दूसरी कर लो।

\- वाहन किराए पर लेना

- बस नहीं मिलेगी, तुम रिक्शा कर लेना।
- मैं टैक्सी करके आया हूँ।
- यहाँ पुल नहीं है, नाव करनी पड़ेगी।

\- किसी वस्तु को पोतने, लीपने का कार्य। जैसे :

- पुताई करना
- रंग-रोगन करना
- चूना करना
- पेंट करना
- पॉलिश करना

\- रोजगार, धंधा या व्यवसाय आदि के अर्थ में

- दुकान करना
- दलाली करना
- नौकरी करना
- मास्टरी करना
- क्लर्की करना

होना (अकर्मक क्रिया) की व्युत्पत्ति कुछ इस प्रकार है। √भू > भव(ति) > भव(इ) > हव(इ) > हुव(इ) > हो(इ) > होना। होना क्रिया सभी भारतीय आर्य भाषाओं में प्राप्त होती है; जैसे नेपाली हुनु, कुमाउँनी हुण, पंजाबी ਹੋਣਾ, गुजराती હોવું, मराठी होणे, बांग्ला হওয়া, असमी হোৱা। संस्कृत/भू (PIE *bhyu) से मानी जाने वाली क्रियाएँ अनेक भारोपीय भाषाओं में आज भी विद्यमान हैं। जैसे फारसी बूदन (بودن), रूसी बीत्य быть, अंग्रेज़ी बी (be), ग्रीक फू (phu-), लिथुआनियाई बूती (būti) लैटिन, स्पेनिश फ़ुई (fuī)।

31

कार्यवाही या कार्रवाई

अर्थ की दृष्टि से कार्यवाही और कार्रवाई में विशेष अंतर नहीं है। पहले का संबंध संस्कृत से है और दूसरे का फ़ारसी से; फिर भी प्रयोग में कहीं-कहीं अंतर किया जा रहा है।

कार्यवाही शब्द तत्सम लगता तो है पर यह हिंदी का अपना शब्द है। संस्कृत में किसी काम का वहन करने वाले, काम को पूरा करने वाले के लिए [कार्यवाहिन् > कार्यवाही (कार्य + √वह्+णिनि) = कार्य वहन करने वाला] बनता तो है किंतु अधिक प्रचलित प्रयोग है कार्यवाह, जो मराठी में भी है। राष्ट्रीय स्वयंसेवक संघ के उच्च पदाधिकारी कार्यवाह, सरकार्यवाह कहलाते हैं। मराठी अमरकोश के अनुसार इसका अर्थ है 'एखाद्या व्यक्ती वा संस्थेचा पत्रव्यवहार, संपर्क इत्यादी कामे पाहणारा कर्मचारी", अर्थात एक कर्मचारी जो किसी व्यक्ति या संगठन के पत्राचार, संपर्क आदि को सँभालता है।

मराठी में प्रचारित इन दोनों शब्दों का हिंदी में प्रचलित कार्यवाही से कोई प्रत्यक्ष संबंध नहीं लगता। हिंदी में कार्यवाही आमतौर पर बैठक आदि के कार्य विवरण के संबंध में आता है और कभी-कभी विधि पालन संबंधी किसी कार्य (कार्रवाई) के लिए भी।

कार्रवाई शब्द फ़ारसी का कार-रवाई है। फ़ारसी में भी कार का अर्थ कार्य है और रवाई है कार्य पूरा होना। यह काररवाई हिंदी में आते-आते कार्रवाई हो गया।

हिंदी में धीरे-धीरे रूढ़ हो रहे अर्थों में 'कार्रवाई' है 'एक्शन' और 'कार्यवाही' है 'प्रोसिडिंग'। संसद और विधानसभा के सदनों में, किसी संस्था की औपचारिक बैठकों में होने वाला कामकाज 'कार्यवाही' है और किसी मामले में जो कदम उठाए गए, जो विधिक 'एक्शन' लिया गया वे 'कार्रवाई' हैं।

32
ख़ुर्द, कलाँ, नांगल, डीह, माजरा

उत्तर भारत में स्थान नामों के साथ कलाँ, ख़ुर्द, खेड़ा, नांगल, नंगली, डीह, माजरा जैसे कुछ शब्द प्रत्यय के समान जुड़े हुए मिलते हैं। इनमें से कुछ तो अफगानिस्तान, पाकिस्तान तक में प्रयुक्त हो रहे हैं, जो पूरे उपमहाद्वीप के एक ही सांस्कृतिक इकाई होने के प्रमाण भी हैं। विशेष रूप से दिल्ली, पंजाब, हरियाणा, उत्तर प्रदेश में और सामान्यतः राजस्थान, मध्य प्रदेश, महाराष्ट्र, गुजरात, छत्तीसगढ़, बिहार में ये शब्द पुरानी ग्रामीण बस्तियों के नामों का एक भाग हैं।

कलाँ : ईरानी/फ़ारसी मूल का शब्द है जिसका अर्थ है, 'बड़ा'। प्राचीन मध्य ईरान की विलुप्त पार्थिनियाई में इसके प्रमाण मिले हैं। कलाँ वाले नाम अफगानिस्तान, पाकिस्तान में भी मिलते हैं। स्थान नामों के अलावा विशेषण के रूप में इसके प्रयोग इस प्रकार भी मिलते हैं– 'मस्जिद कलां' (बड़ी मस्जिद) 'ख्वाज़ा कलां' (बड़े ख़्वाज़ा)। पंजाब में कहीं-कहीं यह कलां से काला हो गया है, जैसे एक स्थान का नाम है "काला बकरा"।

ख़ुर्द : फ़ारसी से है, कुछ लोग संस्कृत 'क्षुद्र' से भी इसकी व्युत्पत्ति मानते हैं। क्षुद्र की भाँति इसका भी अर्थ है छोटा (micro), ख़ुर्द जैसे ख़ुर्दबीन। प्राय: कलां और ख़ुर्द जोड़ा बनाते हैं, जैसे दिल्ली के दो गाँवों के नाम टीकरी कलाँ और टीकरी खुर्द। ख़ुर्द नेपाल के तराई क्षेत्र और महाराष्ट्र

में भी स्थान नाम के साथ जुड़ता है। मराठी में खुर्द के समकक्ष नांगल की भाँति विलोम अर्थ में एक और शब्द जुड़ता है "बुद्रुक", जो फ़ारसी के बुज़ुर्ग (बड़ा) से निष्पन्न लगता है। निवाड़, मालवा क्षेत्र में कलाँ के स्थान पर 'बड़ा' ही जोड़ते हैं, खुर्द वैसा ही रहता है।

खेड़ा : खेड़ा शब्द संस्कृत के खेट (= गाँव) से प्राप्त है। पंजाबी, गुजराती, हिंदी, मराठी में भी इसका अर्थ गाँव या ग्रामीण बस्ती से है। पुरातत्व विज्ञान में खेड़ा शब्द उस टीले की ओर संकेत करता है, जहाँ कोई प्राचीन गाँव था। राष्ट्रकूटों की राजधानी मान्यखेट (मान्यक्षेत्र) आज 'मान खेड़ा' के नाम से जाना जाता है।

नांगल : नांगल शब्द बहुत रोचक है। ऐतिहासिक-भाषावैज्ञानिक अध्ययनों के अनुसार नांगल (= हल) शब्द मुंडा परिवार की किसी भाषा से आया है। यह शब्द भारतीय आर्य भाषा एवं द्रविड़ दोनों परिवारों की भाषाओं में समान रूप से विद्यमान है।

मुंडा नंकल > संस्कृत लांगल > प्राकृत नांगल > नव भाषाएँ - नाँगल / नांगर।

एक और रोचक बात यह है कि यह नाँगल / नाँगर अनेक अपभ्रंश भाषाओं में संस्कृत के नगर शब्द से सन्निपतित हो गया है। उत्तर भारत के कई स्थान नामों में नंगल, नगला, नांगल, नंगली, नगल, नगली आदि रूपों में दिखाई देता है। संस्कृत लांगल से नांगल स्वाभाविक है। नाङ्गलम् हलम् (अमरकोश) के अनुरूप ही यह गाँवों के लिए उपयुक्त नाम है।

डीह : स्थान नामों के साथ जुड़ा हुआ 'डीह' बहुत विस्तृत क्षेत्र में मिलता है। प्राय: समस्त उत्तर प्रदेश, बिहार, झारखंड, छत्तीसगढ़, उड़ीसा, बंगाल और नेपाल में भी। बिहार के भागलपुर ज़िले में ही कुरुडीह, कुरपटडीह, शिवायडीह, गोराडीह, स्वरूपचक डीह, सौर डीह, ब्रह्मचारी डीह, बनोखर डीह, सनोखर डीह जैसे बीसियों गाँवों के नाम हैं और माना जाता है कि प्रत्येक डीह के नीचे पुरातात्विक अवशेष हैं।

डीह नाम वाले स्थान प्रायः आसपास से कुछ ऊँचाई पर, किसी टीले पर बसे हुए मिलते हैं। उजड़े-पुराने गाँवों को भी डीह कहा जाता है। कुछ स्थानों में ग्रामदेवता का नाम भी डीह देवता मिल जाएगा।

डीह का संबंध संस्कृत के 'देही' शब्द से है। वेदों में भी देही का उल्लेख है और मैकडोनाल्ड के अनुसार अर्थ है : ऐसा ग्राम या बस्ती जो चारों ओर मिट्टी के परकोटे से घिरी हुई हो। देही मिट्टी को भी कहा गया है। यही देही आगे चलकर डीह, डीहा, डीग, दीघ और दीघा बन गए हैं।

माजरा - माजरा नाम के अनेक गाँव हरियाणा, दिल्ली, पश्चिमी उत्तर प्रदेश में विशेष रूप से मिलेंगे। कुछ उदाहरण हैं: लाखण माजरा, लावा माजरा, माजरा डबास, राणा माजरा, ब्राह्मण माजरा, भोडवाल माजरा, खलीला माजरा, नैन माजरी, नूना माजरा, भैणी माजरा, मोहम्मदपुर माजरा, माजरा महताब, समसपुर माजरा, अड्डू माजरा इत्यादि। यह शब्द भी ग्राम वाचक है और मूलतः अरबी 'मज़रा' से आया हुआ है। अरबी में इसके अर्थ हैं : खेती की जगह, खेत या खेती, वह भूमि जो खेती के योग्य हो, छोटा गाँव, ग्रामीण बस्ती।

33
हींग कथा

हींग एक जंगली वनस्पति से प्राप्त लिसलिसा दूध या गोंद जैसा पदार्थ है, जिसकी गंध बहुत तीव्र होती है। कल्पद्रुम के अनुसार हींग खुरासान, मुल्तान में पैदा होने वाले एक वृक्ष का रस (गोंद) है। बल्हीक नाम के देश का होने के कारण इसे बाल्हीक भी कहा गया है। मध्य ईरानी वर्ग की खोतानी भाषा में यह अङ्गूश्ड था जो तिब्बती के शिङ्-कुं से बना माना जाता है। यह क्षेत्र बौद्ध धर्म का केंद्र रहा और बौद्ध प्रधान होने के कारण इसका भारत से गहरा संबंध भी था, इसलिए लगता है बौद्धों के साथ भारत आकर यह अङ्गूश्ड या शिङ्-कुङ् पालि में हिङ्गु बन गया। पालि, प्राकृत और संस्कृत में इसे हिङ्गु ही कहा गया है। अब भारत की प्रायः सभी भाषाओं में इसे हींग नाम से जाना जाता है।

हींग का अंग्रेज़ी पर्याय asafoetida भी लैटिन के दो शब्दों से बना है: asa जो फ़ारसी aza (गोंद) से बना और fetida अर्थात तीखी गंध। अर्थ होगा 'तीखी गंध वाली गोंद।'

हींग अब भारत की प्रायः प्रत्येक रसोई में मिलती है और इसे विशेष मसालों में गिना जाता है। जिस हींग का हम उपयोग करते हैं उसे 'बंधानी' हींग कहते हैं। यह 'बंधानी' हींग क्या है?

हींग की तीव्र गंध को थोड़ा हल्का करने के लिए कुछ और पदार्थ मिलाकर उसे 'बाँधा' (गाढ़ा किया) जाता है। बाँधने से बन गया बंधनी/

बंधानी (कंपाउंडेड) हींग। बंधानी हींग बनाने के लिए शुद्ध हींग की मात्रा केवल 30% या उससे भी कम होती है। इसे कुछ यों समझ सकते हैं कि जिसे आप 'शुद्ध' हींग मान रहे हैं, उसमें वस्तुतः दो तिहाई से अधिक मैदा, आटा, गोंद और अन्य पदार्थों को मिलाया जाता है। शुद्ध हींग की गंध को आप सहन नहीं कर सकते। मिलावटी होना हींग के भाग्य में लिखा हुआ है, इसलिए बाज़ार में जो हींग मिलती है, उसमें कम या अधिक गंध निर्धारित करती है कि उसमें मिलावट कम है या अधिक।

34
खटराग और खटकरम

खटराग शब्द संस्कृत षट्‌राग (षट् = छह) से है। खटराग मूलत: भारतीय शास्त्रीय संगीतशास्त्र की एक अवधारणा है, जिसमें छह प्रमुख रागों की गणना हो जाती है। वे हैं दीपक, भैरव, मालकोश, मेघमल्हार, श्री और हिंडोल। यों तो खटराग का अर्थ है झंझट, झगड़ा, बखेड़ा, बेमेल वस्तुओं का जुड़ाव आदि, किंतु आमतौर पर खटराग (षट्‌राग) शब्द का प्रयोग एक मुहावरे की तरह किया जाता है। खटराग करना, खटराग फैलाना, खटराग मचाना, खटरागी होना आदि ऐसे ही मुहावरे हैं।

ब्रजभाषा के द्विवेदी युगीन कवि राय देवीप्रसाद 'पूर्ण' ने खटराग को लेकर एक रोचक सवैया लिखा था, जिसमें उक्त सभी छह रागों का एकत्र प्रभाव दिखाया गया है।

> 'उर प्रेम की जोति जगाय रही[1], गति कों बिनु यास घुमाय रही[2]।
> रस की बरसा बरसाय रही[3], हिय पाहन कों पिघलाय रही[4]।
> हरियाले बनाय कें सूखे हिये[5], उतसाह की पेंग झुलाय रही[6]।
> इक राग अलाप के भाव भरी, खटराग प्रभाव दिखाय रही।'

भाव भरी नायिका ने एक 'खटरागी' रागिनी छेड दी है। उस रागिनी के प्रभाव से हृदय में प्रेम का दीप जल उठा[1], बिना प्रयास के ही कोल्हू चलने लगे[2], पत्थर जैसे कठोर हृदय भी पिघल गए[3], रस की वर्षा होने लगी[4], सूखे हृदय हरे हो गए[5], उत्साह का झूला ऊँची-ऊँची पेंगें बढ़ाने लगा[6]।

खट राग (षट् राग) की भाँति एक अन्य यौगिक शब्द है खटकरम (षट् कर्म)। इन शब्दों में तत्सम रूप (षट् कर्म) से तद्भव (खटकरम) तक आते-आते अर्थ बदल गया है। षट् कर्म समाज के विभिन्न वर्गों के लिए भिन्न प्रकार से बताए गए हैं, जैसे ब्राह्मणों के लिए यजन (यज्ञ करना), याजन (यज्ञ कराना), अध्ययन, अध्यापन, दान देना और दान लेना। ये कर्म जब आगे चलकर अनिवार्य नित्य कर्म नहीं रहे, रूढ़ि और दिखावा बन गए, इनसे असुविधा होने लगी तो इन्हें 'खट करम' कहा जाने लगा और ऐसे दिखावा करने वाले आडंबरियों को खटकरमी।

शब्द की अर्थयात्रा पर ध्यान दीजिए कि छह आवश्यक काम जब तक कर्तव्य कर्म थे, तब तक ठाठकर्म कहे जाते थे और जब उनमें दिखावा और अहंकार भर जाए तो उन्हें खटकरम कहा जाने लगा। ठाठकर्मी होना अच्छी बात थी, खटकर्मी कहलाना कोई पसंद नहीं करता।

---

1 दीपक राग
2 भैरव राग
3 मेघ मल्हार
4 मालकोश
5 श्री
6 हिंडोल

35
गणमान्य या गण्य-मान्य

'गण्यमान्य' और 'गणमान्य' शब्दों के प्रयोग पर कभी चर्चा चलती है, तो कोई एक को तो कोई दूसरे को अशुद्ध ठहरा देता है। इसलिए इन पर अशुद्ध होने का आरोप लगने से पहले ही इन पर चर्चा करना ज़रूरी लगता है। इसे सफाई देना न समझा जाए।

शुद्धिवादी तो 'गणमान्य' को शुद्ध मानते हैं, क्योंकि संस्कृत में यही प्रचलित है। हमारी हिंदी स्वतंत्र और संपन्न भाषा होते हुए भी आत्मविश्वास के अभाव में संस्कृत का मुँह जोहती रहती है। सो 'गणमान्य' जनसामान्य को चाहे मान्य हो, शुद्धिवादियों को मान्य नहीं। फिर भी सच यह है कि गणमान्य अशुद्ध भी नहीं है। हिंदी में गण्यमान्य की अपेक्षा अधिक प्रचलित है और भाषा में अपना स्थान बना चुका है।

इस गणमान्य की व्युत्पत्ति भी सरल है। गण अर्थात लोक- वही लोक, जो लोकतंत्र बनाता है, लोकरीति में है और लोकप्रिय में भी। तो जो गण में मान्य हो, जो लोकमान्य हो, वह होगा गणमान्य अर्थात लोक में मान्य।

गण्य विशेषण गण् धातु से है, अर्थ है गणना करने के योग्य। बड़े लोगों में, विद्वानों में गणना के योग्य जो हो वह गण्य तथा जो माना जाने योग्य, मान्यता पाने योग्य हो वह मान्य। दोनों स्वतंत्र विशेषणों से मिलकर एक शब्द युग्म बनता है 'गण्यमान्य'। जिनकी संभ्रात लोगो में गिनती हो और

वह मान्यता प्राप्त भी हो – वह है गण्य-मान्य, अब अगर दुहरे विशेषणों के भार से किसी को लादना हो तो गण्यमान्य कहें और एक सरल-सहज विशेषण पर्याप्त लगे तो गणमान्य! इच्छा आपकी।

हाँ, इतना निवेदन अवश्य है कि यह 'गण्यमान्य' हिंदी के स्वभाव के अनुसार अशुद्ध न सही, अशुद्ध-सा लगता है, क्योंकि हिंदी में द्वंद्व समास वाले शब्द युग्मों के बीच योजक (हाइफ़न) लगाने की रीति है। सो लिखने में गण्य-मान्य संगत है, गण्यमान्य असंगत!

जैसे रात-दिन, खेत-खलिहान, जाना-माना आदि हैं, वैसे ही गण्य-मान्य! और जैसे लोकमान्य है, वैसे ही गणमान्य है। लोकमान्य तिलक के स्थान पर गणमान्य तिलक नहीं कहेंगे, यद्यपि वे गणमान्य भी हैं और गण्य-मान्य भी।

36
गिरना-ढहना

एक पत्रकार मित्र ने पूछा है, 'बुलडोज़र से मकान ढहाए गए या गिराए गए?'

वे गिरना-गिराना और ढहना-ढहाना में अंतर जानना चाहते हैं। गिरना और ढहना में भेद करना इतना कठिन तो नहीं है, फिर भी इस बीच माध्यमों से प्रचारित-प्रसारित समाचारों से ऐसा अवश्य लगता है कि कहीं भ्रम की स्थिति है।

गिरना प्राकृत *गिरति > गिरइ या संस्कृत √गल् गलन से व्युत्पन्न अकर्मक क्रिया है। गिरने का काम स्वत: होता है (ओले गिरे)।

गिराना सकर्मक है। यह काम किसी माध्यम से होता है।

• तुमने चाबी कहाँ गिरा दी?

इसी प्रकार ढहना (संस्कृत ध्वंस > ध्वंसन से व्युत्पन्न) अकर्मक क्रिया है।

• बाढ़ से दो मकान ढह गए।

गिराना और ढहाना सकर्मक क्रियाएँ हैं, अर्थात कोई वस्तु या ढाँचा किसी के द्वारा गिराया या ढहाया जाता है।

• नगर निगम ने दो मकान ढहा दिए।

• नगर निगम द्वारा अवैध निर्माण गिराए गए।

यहाँ तक तो ठीक है। दोनों क्रियाओं के अर्थ और प्रयोग में अंतर है।

गिरना में गिरने वाली वस्तु ऊँचाई से धरातल की ओर या धरातल पर गिरती है, जैसे बिजली गिरती है और आँसू भी गिरते हैं। गिरने वाली वस्तु गिर कर भी उसी रूप में रह सकती है, जैसे : चाबी गिरी। आम गिरे।

ढहना में ऐसा नहीं होता। ढहने वाली वस्तु नष्ट-भ्रष्ट हो सकती है, रूप और आकार में बिगड़ सकती है, मलबे में बदल सकती है। जैसे : आम का पेड़ ढह गया। पुराना मंदिर ढह गया।

गिरना की व्याप्ति ढहना से अधिक है। कोई चरित्र से गिर सकता है, कोई आचरण से, कोई दोनों से। ऐसी स्थिति में गिरना के स्थान पर ढहना का प्रयोग नहीं हो सकता। ऐसे व्यक्ति को प्रायः कह दिया जाता है अमुक व्यक्ति बहुत गिरा हुआ है, इसका अर्थ यह नहीं कि अमुक व्यक्ति धरातल पर गिरा दिखाई पड़े। किसी का स्वास्थ्य गिर सकता है, किसी की आर्थिक स्थिति। बाज़ार भाव भी गिरते सुने गए हैं, ढहते नहीं। शक्ति, स्थिति, प्रतिष्ठा या मूल्य के साथ भी गिरना क्रिया का ही प्रयोग होता है, ढहना का नहीं।

ढहने वाली वस्तु किसी स्थान पर स्थित या किसी सहारे से टिकी होती है। दीवार, पेड़ या पहाड़ ढहते हैं। दीवार अपने आप ढहकर बिखर जाती है, उसे गिराकर या तोड़कर आने-जाने का रास्ता बनाया जाता है तो टूटती है। मकान की छत गिर सकती है, मकान गिरता नहीं, ढहता है। सपने और मंसूबे ढहते हैं, बिखरते हैं; पर गिरते नहीं। कोई गिरी नीयत का हो सकता है, ढही नीयत का नहीं। दाँत या बाल गिरते हैं, ढहते नहीं हैं।

इस विवेचन से स्पष्ट है कि शब्दार्थ की दृष्टि से देखें तो मकान ढहाए गए, गिराए नहीं गए। ढहाए जाने से वे धराशायी हुए, मलबे में बदल गए। बुलडोजरों ने जो किया उसके परिणाम से विचार कर कहें तो तोड़े गए, ढहाए गए, गिराए भी गए।

37

गृह-ग्रह, घर-मकान, अनुग्रह और अनुगृहीत

गृह तत्सम शब्द है, अर्थ है – घर, निवास स्थान, बसेरा। हिंदी में सामान्यत: देखा जाता है कि गृह अकेला बहुत कम प्रयुक्त होता है। मैं अपने गृह गया, वह अपने गृह से ऑफिस आया–ऐसा नहीं कहा जाता। कहा जाता है : मैं घर गया, वह घर से आया। गृह तो प्रायः समास के रूप में प्रयुक्त देखा जाता है, जैसे : गृह कार्य, गृह मंत्री, गृह प्रवेश, गृह सचिव इत्यादि। इन स्थितियों में घर कार्य, घर मंत्री, घर सचिव, घर प्रवेश नहीं कहा जाएगा।

गृहस्थ, गृही और गृहिणी इसी गृह से बने हैं।

घर गृह से बना तद्भव शब्द है। इसका प्रयोग क्षेत्र गृह से अधिक विस्तृत है। घर निवास, शरण, रहने-खाने की जगह या फिर निजी संपत्ति को सुरक्षित रखने का एक स्थान है। घर या गृह पहले से विद्यमान किसी घर (गृह) के भीतर भी हो सकते हैं – एक इकाई के भीतर की इकाइयाँ। जैसे गर्भगृह, पूजा गृह, पूजा घर, रसोईघर, स्नानघर, सामान घर। कुछ घरों में आप रहते नहीं, अधिक समय भी नहीं बिताते। बस, काम संपन्न होने पर निकल पड़ते हैं; जैसे – जलपान गृह, पूजा गृह, स्नान गृह, डाकघर, टिकिटघर, बिजलीघर।

घर अलग से स्वतंत्र शब्द के रूप में या यौगिक रूपों में प्रयुक्त हो सकता है। जैसे :

- मेरे घर आइए।
- गाँव में कितने घर हैं?
- घर कहाँ है आपका?

कुछ यौगिक शब्द हैं : घर खर्च, घर-द्वार, घर-बाहर, घर-घर, घरवाली, घर-आँगन, घर-गृहस्थी।

घर और मकान एक दूसरे के पर्याय की भाँति प्रयोग किए जाते हैं, पर ये ठीक-ठीक समानार्थी नहीं हैं। दोनों में अंतर है। मकान आवास के लिए निर्मित, रहने की सुविधाओं से युक्त एक ढाँचा-भर है जिसे आप बनवाते हैं, खरीदते हैं, किराए में लेते या देते हैं।

घर से आत्मीय संबंध स्थापित होता है। घर पैतृक, पारंपरिक और स्थायी निवास स्थान को भी कहा जाता है जो हमारे पूर्वजों से प्राप्त विरासत होती है या हमारी अपनी मेहनत और आमदनी से अपने बच्चों के साथ शांतिपूर्वक रहने के लिए निर्मित किया जाता है। घर के लिए ज़रूरी नहीं कि लोगों के पास रहने की शानदार इमारत हो। जहाँ परिवार के लोग सुख-दुख में एक साथ रहते हैं, उसे ही घर माना जाता है, जबकि मकान लोगों से नहीं, सामान से बनता है। घर में रिश्ते होते हैं- भाई, भाभी, बहन, पिता, माता, पति, पत्नी, बच्चे, अतिथि, संबंधी आदि।

न गृहं गृहमित्याहुर्गृहिणी गृहमुच्यते।

(किसी ढाँचे को घर कह देने भर से वह घर नहीं हो जाता, घरनी से घर बनता है।)

गृह के साथ भरमाने वाला एक शब्द है ग्रह, स्वरूप और उच्चारण में लगभग समान, लेकिन अर्थ में बिल्कुल भिन्न। इसलिए इन दोनों में अंतर समझना आवश्यक है। सूर्य की परिक्रमा करने वाले आकाशीय पिंड ग्रह कहे जाते हैं। यों तो भारतीय ज्योतिष सूर्य को भी एक ग्रह मानता है, किंतु वैज्ञानिकों के अनुसार सूर्य ग्रह नहीं एक तारा है जो स्थिर है, अपने ही प्रकाश से

चमकता है और ग्रह सूर्य की परिक्रमा करते हैं तथा सूर्य से ही प्रकाश प्राप्त करते हैं। ज्योतिष शास्त्र इनका संबंध भाग्य-दशा, ऊँच-नीच से भी जोड़ता है। ग्रह अच्छे-बुरे हो सकते हैं, इसे ग्रह दशा कहा जाता है। यह भी जान लेने की बात है कि एक ही ग्रह भिन्न गृह में भिन्न स्वभाव का हो जाता है अर्थात अच्छा ग्रह भी बुरे गृह में हो तो अशुभ फल देता है, ऐसी मान्यता है।

ग्रह का शाब्दिक अर्थ है पकड़ना, दबाना, जकड़ना। इसी से ये शब्द बनते हैं – ग्रहण, पाणिग्रहण, चंद्र ग्रहण, सूर्य ग्रहण इत्यादि। किसी का भाग्य बुरा चल रहा हो तो कहा जाता है उसके भाग्य को तो ग्रहण लग गया। दूसरी ओर कविता का अर्थ ग्रहण, भाव ग्रहण भी होता है। शपथ ग्रहण, पुरस्कार ग्रहण, अवकाश ग्रहण जैसे यौगिक शब्द भी बनते हैं। कोई वस्तु ग्राह्य हो तो उसे ग्रहणीय कह सकते हैं। संन्यास भी ग्रहण किया जाता है और दान भी।

ग्रहण का विलोम है त्याग। ग्रहीता वह है, जो दाता से कुछ ग्रहण करता है। इससे ग्राहक, ग्राही शब्द बनते हैं; आग्रह और आग्रही भी। विग्रह (अलग होना), संग्रह (इकट्ठा करना), अनुग्रह (कृपा) आग्रह (अनुरोध), निग्रह (रोक) आदि इसी √ग्रह से बने हैं।

हिंदी में कुछ शब्द ऐसे हैं, जो संस्कृत से आए हैं किंतु ग्रह से बने होने के बाद भी उनमें गृह दिखाई पड़ता है। इसलिए वर्तनी में दुविधा होती है। नियम स्पष्ट न होने से भूल होना निश्चित है और स्वाभाविक भी। नियम संक्षेप में यह है कि ग्रह के साथ पूर्णता के अर्थ में इत प्रत्यय जोड़ने से गृहीत बनता है। इसी प्रकार संग्रह से संगृहीत, अनुग्रह से अनुगृहीत जैसे शब्द भी बनते हैं। ऐसी स्थितियों में र् व्यंजन को ऋ स्वर में बदलने की प्रक्रिया संस्कृत व्याकरण समझाता है। हिंदी में ये शब्द ज्यों-के-त्यों (तत्सम रूप में) आते हैं और आवश्यक नहीं कि प्रत्येक हिंदी जानने वाला संस्कृत के जटिल व्याकरणिक नियमों से भी परिचित हो। इसलिए यह भूल क्षम्य

मानी जानी चाहिए तथा दोनों ही वर्तनियाँ स्वीकार की जानी चाहिए। हिंदी धीरे-धीरे संस्कृत के जटिल नियमों के बंधनों से कहीं-कहीं अपने आप को अलग भी कर रही है, यह कोई आश्चर्यजनक बात नहीं है।

38
ग्रेशम का नियम और टट्टी

अर्थशास्त्र में थॉमस ग्रेशम का एक बहुत पुराना नियम है 'बुरा सिक्का अच्छे सिक्के को प्रचलन से निकाल बाहर कर देता है पर अच्छा सिक्का कभी भी बुरे को प्रचलन से निकाल बाहर नहीं कर पाता।' यह नियम है तो अर्थशास्त्र का किंतु यह भाषा शास्त्र में भी बिल्कुल सटीक बैठता है। भाषा में इसे एलन-बरीज का 'अर्थ परिवर्तन का नियम' कहा जाता है: 'किसी शब्द का बुरा अर्थ प्रचलन में हो तो वह उस शब्द के अच्छे अर्थ को भी चलन से बाहर कर देता है।' इसके उदाहरण सभी भाषाओं में मिल जाएँगे। अंग्रेज़ी में prick, ass, cock, booty जैसे शब्द उदाहरण हैं जिनका कथित भद्दा अर्थ आज पारंपरिक कोशीय अर्थ पर हावी हो गया है और इन्हें अशिष्ट भाषा की श्रेणी में डाल दिया गया है।

बचपन में एक कहावत सुनी थी, 'अरहर की टट्टी में गुजराती ताला।' एक तथाकथित ग्रामीण-से लगने वाले शब्द के कारण सुनने -पढ़ने में कुछ अटपटा-सा लगता था। यद्यपि कहावत का अर्थ जान लेने पर सामान्य और स्वाभाविक शब्द हो गया, किंतु जो मूल अर्थ से परिचित नहीं है, विशेषकर आज की पीढ़ी में, उन्हें यह अशिष्ट और हास्यास्पद लगता है।

बाँस की फट्टियों, सरकंडों, फूस, खस आदि को परस्पर जोड़-बाँधकर बनाया हुआ ढाँचा, जो आड़, रोक, परदा या रक्षा के लिये दरवाज़े, बरामदे अथवा और किसी खुले स्थान में लगाया जाता है, उसे टट्टी कहा जाता है।

इसकी व्युत्पत्ति सौरसेनी प्राकृत के टट्टी > अपभ्रंश में तट्टी/ तट्टिका शब्द से है। शब्द सागर में इसे संस्कृत के तटी या स्थाली शब्दों से जोड़ा गया है। लोक में इसे टाटी, टाँटी, टटिया, टटही भी कहा जाता है। अरहर या बाजरे के ठेठों (सूखी झाड़ या डंडियों) से भी बनाया जाता है।

असली बात तो रह गई कि आड़ या परदे के अर्थ वाली टट्टी में वह अर्थ कैसे आ बैठा जिसने मूल अर्थ को धकिया कर बाहर कर दिया। समझना सरल है। अपने देश में पहले खुले में शौच जाने का आम रिवाज़ था। (शौचालय बन जाने के बाद भी गाँव-देहात में इसमें विशेष कमी नहीं आई है)। कोई स्त्री, रोगी या वृद्धजन खुले में दूर शौच न जा सके तो उनके लिए आँगन के निकट के बाड़े में एक टट्टी की आड़ में शौच के लिए स्थान निर्धारित होता था। आगे चलकर शौच जाने के लिए मुहावरा बन गया टट्टी जाना अर्थात परदे की आड़ में जाना। धीरे-धीरे टट्टी का अर्थ परदा नहीं रहा, पाखाना हो गया और आज उसे इसी के अर्थ में ग्राम्य अपशब्द माना जाता है।

सरकारी कार्यालयों में एसी और कूलर के स्थान पर खस की टट्टियों का प्रयोग आज़ादी के तीन-चार दशक बाद तक भी होते देखा जा सकता था। गर्मियों में खस की टट्टियाँ खिड़की दरवाजों पर लगा दी जाती थीं। एक कर्मचारी इनमें पानी छिड़कता रहता था। बाहर चल रही लू भी इन गीली टट्टियों से छनकर अंदर आती तो शीतल होती और सुगंधित भी, क्योंकि खस की जड़ें सुगंधित होती हैं। यह प्राकृतिक वातानुकूलन था प्रकृति के उपादानों से निर्मित और सर्वथा निरापद।

कबीर ने टाटी का कितना अच्छा रूपक बाँधा है—
'संतौ भाई आई ग्याँन की आँधी रे।
भ्रम की टाटी सबै उड़ानी, माया रहै न बाँधी ॥'

39
गंज की व्युत्पत्ति और व्याप्ति

गंज शब्द की व्युत्पत्ति को लेकर हिंदी में दो मत हैं। एक के अनुसार यह शब्द भारत-ईरानी परिवार की पुरानी मीडियन भाषा का है और फ़ारसी के माध्यम से हिंदी तक पहुँचा है। दूसरे मत के अनुसार यह हिंदी का ही संस्कृत के माध्यम से आया हुआ शब्द 'गञ्ज:' है जिसका अर्थ है भंडार, रत्न कोष, अन्न कोष।

शब्द की उत्पत्ति फ़ारसी से हो या संस्कृत 'गञ्ज' से, इसके योग से भारतीय स्थान नामों में बड़े रोचक संकर शब्द बने हैं। भारत भर में सैकड़ों गंज हैं। शायद ही कोई ऐसा शहर/कस्बा हो जहाँ कोई गंज न हो।

तत्सम शब्दों से :	संयोगिता गंज, गौरी गंज
तद्भव शब्दों से :	मुट्ठीगंज, लोहार गंज, किशनगंज, सियागंज
देशज शब्दों से :	डोरी गंज, माल गंज
अंग्रेज़ी शब्दों से :	कर्नलगंज, फारबिसगंज, मेक्लॉडगंज
फ़ारसी शब्दों से :	हज़रतगंज, हबीबगंज, रकाबगंज।

लखनऊ में एक प्रसिद्ध बाज़ार है हज़रतगंज, जो शाम को सैर-सपाटा करने वालों को बहुत प्रिय है। इससे एक शब्द बना लिया गया है 'गंजिंग', जिसका अर्थ है हज़रतगंज में घूमते हुए मस्ती करना। यदि आप लखनऊ में ही अमीनाबाद या चौक में मस्ती करते फिर रहे हैं तो अमीनाबादिंग, चौकिंग नहीं कह सकते।

महाराष्ट्र के लातूर शहर में 'गंज गोलाई' बड़ा बाज़ार है शहर के सभी प्रमुख रास्ते गंज गोलाई तक पहुँच जाते है।

गंज से बने हुए स्थान नाम बड़े रोचक भी हैं। बिहार का नरकटियागंज सुनने में चाहे डरावना लगता हो, किंतु सीधे-साधे लोगों का शहर बताया जाता है। कहते हैं नरकट (नरकुल) घास काटकर साफ़ की गई जमीन पर बसाए जाने के कारण नरकटिया गंज नाम पड़ा है।

इंदौर में मल्हार गंज नाम सुनकर लगता है, यह किसी संगीत के बड़े कलाकार के कारण होगा या वहाँ कोई गाने-बजाने के उपकरण बनते-बिकते होंगे। पता चला कि यह नाम तो महाराजा मल्हार राव के कारण पड़ा है।

और आप श्रीलाल शुक्ल के 'राग दरबारी' के शिवपालगंज और गंजहों को कैसे भूल सकते हैं!

40
गर्म, ग्रीष्म और घाम

गर्म फ़ारसी से आया है, इसे संस्कृत 'घर्म' (घाम) से भी जोड़ा जाता है।
उच्चारण की दृष्टि से गर्मी, गरमी एक ही हैं, वर्तनी अलग-अलग है।
गरमी में र का अ-लोप हो जाने से गर्मी बचेगा। गर्म का उच्चारण गरम
नहीं है। पदांत अ-लोप से गरम को 'गरम्' बोला जाएगा; अर्थात दोनों
का उच्चारण भी भिन्न है। इसलिए गर्मी/गरमी का मूल (तत्सम) विशेषण
गर्म मानना अधिक तर्कसंगत लगता है। जो बिना अ-लोप के 'गरमी'
उच्चारण कर सकते हैं, वे गरम मान सकते हैं!

बदरीनाथ कपूर मानते हैं कि गर्म और गर्मी फ़ारसी तत्सम शब्द हैं
और गरम और गरमी उनके तद्भव रूप हैं। गरमा-गरम, गरमाना, गरमाहट
जैसे शब्द तद्भव रूपों से ही बने हैं।

गर्मी का मौसम ग्रीष्म ऋतु है। ग्रीष्म संस्कृत की √ग्रस् धातु (निगलना,
नष्ट करना) से बना है। हिंदी में ग्रीष्म की अपेक्षा गरमी और गर्म शब्द का
प्रयोग व्यापक है। ग्रीष्म का स्वभाव गर्मी या ताप है, किंतु ग्रीष्म का अर्थ
सर्वत्र तापमापी से मापा जा सकने वाला गरम नहीं है। धूप, आग, पानी,
राख, चिंगारी – यहाँ तक कि स्वभाव में भी गर्मी हो सकती है। किसी क्रोधी
को ग्रीष्म स्वभाव का नहीं कह सकते।

घाम संस्कृत घर्म से निष्पन्न है, जो बहुत प्राचीन शब्द है। ऋग्वेद में भी
इसका प्रयोग हुआ है। प्राचीन भारत-ईरानी में या पुरा-भारोपीय भाषाओं

में घर्म से निष्पन्न शब्द (ग्रीक-थर्मास) देखे जा सकते हैं। थर्मास लैटिन और अंग्रेज़ी में वार्म हो गया है।

घर्म से निष्पन्न घाम शब्द भारत की अधिकांश भाषाओं, बोलियों में मिलता है। पूरे देश की न सही, दक्षिण पश्चिम में कोंकणी से लेकर उत्तर में कश्मीरी, हिमाचली, कुमाउँनी-गढ़वाली, नेपाली, पूर्व में सिलहटी, मणिपुरी, असमी, बांग्ला आदि, हिंदी क्षेत्र की लगभग सभी उपभाषाओं-बोलियों में; पाकिस्तान की कुछ भाषाओं में भी।

41
चंदन और अफीम का रिश्ता

अजीब बात है ना! कहाँ राजा भोज कहाँ गंगू तेली। कहाँ चंदन-सा पवित्र काष्ठ और कहाँ अफीम-सा नशा। किंतु चौंकिएगा नहीं, इन दोनों का मूल एक ही है और यह किसी चंडूखाने में बैठकर नहीं लिखा जा रहा है। चंडूखाने से याद आया, आप चंडू का अर्थ तो जानते होंगे। चंडू है अफीम और चंडू शब्द का विकास हुआ है द्रविड़ मूल के चंटू शब्द से। चंटू का अर्थ है घिसना, लेप बनाना या सना हुआ लेप। एक विशेष काष्ठ के सुगंधित लेप के कारण ही यह चण्टू बना चण्डन > चन्दनम्> चन्दन। पश्चिम की ओर इसकी यात्रा संदल (फ़ारसी) और सैंडल (-वुड) के रूप में हुई और पूर्व की ओर कोरिया, जापान तक यह चंटू > चंडू के रूप में पहुँचा। अंतर यह भी रहा कि पश्चिम की ओर तो यह चंदन का ही पर्याय बना रहा और इसकी भीनी सुगंध भी बनी रही, किंतु पूर्व की ओर नशीले पदार्थ अफीम के लेप के लिए प्रयुक्त हुआ, जो पीने के लिए प्रयुक्त होता है। गंध भी बदली, अर्थ भी।

चीन से चंडू पुनः पश्चिम की ओर एक स्वतंत्र शब्द के रूप में पहुँचा और पश्चिम से फिर भारत लौटा। अब भारत के पास एक ही माता-पिता की दो संतानें हैं – चंदन (काष्ठ) और चंडू (अफीम)। यह आप पर है कि आप इसे चंडूखाने की गप समझें या शब्दों की अर्थ यात्रा, जो अपने आप में बहुत विचित्र होती है।

95

42
चोर, चोट्टा और उचक्का

संस्कृत √चुर् (चोरी करना) से बना है चौर, चोर। चोर शब्द पालि, प्राकृत, अपभ्रंश से चलकर कोंकणी, मराठी गुजराती सहित उत्तर और पूर्व भारत की सभी आर्य भाषाओं में विद्यमान है। चोर वह है, जो दूसरों की चीजें ऐसे उठा ले कि किसी को पता ही न लगे, छिपकर पराई वस्तु का अपहरण करे। स्वामी की अनुपस्थिति या अज्ञान में छिपकर कोई चीज़ ले जाने वाला चोर कहा जाता है।

चोर परिवार में अनेक मुहावरे और लोकोक्तियाँ हैं। चोर की दाढ़ी में तिनका (अपराधी का सदा सशंकित रहना), चोर के घर छिछोर, चोर के घर ढिंढोर (पक्के बदमाश से किसी नौसिखुए का उलझना)। चोर के घर में मोर पड़ना (धूर्त के साथ धूर्तता होना)। चोर के पाँव कितने (चोर की हिम्मत कम होती है)। कुछ लोग कामचोर, मुँहचोर तो होते ही हैं, चितचोर भी होते हैं और कन्हैया जैसे चितचोर लोगों के लाड़ले भी।

किसी कवि ने तो चोरों में अग्रगण्य श्री कृष्ण को नमन करते हुए यहाँ तक कह दिया है –

"व्रजे   प्रसिद्धं   नवनीतचौरं
गोपांगनानां च दुकूल चौराम्।
अनेक   जन्मार्जित-पापचौरं
चौराग्रगण्यं पुरुषं नमामि।"

व्रज में प्रसिद्ध मक्खन चुराने वाले गोपियों वस्त्रों को चुराने वाले, और-तो-और अनेक जन्मों संचित पापों को भी चुराने चोरों के सरदार (श्रीकृष्ण) को नमन करता हूँ।

चोर का एक भाई चोट्टा भी है। हिंदी में -टा प्रत्यय किसी को कमतर बताने के लिए (हीनार्थ द्योतक) है; जैसे: रोम + टा - रोंगटा, काला + टा- कलूटा। इसी प्रकार चोर + टा- चोरटा। चोरटा से ही बनता है चोट्टा, छोटी-मोटी चोरियाँ करने वाला, उठाईगीर। स्त्रीलिंग चोरटी, चोट्टी। बेनी कवि ने तो राधा को अनोखी चोरटी मान लिया

> 'करि की चुराई चाल हरि की चुराई लंक,
> शशि को चुरायौ मुख नासा चोरी कीर की।
> पिकको चुरायो बैन मृग को चुरायो नैन,
> दसन अनार हँसी बीजुरी अधीर की॥
> कहै कवि 'बेनी' बेनी ब्याल सों चुराय लीन्हीं,
> रती रती शोभा सब रती के सरीर की।
> अब तो कन्हैयाजू को चित्तहू चुराय लीन्हों,
> छोरटी है गोरटी या चोरटी अहीर की॥

'उचक्का' भी चोर परिवार का सदस्य है, जो उचकना क्रिया से बना है। उचकना का अर्थ है —एड़ी उठाकर ताक-झाँक करना, पंजो के बल खड़ा होकर कुछ उठाना। उचक्का भी चोर ही है, अपने करतब में अधिक फुर्तीला। उच्चका को औचक से व्युत्पन्न भी माना जा सकता है। ऐसा धूर्त, बदमाश, जो औचक (अचानक) ही उपस्थित होकर दूसरे की वस्तु आदि छीनकर नौ दो ग्यारह हो जाए। उचक्का अर्थात शातिर चोर जो दिन-दहाड़े माल उठा ले, वह घटिया चोर जो छोटी-मोटी चीज़ तुरत ले भागे।

43
चौकीदार चर्चा

बड़े-बूढ़ों को कहते सुनते थे कि जब दिन फिरते हैं तो दासी को पटरानी बनते देर नहीं लगती और पटरानी ऐसी पदच्युत होती है कि कोई उधर देखता भी नहीं। यह कहावत किसी भाषा और उसके शब्दों पर भी सटीक बैठती है। कभी सामान्य अर्थ देने वाले शब्द विशिष्ट अर्थ देने लगते हैं और कभी विशिष्ट शब्द सामान्य अर्थ। हिंदी में ही नहीं, सभी जीवंत भाषाओं में अर्थ में उतार-चढ़ाव का यह कार्यव्यापार निरंतर किंतु चुपचाप चलता ही रहता है।

पिछले दिनों चौकीदार शब्द राजनीतिक विमर्श में बहुत लोकप्रिय हो चला। अपने देश में चौकीदार शब्द से एक कर्तव्य परायण, किंतु साधारण-सा माना जाने वाले पद, मामूली और अपर्याप्त वेतन पाने वाले असहज ज़िम्मेदारी उठाने वाले आदमी की छवि बनती है। कठिन बेरोज़गारी के दौर में भी गरीब से गरीब माता-पिता भी यह कभी नहीं सोचते कि उनका लड़का चौकीदार बने, पर इधर अचानक कुछ ऐसा हुआ कि बड़े-बड़े लोग, कार्यकर्ता, सेवक, समर्थक, हितैषी आदि पलक झपकते अपने नाम के आगे चौकीदार विशेषण जोड़कर विशिष्ट बन गए। शब्द-प्रयोग की दृष्टि से देखें तो किसी शब्द के सम्मान में अप्रत्याशित रूप से ऐसी वृद्धि पहले कभी शायद ही देखी गई हो। गली-मोहल्ले के चौकीदार के वेतन, सम्मान, सुविधाओं में चाहे कोई गुणात्मक अंतर न आया हो, किंतु उसका पदनाम

अचानक इतना सम्मानित हो जाएगा, यह कल्पना तो उसने कभी सपने में भी न की होगी।

व्युत्पत्ति करते हुए स्पष्ट होता है कि चौकीदार यौगिक शब्द है और दो शब्दों में समास करने से बना है–चौकी और दार। पहले चौकी की चर्चा करें। चौकी का संबंध संस्कृत 'चतुष्क' से है जिसका अर्थ है चार का समूह, जैसे चौराहा, चौकोर आँगन, चार खंभों पर टिका महल। इसी से बना है 'चतुष्की' जिससे चौकी का प्रत्यक्ष संबंध है। चार पायों पर टिका लकड़ी या पत्थर का छोटा आसन, पटरा, छोटा मंच आदि चौकी कहलाते हैं। चौकी पर कोई बड़ा आदमी, अधिकारी, शक्तिमान नेता विराजता है या उन्हें पधराया जाता है। सभी आस्तिक परिवारों में पूजागृह में एक चौकी अवश्य होती है, जिसमें किसी देवी-देवता का विग्रह विराजता है। अधिक सम्मान भाव से हम उस चौकी को सिंहासन भी कहते हैं, क्योंकि सिंहासन भी मूलतः तो चौकी ही है।

आगे चलकर गाँव, समाज या सार्वजनिक महत्त्व के स्थानों में महत्त्वपूर्ण पदों पर प्रतिष्ठित, प्रतिष्ठापित या प्रतिनियुक्त व्यक्ति का कार्यस्थल भी चौकी कहा जाने लगा। जैसे ज़मीदार साहब की चौकी, पुलिस चौकी, चुंगी चौकी, प्रधान जी की चौकी आदि। इस प्रकार चौकी का अर्थ विस्तार हुआ – पड़ाव, ठिकाना, रखवाली या निगरानी करने का स्थान, चुंगी वसूलने की जगह, पहरेदार का ठिकाना आदि। सैनिक भी चूँकि रखवाली, पहरेदारी के काम से जुड़े हैं इसलिए उनकी छोटी-छोटी टुकड़ियों के पड़ाव या कार्यस्थल को भी चौकी ही कहा जाता है।

इससे पहले कि हम चौकीदार शब्द की व्युत्पत्ति जानने के लिए और चीर-फाड़ या पड़ताल करें, एक भाषाई, या कहिए भाषा पर आधारित मैत्री संबंध की ओर ध्यान जाता है। क्या आप विश्वास करेंगे कि एक ओर गंगाधर, मुरलीधर, मणिधर, विषधर जैसे शब्द और दूसरी ओर नामदार, कामदार, चौकीदार, कर्ज़दार जैसे शब्द एक ही कुनबे के हैं! सचाई यही है। आप चाहें तो इन्हें परस्पर चचेरे भाई कह सकते हैं। बात यों है कि

संस्कृत में 'धृ' धातु धारण करने, सँभालने, दबाने आदि के अर्थ में है। इसी से विशेषण बनता है 'धर' अर्थात धरने वाला, दबाने वाला, उठाने वाला, मालिक।

फ़ारसी में यही धर शब्द 'दार' बन गया है। दार शब्द क्रियामूल (धातु) भी है और समास से जुड़ने वाला भी। फ़ारस का प्रसिद्ध बादशाह दारा (डेरियस) के नाम में यही दार है जिसका अर्थ किया जाता है (सद्गुणों का) धारक। धर और दार दोनों विशेषण हैं, दोनों का अर्थ एक-सा है और दोनों किसी प्रत्यय की भाँति शब्द के साथ जुडकर समस्तपद का निर्माण करते हैं। कश्मीर में प्रायः प्रयुक्त उपनाम धर, दर/दार में यही शब्द हैं। चूँकि दोंनों का प्रयोग होता है; इसलिए संस्कृत-फ़ारसी का झंझट ही नहीं, किंतु यह अलिखित समझौता अवश्य पाया जाता है कि प्रायः हिंदू अपने नाम के साथ धर लगाते हैं और मुसलमान दार।

इन दोनों विशेषण-प्रत्ययों की सहायता से निर्मित सैकड़ों शब्द हिंदी में और अन्य भारतीय भाषाओं में भी प्रयुक्त हो रहे हैं। चौकीदार शब्द के निर्माण में समन्वय और समाहार का भाव भी है क्योंकि इसका पूर्वार्ध संस्कृत के चतुष्क से निष्पन्न है और उत्तरार्ध में दार शब्द फ़ारसी से आया है। ऐसे शब्दों को संकर (हाइब्रिड) शब्द कहा जाता है जो दो भिन्न भाषाओं से आकर भी एक होकर रहते हैं।

चौकीदार शब्द के समानांतर दार प्रत्यय से बने कुछ और शब्द चर्चा का विषय बने और प्रायः एक साथ ही उछाले गए। जैसे नामदार, कामदार और ईमानदार। नामदार तो वस्तुतः नामवाला ही है जिसके लिए एक फिल्मी गीत में कहा गया है, 'जो है नामवाला वही तो बदनाम है।' यों नामदार भी संकर शब्द है (नाम संस्कृत + दार फ़ारसी) और इसका अर्थ है प्रतिष्ठित, सम्मानित, यशस्वी, इज़्ज़तदार इसके अन्य पर्याय नामधारी और नामवर हैं, पर इनका बाज़ार भाव गिरा हुआ है।

कामदार को प्रायः काम करने वाला समझा जाने लगा है, किंतु इसका वास्तविक अर्थ यह नहीं है। काम करने वाला के अर्थ में तो कामगार शब्द है, कामदार नहीं। कामदार का वास्तविक अर्थ है – ज़रदोज़ी या कलाबत्तू के काम वाला, जैसे कामदार जूती, कामदार टोपी, कुरती, साड़ी, शॉल आदि। हाँ, ईमानदार शब्द की अपने आप में ख्याति है। चौकीदार के लिए यह आवश्यक गुण है और नामदार में यह गुण न हो तो बदनाम होने का पूरा खतरा।

ईमानदार की ही तर्ज़ पर थोड़ा सा वर्ण विपर्यय करके एक शब्द मिलता है 'इनामदार', जो अरबी से आया है और कामदार-नामदार की बहस में मिसफिट है। इसका प्रयोग भी प्रायः गलत संदर्भों में किया जा रहा है। किसी भी प्रकार के पुरस्कार प्राप्त व्यक्ति के लिए इनामदार विशेषण का प्रयोग करना ठीक नहीं क्योंकि मूलतः यह राजा-रजवाड़ों से बख़्शीश में ज़मीन आदि पाने वालों के लिए प्रयुक्त होता था जो माफ़ीदार भी कहलाते थे। ऐसे अपराधी जिनको पकड़ने पर किसी प्रकार का इनाम देने की घोषणा की जाती है, उनके लिए कभी-कभी इनामदार अपराधी कहते सुना गया है, पर यह प्रयोग भी उपयुक्त नहीं लगता। किसी चौकीदार को उसकी चौकीदारी पर प्रसन्न होकर या किसी अन्य सेवक को उसकी किसी और सेवा पर रीझकर आप इनाम में कुछ भी दे दें, पर इस बात पर उसे 'इनामदार' विशेषण न दें तो ही अच्छा है। चोर उचक्के या अन्य अपराधी इनामी तो हो सकते हैं, इनामदार नहीं।

44
छह और छठा

नागरी में अंक ६ को छः लिखना आम चलन हो गया है। हिंदी छह का विकास संस्कृत षट् से हुआ है। संस्कृत षट् > पालि/प्राकृत छ (छअ)> अपभ्रंश/हिंदी> छह। अपभ्रंश से हिंदी में आए छह का उच्चारण पदांत अ-कार के लोप के कारण छह् हो गया और ह् का उच्चारण विसर्ग (ः) जैसा होने के कारण छह को छः लिखा जाने लगा।

संख्यावाची शब्द 'छह' को 'छः' लिखे जाने के कारण का विमर्श करते हुए आचार्य किशोरीदास वाजपेयी की स्थापना रोचक है। वे मानते हैं कि दरबार की भाषा फ़ारसी होने के कारण पढ़ा-लिखा वर्ग फ़ारसी/उर्दू का समर्थक हो गया और हिंदी वे थोड़े से लोग पढ़ रहे थे जो संस्कृत भी नहीं सीख पाते थे। उन्होंने उच्चारण साम्य के कारण छह को विसर्ग (ः) से छः लिखना प्रारंभ किया। मन में यह तर्क था कि विसर्ग तो संस्कृत होने का प्रमाण है। उन्हीं के शब्दों में "जो चीज़ संस्कृत से आए वह शुद्ध, इसलिए छः ने ऐसी जड़ जमा दी कि अब उसे हिलाना भी कठिन है।"

उर्दू में पहुँचते-पहुँचते उर्दू की लिपि में ﭺ (च) तथा ﮪ (दो चश्मी ह) को मिला कर چھ छ अक्षर लिखा जाता है। यही ६ अंक को लिखने के लिए भी प्रयुक्त होता है और इसका उच्चारण 'छे' किया जाता है। इससे छह को छः लिखकर भी छे/छै पढ़ा और बोला जाने लगा। शब्द में अ के बाद ह आने पर अ का उच्चारण ऐ के निकट होता है। इसलिए भी छह को छे कहा जाता है।

102

छह को छः लिखने का कोई व्याकरणिक आधार नहीं है क्योंकि हिंदी में केवल तत्सम (संस्कृत से मूल रूप में आगत) शब्दों में ही विसर्ग हैं; जैसे– अतः, प्रातः, पुनः, पूर्णतः, प्रायः और विसर्गयुक्त शब्द हिंदी में बहुत कम हैं।

छह को छः लिखने के इस दुराग्रह को थोड़ी देर के लिए मान भी लें (कुछ कोशकार मानते भी हैं), तो विचारणीय है कि छः के तिर्यक रूप नहीं बन सकते। तिर्यक (कारक) रूप बने तो वह अलग बनकर रह जाएगा जबकि वह संख्यावाची विशेषण के रूप में प्रयुक्त होता है। तिर्यक (कारक) रूप के लिए कारक प्रत्यय जोड़ने से पहले मूल शब्द के साथ '-ओं' जुड़कर कारक प्रत्यय के लिए आधार तैयार करता है; जैसे - दोनों हाथ जोड़ो, तीनों को जाना है, चारों लड़कियाँ खेलें। इसी प्रकार पाँचों, छहों, सातों, आठों आदि। विसर्गों के साथ '-ओं' नहीं जुड़ सकता।

छह से क्रमवाचक विशेषण बनता है 'छठा', 'छठी' जो संस्कृत में षष्ठ > प्राकृत में छट्ठ/छट्ठा, हिंदी में छठा हैं। लोक पर्व छठ, नवजात बच्चे का छठे दिन होने वाला संस्कार छठी इन्हीं के रूप हैं। पाँचवाँ, सातवाँ, आठवाँ के सादृश्य से छठा के लिए 'छवाँ'/'छठवाँ' भी कहीं-कहीं दिखाई देता है, जो ग्राह्य नहीं है। छठवाँ में ठा और वाँ दोनों का प्रयोग वस्तुत: अनावश्यक दुगुण है।

हिंदी क्रमसूचक गणना में प्रारंभ की 6 संख्याओं में कुछ अनियमितता मिलती है, किंतु कथित अनियमितता में भी रूप स्थिर हो चुके हैं।

एक	दो	तीन	चार	पाँच	छह	सात
1	2	3	4	5	6	7
पहला	दूसरा	तीसरा	चौथा	पाँचवाँ	छठा	सातवाँ
१-ला	२-रा	3-रा	४-था	५-वाँ	६-ठा	७-वाँ

पाँच के बाद छह को छोड़कर 7 से आगे सब संख्याओं में '-वाँ' रूपिम जुड़ता है - बीसवाँ, सौवाँ, हज़ारवाँ।

45

छलकना, टपकना, चूना

संस्कृत क्षल धातु से बना है छलकना। किसी पात्र के थोड़ा हिल जाने से उसमें भरा हुआ द्रव या अन्य पदार्थ अनियंत्रित होकर थोड़ी मात्रा में उछलकर गिरने लगे तो उसे छलकना कहते हैं। माएँ समझाती हैं, 'कप को सावधानी से पकड़ो, दूध छलक जाएगा।' लाक्षणिक प्रयोगों (मुहावरों) में जाम छलकते हैं, प्याले छलकते हैं, आँसू छलकते हैं, आँखें भी छलकती हैं। आवेग में तो आँखें छलछला उठती हैं। जब कम जानकारी वाला व्यक्ति अधिक वाचालता से ज्ञान का प्रदर्शन करने लगता है तो यह लोकोक्ति काम आती है – अधजल गगरी छलकत जाए।

ध्वनायत्मक 'टप' से बना है टपकना और संस्कृत च्यु> ध्वन्य से बना है चूना। टपकना और चूना क्रियाएँ तरल पदार्थ के संदर्भ में बूँद-बूँद करके गिरने के अर्थ में प्रयुक्त होती हैं। दोनों के प्रयोग की सीमाएँ भी हैं। टूटी बटलोई चूती है, शिवलिंग पर कलश का जल टप- टप टपकता है। हल्की वर्षा में बूँदें टपकती हैं। गरीब की झोंपड़ी बरसात में चूती है, उसकी छत से पानी टपकता है। आँसू टपकते हैं।

टपकना क्रिया का प्रयोग तरल पदार्थ के लिए ही नहीं, कभी-कभी ताल से भिन्न के लिए भी किया जाता है। हरसिंगार, जुही, बेला आदि के फूल टपकते हैं, महुआ टपकता है। आँधी से कच्चे आम टपक जाते हैं, पके आम आँधी के बिना भी यों ही टपक पड़ते हैं। अनचाहा, बिन बुलाया

मेहमान भी अकस्मात टपक पड़ता है। किसी बीमार, मरणासन्न की मृत्यु पर भी लाक्षणिक अर्थ में कह दिया जाता है "अमुक टपक गया।"

टपकना (अकर्मक) से व्युत्पन्न टपकाना (सकर्मक) का प्रयोग हत्या करने टपकाना मार गिराने के अर्थ में होने लगा है।

- पुलिस ने गुंडे को टपका दिया।
- हिम्मत बढ़ गई तो सुपारी देकर टपका दिया।

हरसिंगार आदि फूलों के टपकने के लिए झरना क्रिया भी है, जो निर्झर के मंद-मंद झरने से बनी है। चाँदनी भी झरती तो है, टपकती नहीं।

चूना, टपकना के ही क्रम में पानी फैलने के लिए एक और क्रिया है, रिसना। रिसना बहुत धीरे-धीरे होता है। दीपक से तेल रिसता है तो आधार को चिपचिपा कर देता है। बरसात का पानी छत से रिसकर दीवारों को नम कर देता है। धरातल से पानी रिसकर निचले स्तरों से होता हुआ अधोभौमिक जलस्तर में वृद्धि करता है।

भीगी या भिगोई हुए वस्तुएँ जल को अलग करने के लिए नितारना-नितरना और निचोडना-निचुड़ना क्रियाओं का प्रयोग भी किया जाता है। नितारने का काम रसोई में अधिक होता है। सब्जियों या दाल, चावल आदि को खँगालकर पानी अलग कर लिया जाता है, यही नितारना है। निचोड़ना नितारना से भिन्न है और प्रायः नितारना से पहले होता है।

गीले कपड़े निचोड़ने में बल प्रयोग से उन्हें मरोड़कर अतिरिक्त पानी को यथासंभव कम कर दिया जाता है। निचोड़ना संभव न हो तो उन्हें ऊँचे लटकाकर नितरने के लिए छोड़ दिया जाता है।

46
छूटना, छोड़ना

यदि हिंदी में कभी बहुप्रयुक्त और बहुआयामी अर्थों वाली क्रियाओं की सूची बने तो उस सूची से छूटना क्रिया नहीं छूट सकती। छूटना का मूल शौरसेनी प्राकृत में छुट्ट, छुट्टदि, छुट्टइ के रूप में मिलता है जिसमें किसी व्यक्ति या वस्तु का किसी भी प्रकार के बंधन से छूटने का भाव निहित है। छोड़ना छूटना का ही सकर्मक रूप है। छूटना (अकर्मक) अपने आप होता है जैसे भीड़ में माँ के हाथ से बच्चे का हाथ छूट गया और छोड़ना (सकर्मक) किसी के प्रयास का परिणाम होता है। जैसे – भीड़ में बच्चे का हाथ मत छोड़ देना।

हिंदी में छूटना/छोड़ना क्रिया का प्रयोग अनेक संदर्भों में हो रहा है।

1. किसी आदत, व्यसन अभ्यास या दुर्व्यवहार से छुटकारा, जैसे :
   * सिगरेट पीना छूट गया, शराब छूट गई।
   * कोई व्रत/रोजा छूट गया।
   * नाखून चबाना छोड़ दो।
   * उसकी आवारागर्दी नहीं छूटती।
2. बदलाव के लिए त्यागना, जैसे :
   * शहर में जा बसे तो गाँव छूट गया।
   * घर-बार छोड़कर समाज सेवा में लग गए।

3. विवशता अथवा भूल से रह जाना :
    - सूटकेस गाड़ी में छूट गया।
    - गेट पास घर में छूट गया।
    - एक महत्त्वपूर्ण खबर लिखने से छूट गई।
    - समाचार लिखते हुए एक वाक्य छूट जाने से अर्थ का अनर्थ हो गया।
4. किसी पुती, चिपकी या लगी हुई वस्तु का अलग होना, जैसे :
    - इस साबुन से दाग/रंग/मैल छूट जाएगा।
    - लिफाफे पर से टिकट छूट गया।
5. मुक्त होने/करने के अर्थ में :
    - वह अदालत से /कैद से छूट गया।
    - पिंजरे से पक्षी छोड़ दो।
6. कभी-कभी 'के सिवाय', 'के बिना' (apart from, except) के अर्थ में भी छूटना का प्रयोग होता है।
    - सारी लंका जल गई, विभीषण का घर छूट गया।
    - निमंत्रितों की सूची में आपका नाम कैसे छूट सकता है।
7. छूटना के अन्य विविध प्रयोगों में से कुछ हैं :
   दाग छूटना, तीर छूटना, जमानत पर छूटना, साथ छूटना, घरबार छूटना, फव्वारा छूटना।

गाड़ी छूटना दो प्रकार से होता है। आप समय पर नहीं पहुँचे और गाड़ी आप से छूट गई क्योंकि ठीक 7:00 बजे गाड़ी छूट जाती है। पूर्वांचल में गाड़ी छूटने के लिए गाड़ी खुलना भी कहा जाता है।

- गीदड़ को भगाने के लिए कुत्ते छोड़ दिए जाते हैं।
- उत्सवों में गोली भी छूटती है और पटाखे भी छूटते हैं।

मुहावरे के रूप में छूटना के विविध लाक्षणिक प्रयोग भी देखे जा सकते हैं। किसी के छक्के छूटते हैं तो उसे देखकर दुसरे का साहस छूट जाता है। किसी

के निधन पर कहा जाता है – देह छूट गई, साँस छूट गई। शरीर छूटना, प्राण छूटना, बंधन छूटना भी इसी अर्थ में हैं। किसी मुसीबत से छुटकारा पाने पर हम सहज ही कहते हैं – जान छूट गई या पिंड छूट गया। हाथ छूटना और साथ छूटना रिश्तों के टूट जाने से संबंधित है। कभी-कभी हम गुस्से में भी किसी पर हाथ छोड़ बैठते हैं और वह पिट जाता है।

47
छूना-टटोलना

जानकारी (ज्ञान) पाने के पाँच महत्त्वपूर्ण विषय हैं जिन्हें पाँच तन्मात्राएँ भी कहा गया है- रूप, रस, गंध, शब्द और स्पर्श। ये पाँचों पाँच ज्ञानेंद्रियों – क्रमशः आँख, जिह्वा, नाक, कान, त्वचा के विषय हैं।

प्रायः देखा गया है कि स्पर्श बोध से जुड़ी ज्ञानेंद्रिय के बोध के प्रति हम उतने अधिक सजग-सचेत नहीं होते, जितने आँख, कान या रसना के बोध के प्रति होते हैं। स्पर्श का बोध छूने से भी कुछ आगे तक निकल जाता है। छूना (स्पर्श) ज्ञान प्राप्ति का महत्त्वपूर्ण साधन है। प्रायः हाथ की एक या अधिक उंगलियों को छूकर पता लगाते हैं। शरीर के एक अंग से दूसरे अंग को भी छूते हैं क्योंकि छूना तो त्वचा का विषय है। छूने-न-छूने के विचार से जुड़ी एक बुराई पिछली सदी तक थी जिससे एक वर्ग को अछूत (अस्पृश्य) माना गया। छूने से संक्रमित होने वाले रोगों को छूत का रोग कहा जाता है। आदर व्यक्त करने के लिए पैर छुए जाते हैं। कुछ लाक्षणिक प्रयोग हैं :

- घमंड छू तक नहीं गया।
- बात मन को छू गई।
- मेरी कोई चीज़ छूना भी मत।

हिंदी में टटोलना क्रिया इसका सर्वोत्तम उदाहरण है कि छुए बिना केवल हाथ हिलाकर शून्य (स्पेस) का अनुमान कर लेने से भी बोध हो सकता है।

टटोलना की जड़ें संस्कृत तक पहुँचती हैं। इसकी व्युत्पत्ति त्वक् (त्वचा) + तुलन (तौलना) से संभव है। स्थूल रूप में टटोलना का अर्थ है किसी वस्तु की सतह की अवस्था या उसकी कड़ाई, कोमलता आदि जानने के लिए उसे छूना। किसी वस्तु के बाहरी आवरण पर या उसके आसपास, इधर-उधर हाथ फेरना।

आँख मिचौली में जिसकी आँखें मुँदी होती हैं, वह टटोलकर ही पता करता है कि सामने कौन है, क्या है। घने अंधकार में हम वस्तुओं को ढूँढ़ने के लिए या कदम रखने के लिए आसपास टटोलकर निर्णय करते हैं। दृष्टिबाधित व्यक्ति की तो पूरी जानकारी, शिक्षा, संपूर्ण अनुभव, सारा बोध टटोलने पर ही टिके हैं। आवश्यक नहीं कि वह प्रत्येक वस्तु को छूकर ही निर्णय ले, वह वस्तु के आसपास शून्य में भी हाथ हिलाकर या अपनी छड़ी से टटोलकर जानकारी लेता है।

टटोलने के कुछ विशेष प्रयोग देखिए :

- बस्ते (बैग) को टटोलकर देखो, घड़ी वहीं होगी।
- हर बात पर दूसरे को कोसते हो, कभी अपने को भी टटोलकर देखो।
- टॉर्च ले जाओ, टटोलकर पैर रखना।
- भाई साहब टटोलते ही रहेंगे या कुछ ख़रीदेंगे भी।

48

जान-पहचान के बहाने

यों तो पहचान पत्र भी अब अनेक प्रकार के बनने लगे हैं, पर आपकी पहचान आधार कार्ड या किसी पहचान पत्र तक ही सीमित नहीं है। समाज में, कार्यालय में, आप स्वयं अपनी पहचान बनाते हैं। कहीं काम निकालना हो तो जान-पहचान ढूँढ़ी जाती है। और सबसे बड़ी बात यह कि आपका चेहरा हमें जाना-पहचाना लगता है।

तो क्या कभी आपने सोचा कि यह पहचान शब्द बना कैसे?

संस्कृत में एक शब्द है प्रत्यभिज्ञान। वही प्रत्यभिज्ञान (निशानी) जो शकुन्तला के संकटों का कारण बना था। यह पहचान भी संस्कृत के प्रत्यभिज्ञान शब्द का ही तद्भव है और इस शब्द में भी ज्ञान प्रधान है। उपसर्ग लगे हैं दो-दो। प्रति और अभि उपसर्गों से बनता है प्रत्यभिज्ञान > (प्रति + अभि + ज्ञा+ल्युट्) > पहचान, जिसका अर्थ है पहचानने की क्रिया या भाव। दो कार्यों, वस्तुओं, पक्षों में अंतर या भेद समझने की कुशलता। इनकी भी पहचान है जैसे, खरे-खोटे की पहचान, हीरे की पहचान।

आप किसी को किसी मंतव्य के बारे में समझा रहे हों तो पहचान इस प्रकार बताते हैं–मंदिर के निकट, सराय के पास, अस्पताल के सामने आदि। न्यायालयी भाषा में एक यौगिक संकर शब्द प्रचलित है–पहचान-परेड, (आइडेंटिफिकेशन परेड) एकाधिक लोगों में से संदिग्ध अपराधी की पहचान करवाना।

व्यक्तिगत पहचान के अनेक आधार हो सकते हैं। चेहरे की बनावट, त्वचा का रंग, चलने का ढंग, आवाज़, आदत आदि। अपनी किसी विशेष हुनर के कारण आदमी किसी समूह या समाज में अपना स्थान बनाता है तो उसे भी पहचान कहते हैं।

- प्रेमचंद : ने फिल्मों में काम किया, पर अपनी पहचान नहीं बना पाए।
- जयशंकर प्रसाद कहानीकार के रुप में ही पहचाने जाते हैं।

पहचान के ही जोड़े का एक शब्दयुग्म है – जान-पहचान। जान की जान ज्ञान में बसी है। ज्ञान से निष्पन्न है प्रत्यभिज्ञान और इन दोनों से आज आपकी जो जान-पहचान बनी, उसे आप दृढ़ रखें।

49
जी की बात है जी!

जब मुग़ल वंश ही उजड़ने के कगार पर हो, तब बहादुर शाह ज़फ़र का जी उजड़े दयार में क्यों लगता। ईमानदारी से क़बूल कर दिया, लेकिन कुछ का तो लहलहाते चमन या भरी-पूरी बस्ती में भी जी नहीं लगता। कुछ हैं कि हर गली मोहल्ले में अपना जी ही बाँटते फिरते हैं। कहीं टूटा, तो कहीं और जोड़ लेते हैं।

आज यही जी हमारे जी का भी जंजाल बना हुआ है।

सुना तो यह था कि यह जी बड़ों और सम्माननीयों के साथ लगाया जाता है पर उस दिन भ्रमित हो गए, जब देखा कोई माँ अपने बेटे को बुलाती हुई कह रही थी, 'बेटा जी, मास्टर आ गया है। खेलना छोड़ो, घर आओ।' बेटा जी भी 'अच्छा जी' कहकर लौट तो आया पर उसका जी खेल में ही रहा और मास्टर जी कहते रहे, 'जी लगाकर पढ़ा करो।'

परंपरा है कि कुछ बड़े नामों, रिश्तों या पदवियों के साथ जी लगाना शिष्टता की माँग है। जैसे राम जी, दादी जी, मंत्री जी। इसी क्रम में गांधी, नेहरू के साथ जी लगाने में चूक भी जाएँ पर किसी नेता के साथ लगाना आपकी विवशता है। लगाएँगे कैसे नहीं जी! ज़रूरी नहीं कि हर बड़े के साथ जी लगाया जाए, जी लगाने लायक होगा तभी तो। एक बार एक नेता जी ने किसी कुख्यात अपराधी के नाम के आगे जी लगा दिया था (शायद उसकी उम्र का ख़्याल किया हो) तो लोग भड़क गए थे।

कभी-कभी यों भी होता है कि 'जी' किसी के नाम का अभिन्न भाग होता है। तब समस्या होती है कि आदर वाला जी लगाएँ या नहीं। श्री जी के साथ एक जी और जोड़ दें तो, उन्हें लोग श्री जीजी न समझने लगें। जीजी के साथ एक जी और लग सकता है जीजी जी! इसे कोई जी का अपव्यय नहीं कहेगा। हाँ, जीजी जी का जी जिन महाशय जी पर टिका होता है, उसके लिए जीजी जी के खाते से एक जी कम कर दिया जाता है – जीजा जी।

लगे हाथ देख लिया जाए कि जी के लिए भाषा में व्याकरण व्यवस्था क्या कहती है। जी को √जिव्, √जित् या श्री से व्युत्पन्न माना जाता है। किंतु√युज् + क्त = युक्त> युत से जुत > जू अधिक सटीक लगता है क्योंकि आज भी राजस्थानी, ब्रज, कुमाउँनी आदि में ज्यू, जू का प्रयोग होता है। जी का प्रयोग प्रायः अव्यय के रूप में होता है। अव्यय यानी ऐसा पद जिसमें लिंग-वचन से कोई अंतर नहीं पड़ता। अव्यय के रूप में इसकी विविध भूमिका पर एक नज़र डालें।

- नाम या पद के साथ आदर सूचक – गोपाल जी, भाभी जी, लाला जी, चौधरी जी, राष्ट्रपति जी
- प्रश्न सूचक – जी? (मैं समझा नहीं!)
- आश्वस्ति सूचक – काम हो जाएगा जी!
- सहमति सूचक – आ सकता हूँ? जी, आइए!
- पूरक (संबोध्य व्यक्ति का स्थानापन्न) – जी, आप आएँगे क्या?
- आपूरक (प्रायः कोई बात प्रारंभ करने से पहले सोचने की सुविधा) – जी, असल में बात क्या है कि . . .।
- दूसरे की बात में केवल हुंकारा भरने के लिए कि आप उसे सुन रहे हैं – जी – जी – जी।
- स्वीकार या अस्वीकार भाव को अधिक दृढ़ करने के लिए हाँ या नहीं के जोड़े के साथ – जी हाँ, जी नहीं।
- गुरु के साथ शिक्षक के अर्थ में आवश्यक – गुरु जी! किंतु दादागिरी वाले गुरू के लिए वर्जित।

- महोदय जी, माननीय जी भी ठीक प्रयोग नहीं हैं।

संज्ञा के रूप में भी जी के पाँच प्रकार के प्रयोग मिलते हैं :

- जीवन, जीव
- मन, चित्त, विशेष मनस्थिति (माइंड)
- हृदय, दिल (हार्ट)
- प्राण, जीवनी शक्ति
- तबीयत, स्वभाव, मिज़ाज, प्रकृति (डिस्पोज़िशन)

कविताओं, फ़िल्मी गीतों में जी को जिया, जियरा बना दिया जाता है और शिकायत भी रहती है, 'जियरा धक-धक करे!' अरे भाई, ज़िंदा है तो धक धक तो करेगा ही।

एक क्रिया रूप भी मिलता है, अनादर वाले आदेश में केवल तू के साथ, तू जी (तू जीवित रह)।

भला कौन नहीं जानता कि जी-हजूरी करने का अपना महत्त्व है। जो जी-जी नहीं कर पाते वे अपने काम में जी जान लगा देने पर भी जी चाहा फल नहीं पाते और अपना जी छोटा कर बैठते हैं। उनके लिए परामर्श यही हो सकता है कि जी न जलाएँ, जी कड़ा करके फिर से जी-जी करने में जुट जाएँ। जी खोलकर अगले का जी खुश करें। आपको जी भर मिलेगा। किसी का जी जले तो जले, आपका जी न टले। जी भटके, भरमाए तो भी आप जी थामकर बैठिए। तभी अपने जी के प्यारे के जी में जगह बना पाएँगे। हिसाब-किताब वाली दुनिया में जी कहीं लगाना ही पड़ता है! यों ही जी ललचाने से नहीं चलता। जी करे तो ये बातें जी में बिठाएँ, वरना जो जी में आए, सो करें।

पड़ोस में पुराना गाना बज रहा है . . . जियरा मचल-मचल जाए। मचले चाहे घबराए, अपना जी सँभालिए। बहरहा़ल हमारे जी का बोझ कुछ तो हलका हुआ।

50
जूठा

हिंदी की सांस्कृतिक शब्दावली में एक शब्द है 'जूठा।' किसी के द्वारा खाना खाते हुए छुआ हुआ या खाने के बाद बचा हुआ अन्न, पीने से बचा पानी, जिस थाली या गिलास में खाया-पिया गया हो, खाना खाने वाले हाथों से छुआ हुआ पात्र आदि सबके लिए 'जूठा' विशेषण का प्रयोग किया जाता है। एक बार की रसोई में प्रयुक्त सभी बर्तन जूठे माने जाते हैं। इतना ही नहीं, भोजन के बाद पूरा चौका जूठा हो जाता है। नए सिरे से सफाई के बाद ही इसका उपयोग किया जाता है। स्वच्छता की दृष्टि से यह अच्छी परंपरा है।

पश्चिमी सभ्यता में जूठा की कोई विशेष संकल्पना ही नहीं है, इसलिए जूठा के लिए कोई उपयुक्त शब्द भी नहीं है। अंग्रेजी में leftover food, remnants, pickings, refuse, garbage से काम चलाते हैं।

हिंदी में जूठा शब्द को संस्कृत जुष्ट से व्युत्पन्न माना जाता है जो √जुष् धातु से बना है। जुष्ट से प्राकृत भाषा में जुट्ठ, हिंदी में जूठा। शब्द की रूप रचना की दृष्टि से यह विकास स्वाभाविक लगता है किंतु अर्थ की दृष्टि से देखें तो जूठा संस्कृत के 'उच्छिष्ट' के निकट बैठता है। उच्छिष्ट में √शिष् धातु है जिसका अर्थ है बचना, शेष रहना। इसलिए उच्छिष्ट आज के जूठा, जूठन का पूरा अर्थ देता है। मनुस्मृति में व्यवस्था की गई है, 'नोच्छिष्टम् कस्यचिद्द्यात्", अर्थात अपना जूठा किसी को न दें।

51
टें, टेंट, टेंटुवा

टें- (देशज) तोते की बोली, टें-टें, मुहावरा टें- टें करना अर्थात व्यर्थ की बकवास, हुज्जत। टें होना या टें बोल जाना का अर्थ है चटपट मर जाना, झट प्राण छोड़ देना। जिस प्रकार बिल्ली के पकड़ने पर तोता एक बार 'टें' शब्द बोलकर मर जाता है।

टेंट, देशज है। टेंट धोती की वह गाँठ है जो कमर पर खोंसी जाती है और जिसमें लोग कभी रुपया-पैसा भी रखते हैं। इसे अंटी (रुपये रखने की छोटी थैली) भी कहा जाता है, जो कमर पर या अंतर्वस्त्र के नीचे छिपाकर रखी जाती है। टेंट से बने कुछ मुहावरे हैं : टेंट में कुछ होना (पास में कुछ रुपया पैसा होना) टेंट ढीली करना (व्यय करने के लिए रुपए निकालना)। टेंट गरमाना अर्थात हाथ में रुपया आना।

टेंटुवा का संबंध टेंट या टें से नहीं है। गले में सामने की ओर निकली हुई हड्डी, काकली को कहा जाता है। टेंटुवा इससे मुहावरा बना है– टेंटुवा दबाना अर्थात किसी का गला घोंटना।

टंटा संस्कृत तण्डा (आक्रमण) से है जिसका अर्थ है झगड़ा। टंटा का अर्थ है– हलचल, दंगा, बखेड़ा, उपद्रव। आडंबर, प्रपंच, खटराग या लंबी-चौड़ी प्रक्रिया को भी टंटा कहा जाता है। जैसे : इस दवा के बनाने में तो बड़ा टंटा है।

मुहावरा – टंटा खड़ा करना अर्थात उपद्रव करना। झगड़ा मचाना।

52
ढाई आखर, पव्वा और प्रेम

पिछली सदी की बात। बचपन में पहाड़े रटाए जाते थे : दो दूनी चार।

पूर्णांकों के बाद अपूर्ण अंकों के पहाड़ों में पहला पहाड़ा था – एक पव्वा पव्वा, दो पव्वा आधा . . .। फिर आते थे अद्धा, पौना, सवा, डेढ़ और ढाई।

आज 'पव्वा' जिस अर्थ में भी जाना जाता हो, सोचना पड़ता है यह पव्वा क्या है? असल में यह पाव है जो संस्कृत के 'पाद' से बना है। एक संख्या को जब हम चार भागों में विभक्त करते हैं तो उनमें से एक भाग पाद अर्थात पाव (1/4), चौथाई है। दो पाव (2/4) अर्थात आधा (1/2) और तीन पाव (3/4) पौना। इनकी व्युत्पत्ति थोड़ी रोचक है। ये चले तो संस्कृत से हैं लेकिन प्राकृत, अपभ्रंश तथा अनेक लोक भाषाओं में ऐसे तराशे गए हैं कि आज सरलता से पता ही नहीं लगता कि इनका मूल क्या था!

तो एक के साथ जब पाद (पाव) जुड़ा तो शब्द बना सपाद अर्थात पाद सहित और सपाद से बन गया सवा, सवा से सवाई, सवै। पुनः शंका कि 'सवा एक' क्यों नहीं? प्रसंगवश यह जानना रोचक होगा कि एक की संख्या लोक में कुछ हीन, रीती, अशुभ-सी मानी जाती है। इसलिए गणना के प्रारंभ में एक का प्रयोग नहीं किया जाता था। पुराने पंसारी या किसान अपनी तौलें गिनते हुए पहली तौल को 'एक' कहकर गिनना प्रारंभ नहीं करते, वे पहली तौल को 'रामा' या 'राम जी' कहते हैं या 'बरकत' कहते हैं।

खेत-खलिहान में भी तौलें ऐसे ही गिनी जाती हैं। आगे की गिनती विधिवत चलती रहती है। इसलिए सपाद एक या 'सवा एक' नहीं कहा गया, क्योंकि सवा में एक निहित है।

'आधा' शब्द सीधे-सीधे अर्ध से विकसित हुआ है, यह तो स्पष्ट है। सार्ध साढ़े और सार्ध तीन अर्थात साढ़े तीन, सार्ध चार अर्थात साढे चार इत्यादि। किंतु सार्ध दो से साढ़े दो नहीं बना! इसकी विकास प्रक्रिया कुछ भिन्न है। लगता है मुख-सुख के लिए अर्ध द्वय> अर्द्धद्वय को अड्ढ्वय कहा गया और फिर अड्ढ्वई हो गया। उसे लेकर अड्ढ्वाई > अढ़ाई > ढाई है। यही ढाई का विशेषण है, जिसे समझने वाला कबीर के मत में पंडित है -

'पोथी पढ़ि-पढ़ि जग मुवा, पंडित भया न कोय।
ढाई आखर प्रेम का, पढ़े सो पंडित होय ॥'

'डेढ़' के मामले में गाड़ी फिर अटकती है कि यह डेढ़ बना कैसे! उलझन तो है, किंतु अधिक नहीं। यह दो से अर्द्ध न्यून (द्वय-ऊन-अर्द्ध) अर्थात दो से आधा कम है। यही द्वयोनार्द्ध > ड्योढाद्ध > ड्योढ़ा > डेढ़ बन गया लगता है।

अब पौना भी सरलता से समझा जा सकता है। एक से पाद (पाव) न्यून > पाव ऊन और उसके बाद पौन (3/4), पौना अर्थात तीन चौथाई। एक को यहाँ भी नहीं जोड़ा जाता।

अब तक इस प्रश्न का समाधान हो गया होगा कि 'पव्वा' का विशेष नशीला अर्थ क्योंकर हुआ। वह पव्वा शराब की पूरी बोतल का एक चौथाई है, इसलिए 'पव्वा' कहा गया।

53
तकिया कलाम उर्फ़ टेक

वे शब्द या वाक्यांश जिन्हें कुछ लोग बातचीत करते हुए प्रायः बार-बार कहा करते हैं, तकिया कलाम कहे जाते हैं। वस्तुत: ये एक प्रकार की टेक का काम करते हैं। टेक का अर्थ है टिकना, थमना, सहारा लेना। जैसे संगीत में प्रत्येक अंतरा के बाद गायक घूम-फिरकर टेक पर आता है, उसी प्रकार तकिया कलाम वाला भी।

यह तकिया और कलाम से बना यौगिक शब्द है। तकिया का अर्थ है आराम के लिए सोने, लेटने आदि के समय सिर के नीचे रखने अथवा पीठ, कमर आदि को सहारा देने के लिए प्रयुक्त एक उपधान। कलाम अरबी का शब्द है, जिसका अर्थ है वाणी, वाक्य, वचन, कथन या बातचीत। तकिया कलाम का तकिया (सिरहाना) से शाब्दिक अर्थ में नहीं, लाक्षणिक अर्थ में जुड़ा हुआ है। जिस प्रकार तकिया सहारा देता है, इसी प्रकार बातचीत में भी कुछ शब्द, पदबंध या वाक्य वक्ता को सहारा देते हैं और इतने में वह अगली बात सोच लेता है। यह क्रिया सायास (जानबूझकर) नहीं होती, स्वाभाविक रूप से, अभ्यास वश हो जाती है और बोलने वाले को इसका ज्ञान नहीं रहता। हाँ, सुनने वाले के लिए यह उबाऊ हो सकता है। इसे सामान्यतः तकिया कलाम, तकिया सुख़न, कैचफ्रेज़ या सूत्र वाक्य कहा जाता है। जैसे– क्या नाम; जो है कि, समझे न?, ठीक है कि नहीं, जो है, जो है सो, वह जो है, माने कि, मतलब, दिक़्क़त क्या है, मुझे लगता है, क्या

कहते हैं कि, बहरहाल आदि बीसियों शब्द हैं जो टेक (तकिया कलाम) बनकर वक्ता को सहारा देते हैं।

तकिया कलाम की ही तरह कथन के भीतर कुछ ऐसे शब्द, पद या वाक्यांश होते हैं जिनका कथ्य या वाक्य से प्रत्यक्षत: प्रसंगगत अर्थ नहीं होता, किंतु बात प्रारंभ करने के लिए उनका उपयोग वाक्यों के प्रारंभ में किया जाता है। इसलिए उन्हें प्रारंभक (preliminary words) कह सकते हैं। ऐसे कुछ शब्द हैं– बात यह है, ऐसा है ना, सुनिए, हाँ तो, फिर, असल में, मैं कह रहा था, अच्छा देखो, जी दरअसल आदि। जब विचार क्रम तीव्र गति से चल रहा हो और अभिव्यक्ति को उससे कदम मिलाना हो तो निरर्थक से लगने वाले ये प्रारंभक उस दूरी को पाटते हैं। इसीलिए वक्ता अपनी बात में इनका प्रयोग करता है।

प्रसंग से कोई प्रत्यक्ष अर्थ संबंध न होने पर भी ऐसे कुछ शब्दों का प्रयोग छोटे बच्चे अपनी बात रखते हुए करते हैं। ये शब्द आरंभक या तकिया कलाम नहीं कहे जा सकते। बात को अधिक आत्मविश्वास के साथ कह सकें और स्पष्ट कर सकें इसलिए बच्चे इनका आसरा लेते हैं। इसलिए इन्हें आश्रय शब्द कहा जा सकता है। जैसे ना, हाँ, है ना, जो है, वह जो है, मेरे पास आया ना, आकर ना उसने, हाँ तो मैं कह रहा था, क्या कह रहा था मैं . . . !

कुछ बड़े लोगों को भी विशेष उद्देश्य से आश्रय शब्दों का प्रयोग करते हुए देखा जा सकता है। इनका प्रयोग कहानी सुनाने वाले अपने कथन को अधिक रोचक बना कर श्रोताओं को कथा सूत्र से जोड़े रखने के लिए भी करते हैं।

54
दल के दल

दल बहुअर्थी तत्सम शब्द है।

1. संस्कृत √दल् से > दलन (दलना, दलवाना, मसलना, कुचलना) > दाल, दलहन, दलनी, दलिया, दलित . . . . . .
2. दल (पंखड़ी, पत्ता) से यौगिक शब्द - कमलदल, तुलसीदल, पुष्प दल।
3. दल (सेना, बल, फ़ौज) से शत्रुदल, महिषादल, दलपति, दलबल।
4. दल (झुंड, समूह)–
   'नारी नर कई कोस पैदल
   आ रहे चले लो, दल के दल,
   गंगा दर्शन को पुण्योज्ज्वल!' ~**सुमित्रानंदन पंत**
5. दल (टीम, गुट, गिरोह, समर्थक) सेवादल, रक्षादल, राहत दल, रामदल, बजरंगदल, दलबंदी
6. दल (पार्टी) राजनीतिक दल, जनता दल, प्रतिपक्षी दल, दल-बदल (संकर शब्द)।
7. दल (मोरपंख)

इस दोहे में दल के अनेक अर्थ बताए गए हैं–

'दल कहिए नृप को कटक, दल पत्रन को नाम।
दल बरही[1] के चंद सिर धरे स्याम अभिराम।'

---

[1]मोर

55
दाँत और दाढ़

मेरे दाँत में जब दर्द हुआ तो मित्र ने परामर्श दिया, दाढ़ उखड़वा लो। अब यह समझ के परे की बात है कि दर्द तो दाँत में हो और आप दाढ़ उखड़वा लें। वस्तुतः तो जो दाँत हैं वे दाढ़ नहीं हैं, और जो दाढ़ हैं वे दाँत हैं भी और नहीं भी। दाँत संस्कृत दन्त से व्युत्पन्न है जब कि दाढ़ दंष्ट्र से (संस्कृत दंष्ट्र/दंष्ट्रा > प्राकृत दड्ढ/दड्ढा > हिंदी दाढ़/दाड़)। हमारे मुँह के भीतर जीभ के चारों ओर ऊपर और नीचे के जबड़े से लगे जो औजार प्रकृति ने काटने, चबाने के लिए दिए हैं, वे सब दाँत की परिभाषा में आ जाते हैं, किंतु उनमें स्थान भेद से नाम भेद भी है।

सामान्यत: सामने की ओर के चार दाँत कर्तक कहलाते हैं। सौंदर्य वृद्धि में सहायक होते हैं और असल दाँत भी यही हैं। मुखड़े की सुंदरता बहुत कुछ दंत पंक्ति पर निर्भर रहती है। मुँह खोलते ही 'वरदंत की पंगति कुंद कली' सी खिल जाती है, मानो 'दामिनि दमक गई हो'। उनके बाद 'कुत्ते वाले' दाँतों (रदनक) को कुछ लोग कुकुर दाढ़ कहते हैं, पर असल में दाढ़ शब्द सबसे अंत के 2 + 2 दाँतों के लिए है, जिन्हें चौभर भी कहा जाता है। इन्हीं में से एक और महत्त्वपूर्ण है जिसे अक्ल दाढ़ कहा जाता है; अर्थात इस दाँत के निकलने पर ही आदमी अक्लमंद माना जाता है। कभी-कभी मसूड़े के बाहर निकलने में अकल दाढ़ इतना कष्ट देते हैं कि दंत चिकित्सक उन्हें निकलवा लेने का ही सुझाव दिया करते हैं और इस तरह आप अकल

दाढ़ के प्रमाण पत्न के बिना अकलमंद बनते-बनते रह जाते हैं। कहा तो यह भी जाता है कि शादी के बाद सबको अक्ल आ जाती है, यदि न आए तो उसके अकल दाढ़ को देखा जाना चाहिए।

पशु हो या मनुष्य, दाँत अनेक जीवधारियों के महत्त्वपूर्ण औज़ार हैं, पर यह भी सच नहीं है कि दाँत केवल जीवधारियों के ही होते हैं। अनेक काटने, कुतरने वाली निर्जीव वस्तुओं के भी दाँत होते हैं; जैसे– आरी, चाकू, कंघी, दाँती (दराती)। इनके दाँत न हों तो ये किसी काम के नहीं हैं। फिर आप या तो इनके दाँत तेज़ करते हैं या नया उपकरण खरीद लेते हैं।

दाँत को संस्कृत में द्विज अर्थात दो बार जन्म लेने वाला भी कहा गया है। मनुष्य सौभाग्यशाली है कि उसके दूध के दाँत निकलने के बाद एक बार फिर प्रकृति उसे सशक्त दाँत देती है। अब यह बात और है कि बुढ़ापे में एक- एक कर पूरी बत्तीसी बदलनी पड़े। तब उन्हें द्विज के बदले त्रिज कहना अधिक उपयुक्त होता, पर कोई कहता नहीं।

दाँत से बने मुहावरे बड़े रोचक है। आप दाँत दिखाते हैं, किसी के दाँत खट्टे करने में आपकी रुचि न भी हो, तो भी बहुत संभव है कि किसी से उलझ पड़ें तो वह आपके दाँत खट्टे कर दे। जाड़े की महिमा यह है कि आपके दाँत किटकिटाते रहते हैं। किसी के दाँत दिखाने के और होते हैं, खाने के और। और-तो-और विष्णु के एक अवतार ने इस धरती को अपने दो दाँतो पर उठाया हुआ है। जब हम खिसियाकर बंदर की तरह दाँत दिखाते हैं तो कहा जाता है, खीसें निपोरते हैं। यह शब्द कीश (बंदर) से बना है, कीश के समान दाँत निपोरना, खीसें निपोरना।

दो अभिन्न मित्रों के बीच भी दाँत आ टपकते हैं। ऐसी मैत्री जैसे एक प्राण दो गात हो तो उसे 'दाँत काटी रोटी होना' कहा जाता है।

56
दीननाथ या दीनानाथ

दीनानाथ प्रायः ईश्वर को कहा जाता है। राम, कृष्ण, शिव, दुर्गा सब दीनानाथ हैं, क्योंकि वे दीनों के स्वामी हैं। जो गरीबों असहायों के प्रति सहानुभूति रखता हो, उनकी यथासंभव सहायता करता हो, उस व्यक्ति को भी आदर देते हुए दीनानाथ विशेषण दिया जाता है।

हिंदी में बहुप्रयुक्त शब्द दीनानाथ संस्कृत व्याकरण के अनुसार असिद्ध है। दो स्वतंत्र शब्दों दीन और नाथ में समास करने से दीननाथ बनता है। दीनानाथ में संधि विच्छेद करने पर दीन + अनाथ होगा। तब पद का अर्थ ही बदल जाएगा। हिंदी में दीनानाथ ही ठीक है। इसी प्रकार उत्तर खंड मिलकर उत्तराखंड। उत्तर पथ (उत्तर या उत्तर दिशा की ओर जाने वाले मार्ग) उत्तरापथ।

संस्कृत में पाणिनीय विधान से विश्व मित्र समस्तपद बनकर विश्वामित्र हो जाता है। इसी प्रकार विश्वानर, सोमावती, उत्तरापथ जैसे शब्द भी हैं। इनकी स्वतंत्र प्रक्रियाएँ हैं किंतु इसी तर्क से दीनानाथ, उत्तराखंड नहीं बनते; तत्सम घटकों से निर्मित होने पर भी। ऐसे संकेतक स्पष्ट करते हैं कि अनेक स्थानों पर हिंदी की अपनी व्याकरणिक प्रक्रिया है जो संस्कृत से भिन्न है। इसलिए यह तर्क ठीक नहीं कि अमुक शब्द संस्कृत में जैसा है हिंदी में भी ठीक वैसा ही हो।

57
दृष्टि, दीठ और दीद

दृष्टि संस्कृत √दृश् धातु से बना शब्द है जिसका अर्थ है देखने की शक्ति, नज़र, निगाह। दृष्टि प्राकृत में डिट्ठि/दिट्ठी हो गया और हिंदी में इससे बना डीठ/दीठ।

शैली की दृष्टि से शिष्ट प्रयोगों में दृष्टि अधिक व्यवहृत है। दृष्टिगोचर होना, दृष्टिपात करना, दृष्टिगत होना, दृष्टि बाँधना आदि ऐसे ही यौगिक प्रयोग हैं। अन्य यौगिक शब्दों में अधिक प्रचलित हैं- दूरदृष्टि, अंतर्दृष्टि, कातर दृष्टि, दृष्टि हीन, दृष्टिकोण, दृष्टिभ्रम। मुहावरों की लाक्षणिक भाषा में कहें तो दृष्टि डाली जाती है, दृष्टि चुराई जाती है, दृष्टि फेर ली जाती है। दृष्टि रुकती है, दौड़ाई जाती है, फिसलती है, जुड़ती है, टेढ़ी की जाती है। कोई किसी की दृष्टि में चढ़ता है तो कोई उतर जाता है।

कुदृष्टि से दृष्टिपात करने वाले की दृष्टि बाँध भी ली जा सकती है।

दृश् > दृष्टि > दृष्ट से ही दृष्टांत भी बना है; अर्थ है उदाहरण, समानार्थक तुलना। तर्कशास्त्र और अलंकार शास्त्र में दृष्टांत के अपने स्वतंत्र अर्थ हैं।

लोक में दृष्टि से अधिक प्रचलित हैं दृष्टि से बने तद्भव शब्द: डीठ, दीठ या दीठि। डीठ संस्कृत दृष्टि > प्राकृत दिट्ठि, डिट्ठि से व्युत्पन्न है।

'दीठि चकचौंधि गई देखत सुबर्नमई,
एक तें सरस एक द्वारिका के भौन हैं।' **नरोत्तम दास**

डीठ के कुछ मुहावरे भी लोक में प्रचलित हैं; जैसे: डीठ चुराना (नजरें चुराना), डीठ जोड़ना (आँखें चार करना, सामने ताकना), डीठ बाँधना (नज़रबंद करना, ऐसा जादू करना जिसमें सामने की वस्तु ठीक-ठीक न सूझे), डीठ मारना (नज़र डालना), डीठ रखना (नज़र रखना, देखभाल करना) डीठ लगाना (नज़र लगाना, कुदृष्टि डालना)।

डीठ का सीधा संबंध डिठौने/दिठौने से है। दीठ अर्थात कुदृष्टि से बचने के लिए चेहरे पर कहीं काजल का टीका लगा लिया जाता है जिसे दिठौना कहा जाता है। विश्वास है कि दिठौने से दीठ नहीं लगती अर्थात कुदृष्टि प्रभावित नहीं करती।

'सब बचाती हैं सुतों के गात्र
किंतु देती हैं डिठोंना मात्र'

~मैथिलीशरण गुप्त

दृष्टि या दीठ फ़ारसी में दीद, दीदा, दीदार हो गया है; अर्थ वही है आँखें, नज़र, देखना, दृष्टि, निगाह, दर्शन, अवलोकन। प्रत्यक्षदर्शी को चश्मदीद कहा जाता है। कुछ रोचक प्रयोग हैं: दीद-ए-तर अर्थात अश्रुपूर्ण नेत्र। दीद बरदीद (देखादेखी)। कबीर के शब्दों में :

'दीद बरदीद परतीत आवै नहीं,
दूरि की आस विश्वास भारी।'

58
देखना और दर्शन

संस्कृत की धातु दृश् से हिंदी में दो शब्द परिवार बने हैं– देखना परिवार और दर्शन परिवार। संभवतः आम जन की लोक धारा में 'देखना' शब्द प्रचलित हुआ किंतु कुछ विशेष, औपचारिक स्थितियों में दर्शन शब्द भी चलता रहा। लगभग समानार्थी होते हुए भी अब दोनों शब्दों ने अपने-अपने अलग क्षेत्र बना लिए हैं।

मूलतः तो आँखों से प्रकाश की सहायता से संपन्न होने वाला कार्य देखना है। हम वह सब देखते हैं, जो हमारे सामने होता है। अँधेरे में कोई कुछ नहीं देखता। यह इसका सीधा प्रयोग है, किंतु इसके लाक्षणिक प्रयोग रोचक हैं और अनेक अर्थ छवियाँ दूर-दूर ले जाती हैं।

- डॉक्टर रोगी की नब्ज़ देख रहा है।　　　　(जाँचना)
- रोगी को नर्स देख रही है।　　　　　　　(देखभाल)
- शिक्षक तुम्हारे उत्तर देख रहा है।　　　　(जाँचना)
- देखना, दूध उबलकर बिखर न जाए।　　　　(सावधान रहना)
- तुम आवेदन पत्र दे आओ, बाकी मैं देखूँगा।　(ध्यान देना)
- इस चौकी को कौन देखता है आजकल?　　　(चौकसी, पहरेदारी)
- भगवान् सबको देखता है।　　　　　　　(ध्यान में रखना, विवेचन करना)
- लड़की देखने जाना है।　　　　　　　　(पसंद करना)

- एक समिति मंदिर की व्यवस्था देख रही है। (संचालन करना)
- पढ़ चुके हो, अब कुछ काम-वाम देखो। (ढूँढ़ना)
- विज्ञान शिक्षक ने दिखाया, बर्फ़ कैसे जमती है। (प्रयोग से समझाना)
- अच्छे आम देख-देखकर लाया हूँ। (चुनना)
- मैं सिनेमा नहीं, नाटक देखता हूँ। (मनोरंजन)
- सब देख लिया, परंतु पर्स नहीं मिला। (ढूँढ़ना)
- साहब कल तुम्हारा काम देखेंगे। (निरीक्षण करना)
- आने दो, मैं उसे देख लूँगा। (निपटना, धमकी)
- आप थोड़ी देर मेरा सामान देखिए, मैं अभी आया। (निगरानी रखना)
- अभी चुप लगा जाओ, मौका लगने पर हम भी देखेंगे। (बदला लेना)

देखने के अंदाज़ भी अपने-अपने, अलग-अलग हैं। कोई किसी को तिरछी नज़र से देखता है, तो कोई उड़ती नज़र से। किसी की कनखियों से देखने पर युवा मन ही नहीं, कवि कलाकार भी भटक जाते हैं। घूरकर देखने वाले के जवाब में जिसे देखा जा रहा है – वह आँखें तरेरकर देख सकता है और आँखें फाड़कर भी। और ये तो हम सभी जानते हैं कि देखते-देखते कुछ का कुछ हो जाता है।

महाकवि 'निराला' के इस प्रयोग का तो कोई जवाब ही नहीं–

'देखते देखा मुझे तो एक बार,
उस भवन की ओर देखा
छिन्नतार।
देखकर कोई नहीं
देखा मुझे उस दृष्टि से
जो मार खा रोई नहीं . . .'

'निराला' के इस 'देखना' पर तो समीक्षक आज भी बहुत कुछ देख रहे हैं।

देखना से बनी भाव वाचक संज्ञाएँ भी देखते चलें।

कुछ लोग दिखावा करते हैं और कुछ लोग उनकी देखा-देखी करते हैं। तो कुछ को इसमें अपव्यय होता दिखाई पड़ता है।

अब यह 'दिखाई' भी अजीब है। राह दिखाई पर गाइड को कुछ दें या न दें, मुक्ति के मार्ग की दिखाई का दावा करने वाले गुरुओं को गुरु दक्षिणा देनी ही पड़ती है। मुँह दिखाई पर कुछ न कुछ देना तो रिवाज़ ही है। कुछ लोग रास्ता चाहे गलत दिखा दें, दिन में तारे दिखाने का दावा ज़रूर करते हैं। वैसे आजकल आप किसी पर भरोसा भी कैसे करेंगे, जब पता चलेगा, हाथी के दाँत दिखाने के और होते हैं। इधर कोई विज्ञापन दावा करता है- 'देखते रह जाओगे!'

अब 'देखना के संभ्रांत और कुलीन किस्म के भाई 'दर्शन' और उसके परिवार के दर्शन भी करते चलें। यह 'दर्शन' औपचारिक भाषा का शब्द है, और है बड़ा आदरणीय शब्द। यह कभी एकवचन में प्रयुक्त नहीं होता। चाहे दर्शन करने वाला एक हो या दर्शन देने वाला भी अकेला हो, पर दर्शन सदा बहुवचन में होंगे।

- आपके दर्शन कब होंगे साहब?
- देवता के दर्शन सहज नहीं हैं।
- बॉस के दर्शन कर लिए तो समझो काम पूरा।
- आभारी हूँ, आपने दर्शन दिए।
- महान व्यक्तियों के दर्शन का पुण्य-लाभ मिला।
- इधर से गुज़र रहा था, सोचा आपके दर्शन करता चलूँ।

नित्य बहुवचन में होने के अतिरिक्त 'दर्शन' महाशय की एक और विशेषता

है। ये वाक्य में प्रायः कभी अकेले उपस्थित नहीं होते, किसी क्रिया को अपनी सहायता के लिए अवश्य साथ रखते हैं। उन संगिनी क्रियाओं में प्रमुख हैं : करना/कराना, होना, पाना/होना, देना। इनमें से कोई न कोई इनके साथ उपस्थित रहती है, जैसे :

- देवदर्शन कर लिए/करा दिए।
- कब आपके दर्शन पाऊँगा/मिलेंगे?
- उनके दर्शन हो गए।
- वे तो दर्शन देते ही नहीं, मनाना पड़ता है।

यह 'दर्शन' जब ज्ञान मार्गी हो जाता है, तो वह किसी वाद, मत, विचारधारा का विमर्श या आत्मा-परमात्मा, प्रकृति-पुरुष, सत्य-असत्य के तत्व ज्ञान का निरूपण करता है, और तब भी इसे 'दर्शन' ही कहा जाता है। स्वयं भी तत्वज्ञान हो जाने के कारण यह दर्शन शब्द अपना स्वभाव बदल लेता है, इसमें अहंकार नहीं रहता और 'नित्य बहुवचन' वाली विशेषता छूट जाती है, जैसे :

- तुम्हारा जीवन दर्शन क्या है?
- भारतीय दर्शन छह प्रकार के हैं।
- बौद्ध दर्शन को नास्तिक दर्शन भी कहा जाता है।

इस दर्शन परिवार के कुछ अन्य सदस्य हैं– दृश्य, दृष्टि, द्रष्टा, दर्शक, दर्शनीय, दार्शनिक, प्रदर्शन, प्रतिदर्श आदि।

59
देवर और ननद

वस्तुतः देवर संस्कृत के 'देवृ' शब्द से बना है। उत्तर भारत की प्राय: सभी भाषाओं में यह थोड़ा बहुत रूप बदलकर प्राप्त होता है। यह जानना रोचक होगा कि देवर भारोपीय भाषा का बहुत पुराना शब्द है। इसके सजातीय शब्द लिथुआनियाई, रूसी, हिब्रू आदि भाषाओं में इसी अर्थ में मिलते हैं।

प्रवचन शैली में देवर की व्युत्पत्ति प्रायः इस प्रकार की जाती है, 'द्वितीयः वरः'। कुछ लोग इसका हल्का अर्थ करते हैं- वर का अर्थ केवल पति (हस्बैंड, स्वामी, रखवाला) मानकर। वर का वास्तविक अर्थ है श्रेष्ठ। पति भी केवल इसीलिए वर है कि वह पत्नी के लिए अन्य से श्रेष्ठ है। इसलिए यह प्रथम वर है और देवर उसके बाद का, दूसरे नंबर का वर अर्थात श्रेष्ठ है, पति नहीं।

एक और व्युत्पत्ति √दिव् (चमकना) से देवर शब्द को जोड़ती है 'दीव्यते अनेन इति', अर्थात जिसे देखकर चेहरे पर चमक आ जाए, जिसके साथ मन खिल उठे, वह देवर। ससुराल में नई आई बहू से उम्र में छोटा होने के कारण बहू इसके स्नेह से खिल उठती है। इसलिए भी वह देवर है।

अब बारी पति की बहन ननद की। संस्कृत में एक धातु है √नन्द् (प्रसन्न करना, होना), आनंद शब्द इसी से बना है। भारतीय भाषाओं में इसकी व्युत्पत्ति इस प्रकार है: संस्कृत ननन्दृ (ननान्दा) > प्राकृत

णणन्दा > सौरसेनी प्राकृत नन्द > हिंदी ननद। इसी से नेपाली, कुमाउँनी नन्द, गुजराती નણંદ, मराठी नणंद बने हैं। अन्य भारतीय भाषाओं में भी इसी से मिलते-जुलते शब्द हैं।

प्रयोगानुसार कुछ अर्थ छवियों पर ध्यान दें तो लगता है कितना अंतर है! ननद < न नन्द अर्थात जिसे खुश करना कठिन, जो भाभी से कभी ख़ुश न रहे (न नन्दति इति ननान्दा); दूसरी ओर कुमाउँनी में इसी रिश्ते को कहा जाता है नन्द अर्थात् भाभी से प्रसन्न रहने वाली! और जिसे देखकर भाभी भी आनंदित रहे।

प्यार का पुट लग जाने से लोक में ननद कहीं 'ननदी' हो जाती है तो कहीं 'ननदिया'। लोकगीतों में यही दो नाम मिलते हैं।

60
दंपति या दंपती

हिंदी में पति-पत्नी युगल के लिए तीन शब्द प्रचलन में हैं- दंपति, दंपती और दंपत्ति। इनमें अंतिम तो पहली ही दृष्टि में अशुद्ध दिखाई पड़ता है, पत्ति व्यंजन गुच्छ कोई अर्थ नहीं रखता। लगता है इसे संपत्ति-विपत्ति के अनुकरण पर गढ़ लिया गया है और मियाँ- बीवी के लिए चेप दिया गया है। विवेचन के लिए दो शब्द बचते हैं– दंपति और दंपती।

पत्नी और पति के लिए एकशेष द्वंद्व समास संस्कृत में है- दम्पती। अब क्योंकि दम्पती में पति-पत्नी दोनों सम्मिलित हैं, इसलिए संस्कृत में इसके रूप द्विवचन और बहुवचन में ही चलते हैं अर्थात पति-पत्नी के एक जोड़े को 'दम्पती' और दंपतियों के एकाधिक जोड़ों को 'दम्पतयः' कहा जाएगा।

वस्तुतः इसमें जो दम् शब्द है उसका संस्कृत में अर्थ है घर की स्वामिनी अर्थात पत्नी। धातु (क्रिया) और संज्ञा के रूप में भी दम् का प्रयोग ऋग्वेद से होता आ रहा है। वैदिक शब्दावली में दम का अर्थ है गृह, घर। ऋग्वेद में एक मंत्र है– राजन्तमध्वराणां गोपामृतस्य दीदिवम्। वर्धमानं स्वे दमे ॥ (१.१.८) यहाँ 'स्वे दमे' का अर्थ है अपने घर में। यह दम ही पश्चिमी भाषाओं में डोम/दोम बनकर पहुँचा। अंग्रेजी में dome, domain, domino, domestic, domicile आदि में यही दम है जिसे PIE का प्रकल्पनात्मक रूप * dome माना गया है।

'दम्' का मूल अर्थ बताया गया है पालन करना, दमन करना। पत्नी

134

घर में रहकर पालन और नियंत्रण करती है इसलिए भी वह 'घर' (दम) है। तुलनीय है कि आज भी लोक में घर का एक अर्थ पत्नी है।

संस्कृत व्याकरण में दम्पती का समास-विग्रह किया गया - जाया च पतिश्च दम्पती। फिर स्पष्ट भी किया गया 'जाया शब्दस्य दमादेशः' अर्थात जाया शब्द के स्थान पर दम् आदेश हो जाता है। 'जाया' शब्द 'दम्' बन जाता है।

इस प्रकार संस्कृत में तो 'दम्पती' शुद्ध है, किंतु हिंदी में 'दंपति', क्योंकि हिंदी में द्विवचन नहीं होता। मान भी लें तो पति का द्विवचन भी पती होना चाहिए, नहीं हो सकता। सो अतिशुद्धतावादी दंपती का आग्रह क्यों करते हैं।

अन्य भारतीय भाषाओं में भी दंपति ही है। 'दंपती' को हिंदी में चलाने के लिए व्याकरण को नए सिरे से लिखना होगा और उसे मनवाना भी पड़ेगा। भाषा अपना मार्ग स्वयं बनाती है, दंपती का आग्रह व्यर्थ है।

यह तर्क दिया जा सकता है कि दंपती तत्सम शब्द है और तत्सम को उसी रूप में रहने दिया जाता है। जी हाँ, दंपती तत्सम है, अब यदि सब तत्सम उसी रूप में रहने दिए जाएँ या रहने दिए गए होते तो तद्भव रूप कैसे बनते! तत्सम से ही तो तद्भव बनते हैं। इसलिए छेड़छाड़ न करने, वैसे ही बना रहने देने का तर्क टिकता नहीं है। फिर यह पक्षपात हम दंपती के लिए ही क्यों कर रहे हैं?

संस्कृत में अनेक शब्द हैं, जो 'एकशेष' के रूप में स्वीकृत हैं, जैसे :

देवः च देवी च (देव और देवी)- देवौ।
हंसः च हंसिनी च (हंस और हंसिनी)- हंसौ

इसी प्रकार अश्वौ, वृद्धौ, गायकौ, नर्तकौ, पुत्रौ आदि शुद्ध और सार्थक हैं।

क्या हम इनमें से किसी अन्य को भी हिंदी में ले रहे हैं? केवल एक शब्द के लिए हिंदी से छेड़छाड़ भी अक्षम्य होनी चाहिए।

एक बात और। मान भी लें कि दंपती तत्सम होने से उसे ही स्वीकार करना चाहिए, क्योंकि उसमें पति का द्विवचन पती है, तो कवि शब्द भी तो तत्सम है और पति की भाँति ही उसकी भी रूपरचना होती है। दो कवियों के लिए या कवि-कवयित्री या कवि पति-पत्नी जोड़े को 'कवी' क्यों नहीं कहते? स्पष्ट है कि शब्द चाहे संस्कृत के हों, नियम हिंदी में प्रयोग से स्थिर होंगे और उन पर हिंदी के व्याकरण नियम ही लगेंगे।

61
दूध और दुहिता

दूध और बेटी का साथ बहुत पुराना है, शायद इसलिए कि गौ (गाय) को दुहने का काम पहले बेटी ही करती रही हो। संस्कृत में √दुह् धातु दूध दुहने के अर्थ में है। इसी धातु से बने हैं दुग्ध (दूध)और दुहितृ (पुत्री)।

दुहितृ का संबंध पुरा भारोपीय PIE के $*d^hewg^h$ (संस्कृत √दुह्) से माना जाता है, और यूरोप और एशिया की अनेक भाषाओं में यह शब्द आज भी इसी अर्थ में उपस्थित है। इस जैसे अनेक शब्दों की व्यापक रोचक उपस्थिति सिद्ध करती है कि भाषाएँ परस्पर कितनी मिली हुई हैं।

अंग्रेज़ी में डॉटर daughter, पर्शियन, उर्दू में दुख़तर دختر, से तो हम सुपरिचित हैं। इनके अतिरिक्त अनेक मध्य एशियाई भाषाओं पश्तो, अवेस्ता, लिथुआनियन, इस्फ़हानी, हमादानी, ग्रीक, रूसी आदि में थोड़े से भिन्न उच्चारण के साथ किंतु इसी अर्थ में यह शब्द मिल जाएगा।

संस्कृत में कुछ अन्य शब्द भी दुह्/ दुहितृ से बने हैं। जैसे: दौहित्र (नाती), दौहित्री (नतिनी), दौहित्रायण (नाती का बेटा), दौहित्रायणी (नाती की पुत्री) आदि।

हिंदी में दुहना क्रिया इसी दुह् से व्युत्पन्न है। दोग्धा के अन्य अर्थ हैं - ग्वाला, अहीर, बछड़ा। दोग्धा श्री कृष्ण भी है, क्योंकि वे दोग्धा (गोपालक) समूह से हैं। कुछ अन्य शब्द हैं – दोहन, दुग्ध > दूध, दोग्धा (दुहने वाला)।

दोग्धा के प्रसंग में याद आया कि गीता की महिमा में कहा गया है:

सर्वोपनिषदो गावो दोग्धा गोपालनन्दनः ।
पार्थो वत्सः सुधीर्भोक्ता दुग्धं गीतामृतं महत् ॥

'समस्त उपनिषद गायों के समान हैं, उन्हें दुहने वाला ग्वाला श्रीकृष्ण है।
उस दुग्ध का प्रथम आस्वादन करने वाला बछड़ा अर्जुन है, और बछड़े के
पीने के बाद बचे हुए गीतारूपी अमृत का पान करने वाले शुद्ध बुद्धि वाले
जन हैं।'

62
धम, धमक, धमकी और धमाका

बचपन में टोका जाता था – 'धम-धम करके मत चलो। पैर इतना सँभलकर रखो कि पदचाप सुनाई न दे।' यह शिष्टाचार का अंग था कि पदचाप का स्वर तीव्र नहीं होना चाहिए। स्पष्ट है धम या या धम्म ध्वन्यात्मक शब्द है। कोई भारी वस्तु धम्म-से नीचे गिरती है। धम से बनता है धमक। धमक कर चलना वही है, जिससे हमें शिष्टाचार बरतते हुए बचने को कहा जाता था। सज-धजकर चलते हुए किसी की भी चाल में धमक आ ही जाती है, क्योंकि उसकी चमक-दमक के साथ ही साथ चमक-धमक भी आकर्षक होती है।

धमकना इससे मिलता-जुलता है, पहचान में शायद न आए कि इसमें भी ध्वन्यात्मक 'धम्म' है। कोई अचानक आ जाता है, तो वह धम की पदचाप करता हुआ ही आता होगा, किंतु जब संयुक्त क्रिया 'आ धमकना' बनती है, तो यह अचानक पहुँचने के लिए होती है। धमकना से ही धमकाना होना चाहिए, किंतु धमकाना न तो धमकना का सकर्मक रूप है, और न प्रेरणार्थक। वस्तुतः धमकाना बना है 'धमकी' से धमकी देना, नामधातु धमकियाना > धमकाना अर्थात डाँटना-फटकारना, डराना।

धमकी में धमक देखने भर की है, भाव में कहाँ लुभावनी धमक और कहाँ डरावनी धमकी! अपनी इच्छा के अनुसार किसी को काम करने के लिए बाध्य करना और न किए जाने पर उसका कोई अनिष्ट करने की

139

चेतावनी देना धमकी की अर्थ सीमा में आता है। धमकाना सह्य हो सकता है किंतु धमकी देना अपराध जगत तक व्याप्त हो सकता है।

इस परिवार का एक और शब्द याद आता है – धमाका। धमाका की धमक अपने परिवार के सभी शब्दों से अधिक धमाकेदार है। बहुत ज़ोर से धम-धड़ाक की आवाज़ धमाका (विस्फोट) है। आजकल धमाके गोला-बारूद से भी हो सकते हैं और (लाक्षणिक रूप में) किसी की पोल खोलने से भी। चुनावों में अधिक मतों से जीतने वालों के लिए भी कहा जाता है – धमाकेदार जीत।

63
धाँसू और घोंचू

मुंबइया हिंदी में बढ़िया के लिए प्रचलित शब्द हैं – झकास, धाँसू, कड़क, ढिंचेक, रापचिक। धाँसू मिर्च की तीखी झौंस (गंध) से हो सकता है। झौंस को धाँस भी कहा जाता है। मराठी में धाँस को ढाँस/ढाँसू भी कहते हैं। तीखी धाँस वाली कोल्हापुरी मिर्च से भरपूर चाट बड़ी धाँसू होती है।

इनमें 'धाँसू' की अर्थ छवियाँ बहुत हैं। यह तीखा, चटपटा, बढ़िया, शानदार, आकर्षक, तड़क-भड़क वाला, बलिष्ठ, तगड़ा गज़ब का, अनुपम आदि अर्थों में प्रयुक्त होता है। अंग्रेज़ी में great, wonderful, brilliant, gorgeous, stunning, super, formidable इत्यादि विशेषणों के लिए विशेषकर युवा पीढ़ी द्वारा प्रयोग किया जाता है।

'घोंचू' देशज (अज्ञात व्युत्पत्तिक) शब्द है जिसका अर्थ है निपट मूर्ख, नासमझ। घोंचा (बैल) से बना विशेषण है घोंचू।

कहीं 'घोंघा' बैल को भी कहा जाता है। इसलिए घोंचू का अर्थ बैल बुद्धि संभव है।

मूर्ख को लक्षणा में गधा या बैल के रूपक से संकेत किया जाता रहा है। संस्कृत में प्रसिद्ध उक्ति है 'गौर्बाहीकः'। अर्थात बाहीक देश (पंजाब) के लोग गौ (बैल सीधे-सादे) होते हैं।

64
नख चर्चा

नख (नाखून) अब तो खुजाने-चुभाने के काम के रह गए . . .।

हजारीप्रसाद द्विवेदी का कहना था - नाखूनों का होना इस बात का प्रमाण है कि मनुष्य कभी अपने अस्तित्व के लिए नाखूनों पर निर्भर था। वह अब भी 'नख-दंतावलंबी' जीव है।

अमीर खुसरो को एक दिन जाने क्या सूझी कि सुबह-सुबह हत्याएँ करने बैठ गए। एक-दो के नहीं, पूरे बीस के सिर उड़ा दिए लेकिन कानून तो कानून है; बीस सिरों को कलम करने के बाद भी कानून की नजर से साफ़ बच गए और लिख दिया कि सनद रहे:

'बीसों का सिर काट लिया

ना मारा ना ख़ून किया . . .'

अब तो हम-आप भी 'सिर काटने का' यह काम कर लेते हैं और अमीर खुसरो की भाँति ही साफ बच निकलते हैं।

नाखून की व्युत्पत्ति ढूँढ़ना कठिन नहीं है। उर्दू/हिंदी में यह फ़ारसी से आया माना जाता है, किंतु इसका पूर्वज नख यहीं का है। संस्कृत में नख की कहानी अवश्य कुछ रोचक है। इसमें वर्णों के उलट-फेर का चक्कर है। नख बना है संस्कृत √खन् (खोदना) से। खोदने के उपकरणों में मनुष्य के पास प्रकृति का दिया हुआ एक प्राचीनतम उपकरण है, तब से मनुष्य के साथ बना हुआ है, जब वह वन्य पशुओं के साथ वनों में विचरण करता था, वह

है उसका आदिम औजार नाखून, जो मांस, कंदमूल, फल-फूल को खोदने-नोचने के काम आता था। आपसी लड़ाई में, लड़ने में भी तीखे नाखून शस्त्र की भाँति प्रयुक्त होते थे। खन् का वर्ण विपर्यय हुआ और शब्द बना नख।

यही नख पुरा भारोपीय (PIE) *h3nog^{h}– से प्राचीन ग्रीक में ओनख, अल्बानियाई में न्येल, अंग्रेज़ी में नेल, लिथुआनियन् में नगस्, रूसी में नगा, फ़ारसी में नाख़ून बनकर फिर से भारत आ गया।

अब नाखून को विदेशी मानें या स्वदेशी?

नख से बने कुछ यौगिक शब्द चलन में हैं-विशेषकर साहित्यिक रचनाओं में। किसी नायिका के पैर के नख से सिर तक की चोटी तक संपूर्ण अंगों का सौंदर्य चित्रण 'नख-शिख' वर्णन कहा जाता है। शृंगारी काव्य में ही नायिका के शरीर पर नाखूनों के घाव 'नखक्षत' या नखचिह्न कहे जाते हैं। मेंहदी का एक नाम नखरंजनी है और मेंहदी लगाने वाले को नखरंजक कहा जाता है। किसी विशेष अवसर पर नखों का क्षौर (क्षुर=काटना) नखक्षुर > नखछू > नहछू कहा जाता है। जैसे रामलला के नाखून पहली बार काटने के उत्सव पर तुलसीदास की रचना – 'रामलला नहछू'।

65
नल और बंबा

पुराण कथाओं में निषध देश के विख्यात राजा नल को अगर थोड़ी देर के लिए भूल जाएँ तो संस्कृत में 'नल' शब्द नरकुल घास के लिए प्रयुक्त हुआ है। इसी नरकुल से लेखनी बनाई जाती थी, जिसका उपयोग लगभग सौ वर्ष पहले तक बहुत होता रहा है। शहनाई आदि कुछ सुषिर वाद्यों की फूँक मारने वाली नलकी (पींपनी) भी इसी नरकुल से बनती थी। नरकुल घास की विशेषता है कि इसके छोटे-से तने के टुकड़े भीतर से पोले होते हैं। इस पोलेपन को लेकर ही आगे चलकर धातु या काष्ठ के बने ऐसे टुकड़े को भी नल/नाली कहा जाने लगा जो भीतर से पोले बनाए जाते थे, और फूँकने या पानी ले जाने आदि के लिए प्रयुक्त होते थे। आगे चलकर इनका व्यापक उपयोग जलवहन में होने लगा। अर्थ विस्तार हुआ और यह पानी के अर्थ में भी प्रयुक्त होने लगा। जैसे – नल आ गया, नल चला गया।

बिहारी ने तो नर की विनम्रता को नल के पानी से जोड़ते हुए यहाँ तक कह दिया :

'नर की अरु नल-नीर की, गति एकै कर जोइ।
जेतो नीचो ह्वै चलै, तेतो ऊँचो होइ॥'

पिछली सदी के अधिकांश वर्षों में घरों, स्नानागारों, शौचालयों में जल वितरण के निजी साधन कम लोगों के पास हुआ करते थे। मैदानी गाँवों में

कुआँ, बावड़ी, तालाब, नदी और पहाड़ी स्थानों पर झरने, नौले, सोते आदि हुआ करते थे। कस्बों और शहरों में कुछ केंद्रीय तथा सुविधाजनक स्थानों पर सार्वजनिक नलों की व्यवस्था होती थी जिन्हें बंबा कहा जाता था।

यह बंबा शब्द यों तो पंप से मिलता-जुलता है किंतु मूलतः यह पुर्तगाली भाषा का है। पुर्तगाली से ही संभवतः अंग्रेज़ी में पहुँचा हो। गुजराती में बंबो, मराठी में बम्ब, पंजाबी में बम्बी भी इसी बंबा से जन्मे हैं। इटालियन भाषा में भी यह बॉम्बा ही है, जहाँ इसे मूलतः लैतिन के 'बॉम्बस' से व्युत्पन्न माना जाता है। पुर्तगालियों के साथ यह शब्द अनेक समुद्र और दो-तीन महाद्वीपों को पार करने के बाद भारत पहुँचा और यहाँ पूरी तरह देसी ढाँचे में ढलकर बंबा बन गया।

हिंदी में कहीं-कहीं विशेष आग्नेयास्त्र के लिए अंग्रेज़ी शब्द बॉम्ब (bomb) को भी बंब लिखने लगे हैं। इसकी वर्तनी 'बम' भी है, चाहे दीवाली वाला हो या हमले वाला।

66
न से निषेध

निषेध के लिए न या न ध्वनि वाले शब्द विश्व की अनेक भाषाओं में हैं और नहीं कहने के लिए शायद मानव की सहज प्रतिक्रिया का प्रतिबिंब है। वह या तो शरीर भाषा से असहमति, निषेध व्यक्त करता है या न ध्वनि वाले किसी शब्द से।

शब्द स्तर पर निषेध या अभाव जताने के लिए हिंदी में अपनी व्यवस्थाएँ हैं जो प्रायः कुछ उपसर्गों के सहारे व्यक्त की जाती हैं। कुछ उपसर्ग हिंदी के अपने हैं, कुछ संस्कृत परंपरा से प्राप्त हैं और कुछ अरबी या फ़ारसी के।

i) व्यंजन से प्रारंभ होने वाले शब्दों से पूर्व 'अ-' उपसर्ग; जैसे : अन्याय, असुरक्षा, अभाव, असीम, अगाध, अखंड, अकाट्य, अपढ़, अबूझ, अमोल।

ii) स्वरों से प्रारंभ होने वाले शब्दों से पूर्व 'अन्-' जैसे: अनधिकार, अनर्थ, अनुपम, अनावश्यक, अनंत, अनादि।

iii) कभी-कभी निषेधार्थक अव्यय 'न' ही बना रहता है, जैसे: नगण्य, नास्तिक, नचिर, नपुंसक।

iv) हिंदी का 'अन' उपसर्ग संस्कृत से आए अन् से भिन्न है। यह तत्सम शब्दों से इतर तद्भव या देशज शब्दों से जुड़ता है। जैसे: अनबन, अनपढ़, अनजान, अनहोनी, अनमोल, अनचाहा, अनमना, अनदेखा, अनसुना, अनकहा।

v) अभाव या रहितता के लिए निः (जो संस्कृत व्याकरण के नियमानुसार चार रूपों में दिखाई पड़ता है- निर्/निश्/निष्/नी)। यह केवल तत्सम शब्दों के साथ जुड़ता है; जैसे:

- निर्विरोध, निरापद, निरादर, निराधार।
- निश्शुल्क, निश्चेतन, निश्चल, निश्चिंत, निश्छल।
- निष्पक्ष, निष्कंटक, निष्कंप, निष्कपट, निष्पक्ष, निष्काम।
- नीरोग, नीरव, नीरस

vi) अरबी/ फ़ारसी से आगत शब्दों से पूर्व

- 'ना-' नालायक (अयोग्य), नासाज़ (प्रतिकूल, अस्वस्थ), नाफ़रमानी (आज्ञा न मानना), नाकाबिल, नाचीज़ (तुच्छ)।
- 'बे-' बेखौफ (निडर), बेअक्ल (निर्बुद्धि), बेवजह (अकारण), बेकार (व्यर्थ), बेनाम, बेलाग (खरा), बेदाग (निष्कलंक)
- तद्भव या देशज शब्दों के साथ भी 'बे-' जुड़ता है, जैसे : बेजोड़, बेकाम, बेढब, बेबस, बेखटक, बेसिरपैर।

आदर के दो विपरीतार्थक प्रचलित हैं–

निरादर और अनादर, किंतु दोनों के प्रयोग में थोड़ा-सा अंतर भी है। अनादर (अन्+आदर) में अन् उपसर्ग आदर का सर्वथा अभाव सूचित करता है। इतना ही नहीं, इसमें असम्मानित करने, बेइज़्ज़त करने का भाव भी निहित है।

निरादर (निर्+आदर) का अर्थ होगा आदर के बिना, आदर रहित। किसी का निरादर करने का अर्थ उसे असम्मानित करना नहीं है। निरादर करते हुए आप आदर तो नहीं कर रहे हैं, लेकिन अपमान भी नहीं कर रहे हैं।

आवश्यक नहीं कि अनादर/निरादर का प्रयोग करने में हम इतने सावधान रहते हों।

67

नमस्ते के साथ-साथ

जब दो परिचित या अपरिचित व्यक्ति आपस में मिलते हैं तो कार्य व्यापार प्रारंभ होने से पहले परस्पर अभिवादन किया जाता है। यह अभिवादन उनकी उम्र, शिक्षा, सामाजिक स्तर, लिंग, जाति, परस्पर विश्वास तथा अन्य अनेक कारकों पर निर्भर होता है, और इन्हीं के आधार पर अभिवादन के कुछ शब्द समाज स्वीकृत हो जाते हैं। हिंदी के संदर्भ में तीन बहुप्रचलित शब्द सबसे पहले याद आते हैं– नमस्ते, नमस्कार और प्रणाम। तीनों का मूल एक है संस्कृत की √नम् धातु, जिसका अर्थ है झुकना, विनम्र होना।

यों भारत में अभिवादन के लिए बीसियों शब्द प्रचलित हैं। राम-राम, राधे-राधे, जय श्री कृष्ण, जुले, सत श्री अकाल, जय जिनेंद्र, ढाल करूँ, पायलागी, पैरी पैणा, नमो नारायण, अलख निरंजन और भी अनेक; किंतु देश भर में सर्वाधिक प्रचलित अभिवादन है–नमस्ते।

नमन, नमस्ते, नमस्कार, प्रणाम इन सबमें झुकने का भाव प्रधान है क्योंकि ये सभी नम धातु से बने हैं जिसका अर्थ है झुकना। हम जिसे भी नमन कर रहे हों उसके सामने हमारे शरीर की मुद्रा किसी न किसी रूप में झुकने की होती है। वह चाहे थोड़ा-सा सिर झुकाने की हो, चाहे सिर सहित धड़ झुकाने की हो, चाहे दंडवत अर्थात लाठी के समान चरणों के सामने लेटने की हो या साष्टांग प्रणाम करने की हो; इन सब में 'नमन' प्रधान कर्म है, । हम नमन नहीं कर पाएँ तो मुँह से नमन के किसी पर्याय को केवल बोलकर अपनी विनम्रता और अपना अभिवादन व्यक्त करते हैं।

नमस्ते, नमस्कार, प्रणाम के बारे में प्रायः शंका की जाती है कि क्या इनमें कोई भेद है या तीनों में से किसी का भी प्रयोग किया जा सकता है। यों तो यह इस बात पर भी निर्भर करता है कि आपके परिवार या समाज में परंपरा से क्या प्रचलित है, फिर भी इनके अर्थ में सूक्ष्म, किंतु स्पष्ट अंतर है।

नमस्ते एक पूरा वाक्य है। नमः ते अर्थात नमस्कार करता हूँ आपको। आपके सामने जो भी वंदनीय उपस्थित हो उसे नमस्ते कहा जाता है। नमस्कार का अर्थ है नमन करने का भाव। इसका पूरा वाक्य बनेगा–मैं नमस्कार करता हूँ। यह एक सामान्य उद्घोषणा जैसा है। 'नमस्कार' करते हुए आप व्यक्तिगत रूप से किसी एक के प्रति नमन का भाव व्यक्त नहीं कर रहे हैं। इसे एक से अधिक लोगों को सामूहिक रूप से नमस्कार कह सकते हैं। प्रणाम में 'प्र'-उपसर्ग होने से यह विशिष्ट भाव का व्यंजक है। 'प्रकर्षेण नमनम्'। विशेष रूप से गुरुजनों या देवता को प्रणाम किया जाता है। इसका एक भेद साष्टांग प्रणाम है, जो अब किया कम जाता है, लिखने की प्रथा अधिक है। साष्टांग प्रणाम आठ अंगों को झुका कर भूमि पर एक दंड की भाँति लेटकर किया जाने वाला नमन है। वे आठ अंग हैं :

दोर्भ्यां पद्भ्याञ्च जानुभ्यामुरसा शिरसा दृशा
मनसा वचसा चेति प्रणामोऽष्टाङ्ग ईरितः ॥

(दो पैर, दो जाँघें, छाती, सिर, आँखें, मन और वाणी से किया जाने वाला नमन।)

शरीर से किए जाने वाले नमस्कार के छह प्रकार माने जा सकते हैं :

* केवल सिर झुकाना।
* केवल हाथ जोड़ना।
* सिर झुकाना और हाथ जोड़ना।
* हाथ जोड़ना और दोनों घुटने झुकाना।
* हाथ जोड़ना, दोनों घुटने और सिर झुकाना।
* दंडवत प्रणाम जिसे 'साष्टांग प्रणाम' भी कहा जाता है।

'नमस्ते' शब्द और उसके साथ अभिवादन का भारतीय ढंग कोरोना संत्रास के कारण विश्वव्यापी हो गया था। विश्व के अधिकांश देशों में इसका अर्थ और तात्पर्य समझा जाने लगा और इसका प्रयोग भी किया जाता है। फैशन के तौर पर भी कई जगह नमस्ते बोलने का रिवाज है। यद्यपि पश्चिम में 'नमस्ते' भावमुद्रा सहित अर्थात दोनों हथेलियाँ मिलाकर सिर को थोड़ा झुकाकर बोला जाता है, लेकिन भारत में यह माना जाता है कि भावमुद्रा का अर्थ नमस्ते ही है, और इसलिए इस शब्द का बोलना इतना आवश्यक नहीं माना जाता है।

नमस्कार संज्ञा अर्थात नमस्कार करने का भाव है। हम किसी को नमस्कार करते हैं तो नमस्कार का भाव ही प्रकट कर रहे होते हैं, इसलिए व्यवहार में दोनों समान हैं।

फिर भी सामाजिक चलन का अपना महत्त्व होता है। कुछ लोगों में नमस्कार कह कर ही प्रणाम किया जाता है, वे नमस्ते को रूखा मानते हैं और वरीयता नहीं देते। दूसरे समाज में इसका उल्टा भी है। वे नमस्कार को अटपटा मानते हैं। इसी प्रकार कुछ अंचलों में नमस्ते या नमस्कार की अपेक्षा प्रणाम को अधिक महत्त्व दिया जाता है। प्रायः अपरिचितों के लिए नमस्ते का प्रयोग होता है, पारिवारिक व्यवहार में और गुरुजनों के लिए प्रणाम का। चरण स्पर्श, पायलागी, पैरी पैणा जैसे कुछ अभिवादन धर्मगुरु, शिक्षक, माता-पिता के लिए हैं। चरण स्पर्श प्रायः गुरु के अतिरिक्त अपने ही परिवार के बुजुर्गों के किए जाते हैं, अन्य किसी व्यक्ति के नहीं।

केरल में यह नमस्ते ही नमस्कारम् बन जाता है, तो कर्नाटक में नमस्कारा। तमिलनाडु में नमस्कारम् के साथ-साथ एक द्रविड़ शब्द भी लोकप्रिय है: वणक्कम्। आंध्र में नमस्कारमु कहा जाता है।

नेपाल के निवासी भी अभिवादन के लिए नमस्कार का प्रयोग करते हैं। श्रीलंका में 'आयुबोवन' अभिवादन के लिए कहा जाता है।

कुछ भाषाओं में एक ही शब्द या संकेत किसी का स्वागत करने के लिए और उससे विदा होने के लिए भी प्रयुक्त होता है। उदाहरण के लिए अंग्रेज़ी में 'गुड डे', अरबी में 'अस्सलामु अलैकुम' जो भारतीय मुस्लिम समाज में प्रचलित है। सिर-झुकाना और हाथ मिलाना भी मिलने और विदा करने दोनों अवसरों के लिए प्रयुक्त होता है।

68
न, ना, नहीं और मत

न, ना, नहीं और मत इन चारों का प्रयोग हिंदी में निषेध के लिए होता है। नहीं सामान्यतः वाक्य के कथन को नकारता है, उसका खंडन करता है। भाई नहीं खेलेगा, बहन नहीं गाएगी जैसे वाक्यों में 'नहीं' वाक्य के शेष कथन के घटित न होने का संकेत करता है।

मिश्र वाक्य रचना में 'नहीं' प्रायः मुख्य उपवाक्य के कथन को एक स्वतंत्र उपवाक्य के रूप में नकारता है, जिसे प्रति वक्तव्य वाक्य या अल्पांग वाक्य कहा जाता है।

- सम्मेलन परसों होगा, कल नहीं। (कल नहीं होगा)
- क्या तुम जाओगे? नहीं। (मैं नहीं जाऊँगा)

प्रति वक्तव्य, अल्पांग वाक्य में 'नहीं' को 'ना' से बदला जा सकता है, जैसे :

- तुम गए थे? नहीं~ना। (मैं नहीं गया)

तथ्येतर क्रियाओं के साथ अधिकतर न आता है:

- भगवान न करें।
- कहीं बारिश न हो जाए।
- बच्चे शोर न मचाएँ।
- आप न आते तो क्या होता!

152

अप्रत्यक्ष विधि (आज्ञार्थक) के निषेध में क्रिया से पहले न लगता है और क्रिया के बाद नहीं:

- अभी न जाना। अभी जाना नहीं।

दो उपवाक्यों के बीच योजक के रूप में केवल न (न . . . न, न केवल . . . बल्कि, चाहे . . . न आदि)।

- न शक्ल, न सूरत; न जान, न पहचान; न अपना, न पराया; न काम, न धंधा; न चाय, न कॉफ़ी; न घर में, न बाहर; न केवल मैं, बल्कि (अमुक भी); चाहे करें, चाहे न करें।

ऐसी वाक्य रचनाओं में न के स्थान पर नहीं का प्रयोग नहीं होता, 'न ही' का हो सकता है।

- न शक्ल, न ही सूरत; न जान, न ही पहचान।

कुछ पुनरुक्ति वाले पदों में, जो प्रायः क्रियाविशेषण या विशेषण होते हैं, न का ही प्रयोग होता है:

कभी न कभी, कहीं न कहीं, कोई न कोई, किसी न किसी, यहाँ न वहाँ, ऐसा न वैसा।

निषेध सूचक 'न/ना' अव्यय कभी-कभी अर्थ की दृष्टि से निषेध सूचक नहीं भी होता। तब इसमें ऐसा आग्रह होता है, जो स्वीकृति की अपेक्षा करता है, या कथन पर बल देता है, जैसे :

- आप आएँगे ना ? (आप आएँगे ही, हमें तो पुष्ट करना है)।
- हम गए थे ना! (हाँ, हम गए तो थे, तुम्हें याद नहीं)।
- मैंने बताया था ना। (मैंने बताया था, तुम याद करो)।

न, नहीं यों तो समानार्थी हैं, किंतु प्रत्येक स्थिति में एक को दूसरे के लिए विकल्प से नहीं कहा जा सकता। जैसे जब प्रश्नवाचक वाक्य में हाँ या ना के रूप में सीधा उत्तर अपेक्षित हो :

- तुम वहाँ जाओगे न/ना ?
- तुम वहाँ जाओगे नहीं?
- तुम वहाँ जाओगे कि नहीं? (तुम वहाँ जाओगे या नहीं?)

दूसरे, तीसरे वाक्य का ठीक वही अर्थ नहीं है जो पहले का है।

वस्तुतः 'कि नहीं', 'या नहीं' वाले वाक्य में नहीं निषेधवाचक अव्यय न होकर संयुक्त वाक्य का एक स्वतंत्र उपवाक्य है। इन वाक्यों में नहीं को न से स्थानापन्न नहीं किया जा सकता है।

वे दिनभर तो वहाँ रहेंगे न ? इस अर्थ में इसका प्रयोग प्रश्नात्मक वाक्य के अंत में ही होता है।

रंजक क्रियाओं के साथ न, नहीं का प्रयोग प्रायः नहीं होता। ऐसे वाक्यों में निषेध के लिए 'नहीं' के आने पर रंजक क्रिया ही लुप्त हो जाती है। लिंग, वचन काल आदि की सूचना देने की प्रक्रियाएँ मुख्य क्रिया पर ही होती हैं। जैसे 'लिख दिया' का निषेध 'नहीं लिख दिया' नहीं होगा, 'नहीं लिखा' होगा।

इसी प्रकार :

- आ गया। नहीं आया।
- उठ बैठा। नहीं उठा।
- काम कर लिया। काम नहीं किया।

न/ नहीं के कुछ विशिष्ट प्रयोग भी हैं।

नहीं तो – (इसके न होने की दशा में) जैसे :

- आप सवेरे ही मेरे पास पहुँच जाइए, नहीं तो काम नहीं बनेगा।
- काम पूरा करो, नहीं तो मजूरी नहीं मिलेगी।

'नहीं सही' के प्रयोग में

क्रिया न हो तो भी स्थिति को स्वीकारने का भाव होता है। जैसे :

- यदि आप न पढ़ें तो नहीं सही।

- अनुमति न मिले तो नहीं सही।

'मत' भी निषेधवाचक अव्यय है, और आदेश के प्रत्यक्ष विधि वाले वाक्य में प्रयुक्त होता है। विधि वाक्य में न/नहीं का स्थानापन्न हो सकता है।

- न जाना/नहीं जाना > मत जाना।
- न जाइए/नहीं जाइए > मत जाइए।
- न खाओ/नहीं खाओ > मत खाओ।

वाक्य के पदक्रम में 'मत' सामान्यतः क्रिया से पहले ही आता है, किंतु यदि स्थान बदलें तो प्रसंग और अनुतान के अनुसार अर्थगत भिन्नता हो सकती है, जैसे :

- तुम मत जाओ। (सामान्य निषेध का परामर्श)
- जाओ मत तुम। (निषेध)
- तुम जाओ मत। (आदेशात्मक निषेध)
- तुम जाओ ही मत। (बलपूर्वक निषेध)

69
'ने' की मनमानी

हिंदी सीखने-बोलने वाले के मार्ग में जो अनेक भटकाऊ मोड़ आते है, उनमें एक है 'ने' । इसे कर्ता कारक का चिह्न माना जाता है। किशोरीदास वाजपेयी इसे संस्कृत के कर्मवाच्य का अवशेष मानते हैं, और 'ने' वाक्यों के विचित्र स्वभाव को देखते हुए ऐसी वाक्यरचना को ही कर्मवाच्य मानते हैं। अन्य विद्वान इसे मानते तो कर्तृवाच्य ही हैं, फिर भी इसके लिए कुछ बंधन निर्धारित कर देते हैं, किंतु उनसे मामला पूरा सुलझता नहीं। 'ने' के मामले में पूरे हिंदी क्षेत्र में ही एकरूपता नहीं है। असल में यह 'ने' अधिकतर पश्चिमी उत्तर प्रदेश में प्रचलित है, यही शायद इसकी जन्मभूमि भी है। सो वाराणसी से पश्चिम की ओर पंजाब तक इसका प्रयोग शुद्ध होना चाहिए था, पर वहाँ भी अशुद्ध प्रयोग मिलता है। पूर्वी हिंदी के लिए तो यह अनोखा मेहमान है। वहाँ 'ने' के बिना वाक्य सहज रूप से बनता है। जैसे; 'हम कहे थे, हम खाना खा लिए हैं' आदि, किंतु मानक व्याकरण ऐसे प्रयोगों को अशुद्ध मानता है! इसलिए नियमानुसार 'हमने कहा था, हमने खाना खा लिया' कर लिया जाता है। जब हिंदी भाषियों में ही स्थिति साफ़ नहीं तो हम उनकी क्या कहें जो हिंदी सीख रहे हैं। हिंदी सीख रहे अहिंदी भाषी का इससे डरना अकारण ही नहीं है।

हिंदी सर्वनामों के कुछ प्रयोगों में 'ने' के बारे में न केवल एकरूपता नहीं है, वरन उनमें कोई तार्किक या व्याकरणिक आधार भी नहीं दिखाई पड़ता। यह कर्ता कारक में जुड़ता है और स्पष्ट नियम है कि भूतकाल में

156

सकर्मक क्रिया के साथ ही 'ने' का प्रयोग होता है। फिर भी क्रिया से '-ना' जोड़कर बनाए गए संज्ञा शब्दों के साथ इस प्रकार के वाक्य खूब चल रहे हैं :

- मजदूर ने काम पूरा करना है।
- शिल्पा ने दो बजे पहुँचना था।
- पत्रकार ने तो यही लिखना था।
- मैंने काम पर जाना है।

उपर्युक्त सभी वाक्य व्याकरण की दृष्टि से अशुद्ध हैं, यद्यपि हिंदी क्षेत्र में, विशेषकर पश्चिमी उत्तर प्रदेश, हरियाणा, राजस्थान में ये बहुत सुने जाते हैं। असल में यहाँ कर्ताकारक का 'को' प्रत्यय जुड़ना चाहिए, 'ने' नहीं। इसलिए शुद्ध वाक्य होंगे :

- मजदूर को काम पूरा करना है।
- शिल्पा को दो बजे पहुँचना था।
- पत्रकार को तो यही लिखना था।
- मुझको/मुझे काम पर जाना है।

एक सहज प्रश्न उठता है कि यदि ये ऊपर दिए गए 'ने' वाले प्रयोग अशुद्ध हैं तो हिंदी में इतने व्यापक रूप से क्यों प्रयुक्त होते हैं। सच तो यह है कि कोई सरलता से मानता ही नहीं कि ये वाक्य अशुद्ध हैं। इसका कारण यह है कि हिंदी की कुछ बोलियों, उपभाषाओं और पड़ोसी भाषाओं में कर्ताकारक में भी 'ने' का प्रयोग हो रहा है और उसी अनुकरण में यह हिंदी में संक्रमित हो गया है, जबकि हिंदी में कर्ताकरक में 'ने' के प्रयोग का नियम है कि भूतकाल में सकर्मक क्रिया के साथ ही इसका प्रयोग होता है। हिंदी के आस-पड़ोस की बोली-भाषाओं की तुलना में इसे समझ सकते हैं :

- भैया नें आनो है। (ब्रजभाषा)
- भाई नें आणो छे। (राजस्थानी/गुजराती)
- भाई ने आणु छे। (गढ़वाली)

सुरेश पंत

- भाई नू आणा है। (पंजाबी)
- भाई ने आणा है। (हरयाणवी)
- भाई ने आना है। (हिंदी)

इसी आधार पर हिंदी में सर्वनामों के साथ इस प्रकार के प्रयोग भी अशुद्ध होंगे :

- मैंने नौ बजे जाना है। > मुझे नौ बजे जाना है।
- तुमने कुछ नहीं बोलना। > तुम्हें कुछ नहीं बोलना।
- उसने मंच पर प्रस्तुति देनी है। > उसे मंच पर प्रस्तुति देनी है।
- सारी ज़िम्मेदारी आपने सँभालनी है। > सारी ज़िम्मेदारी आपको सँभालनी है।
- उन्होंने यहाँ आकर समझाना था > उन्हें यहाँ आकर समझाना था।

'ने' के प्रयोग का सीधा (?) नियम यह है कि वाक्य रचना सकर्मक क्रिया, भूतकाल में हो तभी कर्ता के साथ 'ने' जुड़ता है। जैसे :

- मैंने रोटी खाई।
- आपने कविताएँ लिखीं।
- उसने रहस्य खोल दिया।

इस नियम के भी अपवाद हैं। कुछ अकर्मक क्रियाओं के साथ भी 'ने' जुड़ जाता है, जैसे : नहाना, खाँसना, छींकना और कुछ सकर्मक क्रियाओं के साथ प्रायः नहीं भी जुड़ता, जैसे : बकना, बोलना, भूलना।

- उसने छींका।
- मैंने खाँस दिया।
- किसने नहाया था।
- वह बोला।
- तुम भूल गए।

इस 'ने' की एक अन्य दारुण भूमिका से आप शायद परिचित न हों। वह
है रिश्ता तोड़ने वाली भूमिका। प्रायः सभी भाषाओं में कर्ता और क्रिया का
रिश्ता अटूट माना जाता है। अर्थात किसी भी वाक्य में कर्ता के अनुसार ही
क्रिया होती है। हिंदी में भी यह वैश्विक नियम है, पर तभी तक, जब तक
कर्ता से 'ने' न जुड़ा हो। यहाँ 'ने' के कर्ता से जुड़ते ही उसके मन में अपनी
जीवन संगिनी क्रिया के प्रति मानो उदासीनता का भाव पैदा हो जाता है,
और वह क्रिया से विमुख हो जाता है। यों कहिए कि दोनों में संबंध विच्छेद
हो जाता है! कर्ता का आसरा छूटने पर विवश होकर क्रिया कर्म से संबंध
जोड़ लेती है। देखिए :

कर्ता-क्रिया संबंध –

- सुधा कविता पढ़ती है।
- मोहन खाना खाता है . . .

'ने' के आ जाने पर क्रिया कर्म के अनुसार

- सुधा ने कविता पढ़ी, पत्र पढ़ा, सन्देश पढ़े।
- मोहन ने खाना खाया, रोटी खाई, पूरियाँ खाईं।

प्यार के दुश्मनों को यहाँ भी चैन नहीं। वे कर्म और क्रिया के बीच भी 'को'
का पहरा बिठा देते हैं, और निराश क्रिया लौकिक संबंधों से विरक्त होकर
कर्ता और कर्म दोनों से विमुख होकर अपनी अलग पहचान बना लेती है –
सदा अन्य पुरुष, पुल्लिंग, एक वचन में रहती है! जैसे :

- सुधा ने कविता को पढ़ा, पत्र को पढ़ा, संदेशों को पढ़ा।
- मोहन ने पराठे को खाया, पूरी को खाया, पूरियों को खाया।

हिंदी में 'ने' की कुछ और मनमानियाँ और भी दिखाई पड़ती हैं। उनमें

एक है यह और वह का कर्ता कारक में बहुवचन रूप बनाते हुए '-न्हों' का निषेध कर उसके स्थान पर 'ने' से पहले '-न' का प्रयोग। प्रभाष जोशी और प्रभाकर माचवे जैसे प्रसिद्ध लेखकों के मुँह से मैंने ऐसे वाक्य सुने हैं : 'उनने कहा', 'इनने बताया', 'किनने पूछा था' आदि। कारण पूछने पर एक बार माचवे जी ने हँसकर कहा था, 'इसे हिंदी को मालवा की देन मान लो!' और यह सत्य भी है। मालवी और ब्रज में ये ही प्रयोग हैं। हिंदी में भी केवल यह, वह, कौन सर्वनामों के कर्ताकारक के बहुवचन में ही 'न्हों' न जाने कैसे आ विराजा है, शेष किसी भी कारक में नहीं है : उनको, उनसे, उनका, उनके लिए, उनमें–कहीं भी 'न्हों' के दर्शन नहीं होते। सर्वत्र 'न' है, तो कर्म में भी 'न' ही क्यों न हो ? स्पष्ट है कि यह बोलियों से ही आया है, और हिंदी (खड़ी बोली) क्षेत्र के बहुमत के सामने इसे झुकना पड़ा है।

इस सब के बाद 'ने' से डरने की आवश्यकता नहीं है। विश्व की कोई भाषा ऐसी नहीं है, जिसकी रचना के नियमों में अपवाद न हों। संस्कृत में भी अपवाद हैं, पर अपवादों के भी नियम होते हैं। कोई भाषा पहले व्याकरण के नियम सीखने के बाद नहीं सीखी जाती। पहले भाषा, फिर नियम।

हिंदी के बारे में भी यही सच है।

70
निदेश, निर्देश और आदेश

निर्देश में आज्ञा या आदेश जैसी बाध्यता तो नहीं, व्यापकता अवश्य है। व्यापक रूप से और सामान्यतः निदेश या निर्देश हितैषी ही होते हैं; जैसे डॉक्टर रोगी को निर्देश देता है या शिक्षक छात्रों को प्रश्नपत्र हल करने के बारे में निर्देश देते हैं।

वस्तुतः 'निर्देश' संदेशवाहन की एक प्रक्रिया है, जिसमें प्रेषित संदेश को विश्वास के साथ ग्रहण कर लिया जाता है। आदेश में यह विशेषता होना ज़रूरी नहीं। निर्देश का प्रयोग प्रायः सूचना देना, बताना, मार्ग दिखाना आदि है, जैसे :

- सभी प्रश्न हल करने हैं। (सूचना)
- आप नहीं होंगे तो हमारा निर्देशन कौन करेगा? (मार्ग दर्शन)
- निर्दिष्ट अनुच्छेद में स्पष्ट लिखा है। (बताए हुए/निर्देश किए हुए}

प्रबंधन की शब्दावली में भी आदेश और निर्देश को भिन्न माना गया है, और दोनों की एकात्मता पर बल दिया जाता है। प्रबंधन की भाषा में कुशलतापूर्वक कार्य संपादन के लिए सक्षम अधिकारी और अधीनस्थ के बीच सीधा संवाद आदेश है, जब कि समान उद्देश्य के लिए अधिकारी अथवा समूह प्रमुख काम कर रहे समूह के लिए संप्रेषित संवाद निर्देश है।

निर्देश की चर्चा बहुत हो गई, अब थोड़ा 'निर्देशन' की ओर भी दृष्टि डालें। निर्देश और निर्देशन में भी सूक्ष्म अंतर है। किसी महत्त्वपूर्ण काम,

योजना, नवीन सृजन आदि के लिए विशेष संकेत देने का कार्य कहलाता है निर्देशन; अर्थात किसी शोध कार्य, योजना, संगीत रचना, फिल्म निर्माण, नाट्य प्रस्तुति आदि में शोधार्थियों, कार्मिकों, कलाकारों आदि का विशेष मार्ग दर्शन। जैसे :

- 'पद्मावती' का निर्देशन संजय लीला भंसाली द्वारा किया गया है। (नाटक, फिल्म, संगीत-कार्यक्रम आदि में डायरेक्शन)
- तुलनात्मक व्याकरण पर मेरे शोधकार्य का निर्देशन प्रो. दिलीप कर रहे हैं। (मार्ग दर्शन)
- बाँध का निर्माण कार्य एक कुशल अभियंता के निर्देशन में हो रहा है। (देख-रेख)

इसी निर्देशन से बना शब्द है 'निर्देशक', अर्थात जो निर्देशन का काम संपादित करे।

- अच्छे निर्देशकों में श्याम बेनेगल का नाम सर्वोपरि है।
- 'सूरज का सातवाँ घोड़ा' का निर्देशक कौन था?

ध्यान में रखने की बात यह है कि यह 'निर्देशक' शब्द 'निदेशक' से भिन्न है। विशिष्ट प्रशासनिक कार्य के संदर्भ में इसका प्रयोग होता है। यद्यपि 'निर्देशक' और 'निदेशक' दोनों को अंग्रेज़ी के 'डायरेक्टर' के लिए प्रयुक्त किया जाता है फिर भी निदेशक एक पूरे महकमे 'निदेशालय' का प्रमुख होता है जो संयुक्त निदेशक, उपनिदेशक, सहायक निदेशक आदि कर्मियों से सज्जित होता है।

यह हम देख ही चुके हैं कि निर्देशक 'गाइड' भी होता है, जिसका प्रयोग प्रायः पुल्लिंग में होता है। इससे जब निर्देशिकाएँ 'गाइडें' बनती हैं तो इसका अर्थ 'कुंजिकाओं' से होता है, जो परीक्षा में पास कराने का आश्वासन देती हैं। मानी बाज़ारू नोट्स जो परीक्षाओं के मौसम में गर्म केकों की तरह बिकते हैं।

71

निम्न और निम्नलिखित

निम्न (नि+√म्ना +क) तत्सम विशेषण है; इसका अर्थ है– गहरा, नीचा, ढाल, नीच, नीचे का, ढलान वाला, घटिया। शब्द के पहले जोड़ा जा सकता है - निम्नलिखित, निम्नवर्ग, निम्नकोटि, निम्नगा (नदी), निम्न विचार आदि।

निम्नलिखित (निम्न + √लिख् +क्त) भी विशेषण है जिसका अर्थ है – नीचे लिखा हुआ।

हिंदी में निम्नलिखित को छोटा करके केवल निम्न से काम चलाने की प्रवृत्ति बढ़ रही है। इससे अर्थ बदल जाता है। दोनों के अंतर को समझने के लिए निम्नलिखित उदाहरण देखिए–

- निम्नलिखित सदस्य उपस्थित थे।
  (=वे सदस्य उपस्थित थे जिनके नाम नीचे लिखे गए हैं।)
- निम्न सदस्य उपस्थित थे।
  (= निम्न कोटि के, घटिया सदस्य उपस्थित थे।)
- निम्नलिखित काम आपको करने हैं। (नीचे दिए गए कार्य)
- निम्न कार्य आपको करने हैं। (घटिया कार्य)

निम्नलिखित का स्थानापन्न निम्नांकित भी है जो दो शब्दों से बना है– निम्न (नीचे), अंकित (लिखे हुए)। अर्थ में कोई अंतर नहीं, जैसा लिखित, वैसा ही अंकित।

72

पाजी-प्यादा

पाजी संस्कृत मूलक शब्द है। अर्थ है : दुष्ट, लुच्चा, ढीठ, बदमाश, पामर, अधम, नीच, धूर्त। इसे कुछ विद्वान संस्कृत पद्य (पद -पैर- से संबंधित) से मानते हैं, इस तर्क पर कि पाजी शब्द पदाति (पैदल) सैनिक के लिए था, जिसे प्यादा भी कहा जाता है। कुछ प्यादे अपने अधिकारों का दुरुपयोग करते हुए लूटपाट आदि से लोगों को कष्ट पहुँचाते थे। इसलिए धीरे-धीरे पाजी का अर्थ ही दुष्ट हो गया। हिंदी में पाजीपन या पाजीपना (दुष्टता, धूर्तता) भी इसी पाजी शब्द से बनी संज्ञाएँ हैं।

पद्य (पैदल) से पाजी लाक्षणिक अर्थ में बन सकता है, यह मानने पर कि पैदल सिपाही लूटपाट किया करते थे, जबकि संस्कृत में एक अन्य शब्द 'पाय्य' का शाब्दिक अर्थ ही दुष्ट है। इसलिए पाजी को भी पाय्य से व्युत्पन्न माना जाना चाहिए।

पुरानी कुमाउँनी में भी एक संज्ञा शब्द मिलता है - पाजा (=झगड़ा, बखेड़ा)। पाव्य का 'प' 'ज' में बदल गया तो बना पाजा। पाजा से विशेषण बनता है, पाजी (झगड़ालू, ठग, धूर्त)। नेपाली में पाजा से बनी यौगिक क्रिया है – 'पाजा गर्नु' (to cheat: Turner)। नेपाली की एक कहावत भी है, *काजि को छोरो पाजि र पाजि को छोरो काजी*। अयोग्य का लड़का योग्य और योग्य का अयोग्य।

73

पत्र, पात, पत्तल और पतला

पत्र का अर्थ है पत्ता। पत्ता वाले पत्र से ही चिट्ठी वाला पत्र भी बनता है। पौराणिक कहानियाँ हमें बताती हैं कि शकुंतला ने दुष्यंत को कमल पत्र (पत्ते) पर पत्र लिखा था। कहा जाता है कि भोज ने भी अपने चाचा मुंज को किसी पत्ते पर अपने रक्त से पत्र लिखा था। फिर ये पत्र भोज पत्र पर, पतले कपड़े पर, ताँबे के पत्तर (ताम्रपत्र) पर लिखे जाने लगे। जन्मपत्री या पंडित जी का पातड़ा भी पत्र से ही बने हैं। पत्र से ही पत्ता > पात > और पत्तल शब्द भी बने हैं। पत्ता पतला होता है और जो व्यक्ति पत्ते के समान हल्का होता है, वह भी पतला कहलाएगा। उधर पत्तों से बनी थाली पत्तल है। संस्कृत पत्राल > प्राकृत पत्तला > हिंदी पत्तल, पतला। पत्र शब्द प्रायः सभी आधुनिक भारतीय आर्य भाषाओं में किसी न किसी रूप में विद्यमान है।

हिंदी में दुबला विशेषण संस्कृत के दुर्बल से है। दोनों से शब्दयुग्म बनता है दुबला-पतला। इसी वर्ग का एक और शब्द है निर्बल, किंतु दुर्बल से दुबला हो सकता है निर्बल से निबला नहीं। दुबला मोटा का विलोम है, अर्थ है : कमज़ोर, क्षीणकाय, अशक्त, जो मोटा नहीं है। इसका प्रयोग केवल सजीव के लिए होता है, जैसे दुबला आदमी, दुबली गाय, दुबला कुत्ता। निर्जीव के लिए कभी दुबला विशेषण नहीं आएगा; दुबला दूध, दुबला अंडा, दुबला पेड़ नहीं हो सकता।

पतला की अर्थ व्याप्ति दुबला से अधिक है और यह सजीव-निर्जीव में भेद नहीं करता। जो मनुष्य, पशु-पक्षी मोटा नहीं है, वह दुबला भी हो सकता है और पतला भी। मोटा के विलोम के रूप में ही पतला गला, पतला कंठ, पतला स्वर, पतली आवाज़ जैसे प्रयोग बनते हैं।

पतला कहीं गाढ़ा के विलोम के रूप में भी आता है। जो दूध गाढ़ा नहीं है, वह पतला (तरल) है। इसी प्रकार पतली छाछ, पतली दाल, पतला काढ़ा आदि वे पदार्थ जिनमें द्रव या तरलता की मात्रा अधिक हो।

जिसका घेरा, लपेट या चौड़ाई कम हो उनके लिए भी पतला विशेषण लगता है, जैसे पतला पेड़, पतली चम्मच, पतला खंभा, पतली लकड़ी, पतली कमर, पतले होंठ आदि।

सँकरा या कम चौड़ा के लिए भी पतला विशेषण प्रयुक्त होता है, जैसे पतला रास्ता, पतली गली, पतली पगडंडी, पतला नाला।

पतला विशेषण गाढ़ा या घना का विलोम भी है : जैसे गाढ़ा कपड़ा, पतला (झीना) कपड़ा; घने बादल, पतले बादल; घने बाल, पतले बाल।

लाक्षणिक प्रयोग के रूप में पतला से बने हुए कुछ मुहावरे हैं: हालत पतली होना (आर्थिक दृष्टि से कमज़ोर), पतला पड़ना ढीला पड़ जाना, अकड़ कम हो जाना, पतला समझना (कमज़ोर मानना) आदि।

74
पाहुना, अतिथि, अभ्यागत और मेहमान

पाहुना संस्कृत के 'प्राघुर्णक/प्राघुण' शब्द से बना है। जो घूमते-घूमते आपके घर आ पहुँचे उस अतिथि को संस्कृत में 'प्राघुण' कहते हैं। पंचतंत्र में प्राघुर्ण तथा नैषध में प्राघुणिक शब्दों का प्रयोग हुआ है। पृथ्वीराज रासो में प्राहुन्ना शब्द मिलता है, जैसे :

'चितरंग राय रावर चबे प्राहुन्ना बग्गा फिरे।'

प्राघुण शब्द से भारतीय भाषाओं के निम्नलिखित शब्द निष्पन्न हुए हैं—

प्राकृत : पाहुण
हिन्दी : पाहुन
बुन्देली : पहाउना
पंजाबी : ਪਰਾਹੁਣਾ (पराहुणा)
गुजराती : પરોણો (परोणो)
राजस्थानी : पावणा/पामणा
मराठी : पाहुणा
छत्तीसगढ़ी : पहुना
नेपाली : पाउना, पौना

हिंदी की प्रायः सभी बोलियों में पाहुन अतिथि के लिए कम, दामाद के लिए अधिक प्रयुक्त होता है। कुमाउँनी में पाहुना/पाहुनी क्रमशः पौण/पौणी

(पौन, पौनी) हैं जो अतिथि के रूप में पधारे किसी भी इष्ट-मित्र, अभ्यागत के लिए है। गढ़वाली में बारात में आए सभी मेहमान पौण हैं। नेपाली में पाउना दामाद है, समस्तपद 'पाउना-पाछी' है। नेपाली की भाँति कुमाउँनी में भी 'पौण-पाछि' मिलता है, संभवतः इसलिए कि पौण के पाछे (साथ) उसके कुछ सेवक-सहायक या परिजन भी होंगे। वे सब भी पाहुन के समान सत्कार योग्य हो गए।

यह जानना रोचक होगा कि पौनी (पाहुनी) का प्रयोग कुमाउँनी में लक्षणा से ननद के लिए भी होता है क्योंकि वह भी विवाह के बाद पाहुनी-सी मान ली गई।

गुरु ग्रंथसाहब में भी कहा गया है :

'जिसनऊँ तूँ अस थिर करि मानहि ते पाहुन दो दाहा।'

अर्थात जिस संतान, स्त्री, घर आदि को तू स्थिर समझ रहा है, वह तो मात्र दो दिन के पाहुन हैं।

तुलसीदास जी ने मानस में पाहुन शब्द का प्रयोग अनेक बार किया है।

लेहु नयन भरि रूप निहारी।
प्रिय पाहुने भूप सुत चारी॥

राम जब अयोध्या को छोड़कर वन के लिए प्रस्थान करते हैं तो तुलसी कहते हैं वन मार्ग में एम. लक्षमण और सीता ऐसे लग रहे हैं मानो दो दिन की 'पहुनाई' में अयोध्या आए हो।

संग सुभामिनि भाई भलो दिन द्वै जनु औध हुते पहुनाई।

पाहुन का स्त्रीलिंग पाहुनी। पाहुनी शब्द ब्रज में अतिथि महिला, पड़ोसन, सखी के लिए है। सूरदास के इस रमणीय पद में यशोदा ने पाहुनी से दही बिलोने का आग्रह किया गया है, क्योंकि वे स्वयं घर के कामकाज में व्यस्त हैं।

पाहुनी करि दै तनक मह्यौ ।
हौं लागी गृह-काज-रसोई जसुमति बिनय कह्यौ ॥
आरि करत मनमोहन मेरो अंचल आनि गह्यौ ।
ब्याकुल मथति मथनियाँ रीती दधि भुव ढरकि रह्यौ ॥
माखन जात जानि नँदरानी सखी सम्हारि कह्यौ ।
सूर स्याम मुख निरखि मगन भइ दुहुनि सँकोच सह्यौ ॥

75
पिता और बाप की बात

कालिदास ने रघुवंश में पिता का गुणगान कुछ इस प्रकार किया है :

> प्रजानां विनयाधानाद्रक्षणाद्भरणादपि।
> स पिता पितरस्तासां केवलं जन्महेतवः ॥ ॥ रघुवंश 1.24 ॥

वह (दिलीप) विनय नीति सिखलाने, रक्षा करने और पालन करने (इस प्रकार पिता के कर्तव्य निभाने) से अपनी प्रजा का पिता था। उन प्रजाजनों के माता-पिता तो केवल जन्म देने के ही निमित्त कारण होने से पिता थे।

संस्कृत की √वप् धातु से बाप का उद्गम माना जाता है। √वप् का अर्थ होता है बीज बोना, पौधा लगाना, रोपना आदि। ये सब कार्य सुरक्षा, पालन और देखरेख से जुड़े हैं। वप् और बाप का ध्वन्यार्थ समझना आसान है। वामन शिवराव आप्टे के संस्कृत कोश के अनुसार इससे बने 'वप्रः' शब्द का एक अर्थ है खेत और दूसरा अर्थ है पिता। हिंदी शब्दसागर के अनुसार इसी मूल से बने 'वापक का अर्थ है बीज बोने वाला। वप्ता (वापक) का अर्थ है जन्मदाता। भूमि में बीज बोने वाला कृषक है जो खेती का मालिक भी है और फ़सल का पिता भी। जन्मदाता के तौर पर बीज बोने वाले पात्र की व्यंजना बहुत महत्त्वपूर्ण है। वप्र, वापक या वप्ता का रूपांतर व का ब होने से वप्ता > बप्ता > बप्पा > बाप हुआ। बाप से बना बापू > बाबू और उसमें आदर के लिए ज्यू लगने से कुमाईं में बाबू ज्यू > बाऊ ज्यू > बौज्यू।

विभिन्न बोलियों में इसके बप्पा, बापू, बाप, अप्पा, अब्बा, बाबा, बाबू, बाऊ, बाबुल, बब्बा, बप्पा आदि शब्द रूपांतर हुए हैं। ये शब्द उत्तर से दक्षिण और पूर्व से पश्चिम तक प्रायः सभी भाषाओं में पाए जाते हैं।

अब एक शंका यह हो सकती है कि पिता के लिए हिंदी/उर्दू और इस क्षेत्र में आज प्रयुक्त हो रही बोलियों तक में पापा, पॉप, डैडी, डैड, बाबू जी, बाबू, बबा, दादा, बापू, बाबु ज्यू, बौज्यू, वालिद, अब्बा, अब्बू . . . स्वदेशी-विदेशी कुछ भी चलेगा, सिर्फ़ 'बाप नहीं।' ऐसा क्यों ?

लगता है कि पिता को संबोधित करने के लिए 'बाप' न बोलने की परंपरा मध्यवर्गीय शहरी लोगों के बीच से आई है। बाप के अतिरिक्त कुछ और भी रिश्ते-नाते के शब्द हैं जिन्हें संबोधन के लिए नहीं बोला जाता; जैसे साला, साली, ससुर आदि को सीधे इन्हीं के संबोधन शब्दों से नहीं पुकारा जाता। इसका मुख्य कारण इन शब्दों का असम्मानजनक उपयोग और एक सीमा तक समाज का वर्ग भेद भी है।

एक मज़ेदार बात और। हम बाप शब्द को निम्नतर या असम्मानजनक भले ही मानते हों, किंतु गांधी जी को बापू कहकर सम्मान देते हैं और गणेश जी को श्रद्धा-भक्तिपूर्वक 'गणपति बप्पा' ही कहते हैं।

76
पूज्य और पूजनीय

बहुत सरल और लोकप्रिय विशेषणों– पूज्य और पूजनीय के प्रयोग में भी अजब-सा भ्रम देखा जाता है। उ और ई की मात्रा के अशुद्ध प्रयोग से जन्मी वर्तनी की अशुद्धि (पुज्य, पुजनीय) की बात रहने दें, तो भी आदर के लिए जो शब्द प्रयुक्त हो रहे हैं, वे चिंत्य हैं।

पूज्य और पूजनीय दोनों शब्द संस्कृत की पूज् धातु से विकसित हुए हैं, इसलिए पूज् से निर्मित किसी भी तत्सम शब्द में ह्रस्व उ का तो प्रश्न ही नहीं उठता। पूजा, पूजन, पूजक, पूजागृह, पूजा सामग्री– सब में दीर्घ ऊ। (तद्भव शब्दों में अवश्य ह्रस्व उ हो जाएगा, जैसे पुजाना, पुजवाना, पुजारी, पुजापा आदि। पूज् धातु में 'के योग्य' के अर्थ में य (यत्) प्रत्यय जोड़ने से बनता है पूज्य अर्थात पूजा, आदर या सम्मान के योग्य। इसी प्रकार पूज् धातु से अनीय (अनीयर्) प्रत्यय जोड़ने से बनता है पूजनीय और अर्थ इसका भी वही है- पूजा या आदर-सम्मान के योग्य। मूल में पूजन करने से संबंधित क्रिया होने के कारण दोनों विशेषणों का प्रयोग माता, पिता, आचार्य, गुरु, सास, ससुर आदि निकटतम संबंधियों के लिए अधिक किया जाता है, जो उचित भी है। सम्मान के योग्य अन्य महत्त्वपूर्ण व्यक्तियों के लिए पूज्य, पूजनीय के स्थान पर माननीय, सम्माननीय, आदरणीय का प्रयोग अधिक उपयुक्त है। इन सभी विशेषणों से पहले एक और विशेषण (प्रविशेषण) 'परम' जोड़कर उन्हें और अधिक महत्त्व दिया जा सकता है ; जैसे : परम पूज्य, परमादरणीय।

कुछ लोग पूज्य और पूजनीय दोनों विशेषणों को मिलाकर एक नया विशेषण गढ़ते हैं- पूज्यनीय। यह दो विशेषणों को मिलाने का अनुपयुक्त उदाहरण है। 'पूजा करने के योग्य' कहने के लिए जब एक बार 'य' प्रत्यय मिलाकर 'पूज्य' विशेषण बना दिया गया तो उसी अर्थ में अनीय (अनीयर्) को भी जोड़ने की आवश्यकता नहीं है। या तो पूज्य कहा जाएगा या पूजनीय। पूज्य और पूजनीय दोनों ग्राह्य हैं, किंतु दोनों से बनाया गया पूज्यनीय अग्राह्य है।

77
पूर्व, भूतपूर्व, अभूतपूर्व और निवर्तमान

पूर्व, भूतपूर्व में विशेष अंतर नहीं है। दोनों का शाब्दिक अर्थ है जो कथन के समय से पूर्व हो चुका, पूर्ववर्ती, पिछला, पहला। इन्हें अंग्रेज़ी में ex या former कहा जाता है। लाघव भाषा की प्रवृत्ति है, इसलिए दोनों ही स्थितियों में 'पूर्व' (ex-) का प्रयोग हो रहा है।

समय के कुछ अन्य संदर्भों में 'पूर्व' ही रहेगा, जैसे :

पूर्व जन्म (previous)

विवाह के पूर्व (before)

कुछ वर्ष पूर्व (ago)

पूर्वनिर्धारित/पूर्वनियोजित (pre-)

पूर्व दिनांकित (antedated)

भूतपूर्व और पूर्व में अंतर समझाते हुए कुछ लोग कहते सुने जाते हैं – यदि कोई जीवित हो तो पूर्व, और जीवित न हो तो भूतपूर्व। मृत/जीवित का यह अंतर खींच-तानकर किया जाता है, शिष्ट प्रयोग में ऐसा है नहीं। उदाहरण स्वरूप–

नेहरू भारत के पूर्व प्रधानमंत्री थे।

नेहरू भारत के भूतपूर्व प्रधानमंत्री थे।

उक्त दोनों ही वाक्यों का एक ही अर्थ है और दोनों प्रयोग मान्य हैं।

भूतपूर्व कहलाने से पूर्व सेवा से निवृत्त हो रहे व्यक्ति को पद से निवर्तमान (outgoing) भी कहा जाता है।

जो निवृत्त (मुक्त) किया जा रहा हो, पद के कार्यभार से छुटकारा पाने ही वाला हो वह निवर्तमान है। इस संदर्भ में उपर्युक्त शब्दों की स्थितियाँ क्रमशः पदासीन, निवर्तमान और निवृत्त होंगी। निवृत्त हो जाने के बाद उनके नाम या पद नाम के साथ सदा पूर्व/भूतपूर्व लगाकर संदर्भित किया जाएगा।

अभूतपूर्व पहली दृष्टि में तो भूतपूर्व का विपरीतार्थक लगता है, किंतु ऐसा है नहीं। अभूतपूर्व का अर्थ है – जैसा कोई कभी हुआ ही न हो, अद्भुत। अभूतपूर्व की अभूतपूर्वता का एक लक्षण यह भी है कि वह भूतपूर्व से संबंधित नहीं है। कोई भूतपूर्व या वर्तमान में पदासीन व्यक्ति अभूतपूर्व भी हो सकता है और सामान्य भी।

78
पुनरवलोकन या पुनरावलोकन

पुनः/पुनर् शब्द संस्कृत से आगत अव्यय है। अर्थ है – दोबारा, दूसरी बार, फिर से, एक बार और। वाक्य में यह स्वतंत्र रूप से, द्विरुक्त या यौगिक शब्दों में संधि युक्त पद के रूप में दिखाई पड़ता है, जैसे :

- पुनः पढ़िए।
- पुनः-पुनः पढ़िए, जिससे स्मरण हो जाए।

इन दो स्थितियों में पुनः के प्रयोग में कोई दुविधा नहीं है। दुविधा वहाँ होती है जहाँ पुनः का स्वरूप पुनर् हो जाता है और वह अगले शब्द की पहली ध्वनि से जा मिलता है। अगला शब्द यदि किसी भी स्वर से है तो उस स्वर का र् के साथ स्वाभाविक मेल हो जाएगा; जैसे :

र्+ अ = र - पुनरवलोकन, पुनरपि, पुनरवधारण
र्+ आ = रा - पुनरावृति, पुनरावर्तन, पुनरागमन
र् +ई = री - पुनरीक्षण, पुनरीक्षित, पुनरीक्षक
र् +उ = रु - पुनरुत्थान, पुनरुक्ति, पुनरुत्पादन

पुनरवलोकन या पुनरावलोकन के भ्रम में पड़ने वाले लोगों को पहले यह देखना होगा कि पुनर् के साथ जुड़ने वाला शब्द अवलोकन है या आवलोकन। अवलोकन (अव+√लोक्+ घञ् संस्कृत प्रत्यय) का अर्थ है भली भाँति देखना और 'आवलोकन' जैसा कोई शब्द न संस्कृत में है, न हिंदी में।

पुनरवलोकन को पुनरावलोकन मानना केवल अज्ञान के कारण ही नहीं है, क्योंकि कुछ अच्छे शिक्षक, लेखक, विवेकी समीक्षक भी यह अशुद्धि करते पाए जाते हैं। इसका कारण पुनर् स्थापित के साथ जुड़ने वाले आ स्वर से प्रारंभ होने वाले कुछ शब्दों के ध्वनि साम्य के आधार पर निष्पादित भ्रामक व्युत्पत्ति है। इन शब्दों को देखें-

पुनरावृति, पुनरागमन, पुनरागत, पुनरालोचना, पुनरावेदन आदि शब्दों की वर्तनी ठीक है। इन्हें देखकर संभवतः यह भ्रामक निष्कर्ष निकाला गया कि जुड़ने वाला अव्यय पुनरा है, पुनर् नहीं। और इसी भ्रांति से बन गया पुनरावलोकन।

79

प्रणय, प्रणयन, परिणय, प्रणीत और परिणीत

प्रणय शब्द संस्कृत में √नी धातु से प्र उपसर्ग जोड़कर बना है (प्र+नी+अच्), जिसका अर्थ है प्रेम, विशेषकर वह प्रीति जिसमें कहीं श्रृंगार भाव भी हो। युवक-युवती या पति-पत्नी के बीच का प्रेम प्रणय कहलाता है। इससे निर्मित अनेक यौगिक शब्द हिंदी में हैं जो मुख्यतया संस्कृत काव्यशास्त्र से हिंदी में पधारे हैं। कुछ इस प्रकार हैं – प्रणय कलह (प्रेमियों के बीच अस्थाई झगड़ा), प्रणय कोप (प्यार में कोप), प्रणय भंग (प्रेम टूट जाना), प्रणय वचन (प्यार में दिया गया वचन) आदि।

प्रणय परिवार का ही एक शब्द है प्रणयन अर्थात बनाना, रचना करना। हिंदी में अब इसका अर्थ ग्रंथ का निर्माण या रचना करना, लिखना, लिपिबद्ध करना रह गया है। प्रणयन करने वाला (लिखने वाला) प्रणेता कहा जाता है और जो रचना लिखी गई उसे प्रणीत विशेषण दिया जाता है। जैसे- संत तुलसीदास द्वारा प्रणीत रामचरितमानस।

प्रणयी युगलों का अगला सोपान (यदि वे चाहें तो) होता है परिणय अर्थात विवाह। परिणय शब्द भी क्योंकि √नी (ले जाना) धातु से बना हुआ है, इसलिए इसका आरंभिक अर्थ चारों ओर ले जाना ही था। मूल अर्थ अभी भी किसी-न-किसी रूप में विद्यमान है। पहले परिणय (विवाह) के समय अग्नि के चारों ओर फिरना (प्रदक्षिणा करना) होता था और अब भी विवाहित युगल हनीमून के लिए घूमते-फिरते हैं।

परिणय हो जाने पर दोनों के लिए विशेषण है परिणीत (पुरुष)और परिणीता (महिला)।

ध्वनि साम्य के कारण परिणत और परिणति शब्द भी इसी परिवार के लगते हैं, किंतु हैं भिन्न। ये नम् (झुकना) धातु से व्युत्पन्न हैं और परिणाम के निकट है। परिणत (परि+नम्+क्त) का अर्थ है अन्य रुप में बदला हुआ, रुपांतरित, परिवर्तित।

परिणत (विशेषण) से बनी संज्ञा है परिणति, अर्थात रूपांतरण, परिणाम, समाप्ति।

- इल्ली शीघ्र ही तितली में परिणत हो गई।
- आज आपसी तू-तू, मैं-मैं की परिणति लट्ठबाज़ी में हो गई।

80
प्रणाम, प्रणत और परिणाम, परिणत

विनम्रता पूर्वक विशेष रूप से झुक कर नमन करना प्रणाम करना है। नमन और प्रणाम दोनों ही संस्कृत की धातु √नम् (झुकना) से बने हैं। उपसर्ग भिन्न हैं। नम् से क्त प्रत्यय जुड़कर विशेषण बनता है – नत अर्थात झुका हुआ। प्रणाम करते हुए विशेष रूप से झुके व्यक्ति के लिए विशेषण है प्रणत (प्र+नत)। इसी प्रकार नमन करते हुए विशेष रूप से झुके व्यक्ति को कहा जाता है विनत, विनम्रता पूर्वक झुका हुआ। प्रणत होने का भाव है प्रणति।

नम् के साथ परि उपसर्ग जोड़कर बनता है परिणाम – (चारों ओर से झुकना), पूरी तरह से बदल जाना। परिणाम शब्द की अर्थ व्याप्ति बहुत व्यापक है षड्दर्शन, विज्ञान, गणित, आयुर्वेद, व्याकरण, काव्यशास्त्र आदि अनेक विषयों में परिणाम के विभिन्न अर्थ हैं।

प्राकृतिक नियमानुसार वस्तुओं का रूपांतरित या अवस्थांतरित होना, स्वाभाविक रीति से रूप परिवर्तन होना परिणाम है। सामान्य व्यवहार में परिणाम का प्रयोग फल, नतीजा के अर्थ में होता है, जैसे :

- फुटबॉल मैच का परिणाम क्या रहा?
- बुरा काम किया है तो परिणाम भुगतने के लिए तैयार रहो।

इसी प्रकार परीक्षा परिणाम, चुनाव परिणाम, नीतियों के परिणाम, अच्छे परिणाम, बुरे परिणाम आदि प्रयोग। परिणाम से बने दो क्रियाविशेषण एक

ही अर्थ में हैं– परिणामत:, परिणाम स्वरूप। किसी कार्य के परिणाम स्वरूप जो बदलता है, उसके लिए विशेषण है परिणत। परिणत से नामिक क्रिया बनेगी परिणत होना/करना। परिणत होने का भाव परिणति।

81

फन-फ़न, कफ-कफ़ और दफा-दफ़ा

फ़ारसी, अरबी से हिंदी में आए कुछ शब्दों के लिए देवनागरी वर्तनी में नुक़्ता लगाने न लगाने के बारे में बड़ी बहस है, जिसका समाधान हो नहीं पाता। दो पक्ष हैं। एक पक्ष यह मानता है कि फ़ारसी, अरबी, तुर्की (FAT) के शब्दों का ही पूर्ण बहिष्कार किया जाए। न रहेगा बाँस, न बजेगी बाँसुरी। जब फ़ारसी, अरबी के शब्द ही नहीं होंगे तो हमें नुक़्ते की जरूरत क्यों पड़ेगी। वे लोग भूल जाते हैं कि हिंदी में लगभग पाँच शताब्दियों से प्रचलित फ़ारसी, अरबी, तुर्की के शब्द अब हिंदी की शब्दावली की अपनी संपत्ति हैं। ठीक ऐसे ही जैसे हिंदी या भारतीय मूल के शब्द अंग्रेज़ी या किसी अन्य भाषा की। नुक़्ता फ़ारसी, अरबी से आए हुए शब्दों के लिए ही नहीं, अंग्रेज़ी से आगत अनेक शब्दों के लिए भी ज़रूरी होता है। यह वर्ग FAT मूल के शब्दों का बहिष्कार तो करता है, किंतु अंग्रेज़ी मोह के कारण अंग्रेज़ी शब्दों का बहिष्कार नहीं करता; हाँ, नुक्ते का बहिष्कार वहाँ भी करता है।

दूसरा धड़ा कम-से-कम ज़ और फ़ वाले शब्दों में यथास्थान नुक्ता लगाए जाने का सुझाव देता है, क्योंकि इन ध्वनियों के अनेक लघुतम व्यतिरेकी युग्म जैसे सजा-सज़ा हिंदी में उपलब्ध हैं और कहीं-कहीं नुक्ते के बिना अर्थ का अनर्थ हो जाने की पूरी संभावना रहती है। बहुत कम लोगों को उर्दू के नुक़्ते वाले सही उच्चारण का ज्ञान है।

केंद्रीय हिंदी निदेशालय द्वारा जारी मानक हिंदी वर्तनी के अनुसार भी उर्दू से आए अरबी-फ़ारसी मूलक वे शब्द जो हिंदी के अंग बन चुके हैं और जिनकी विदेशी ध्वनियों का हिंदी ध्वनियों में रूपांतरण हो चुका है, नुक्ता रहित हिंदी रूप में ही स्वीकार किए जा सकते हैं। जैसे – कलम, किला, दाग आदि (क़लम, क़िला, दाग़ नहीं)। पर जहाँ उनका शुद्ध विदेशी रूप में प्रयोग अभीष्ट हो अथवा उच्चारणगत भेद बताना आवश्यक हो (जैसे उर्दू कविता को मूल रूप में उद्धृत करते समय), वहाँ उनके हिंदी में प्रचलित रूपों में यथा स्थान नुक़्ते लगाए जाएँ। जैसे : खाना : ख़ाना, राज : राज़, फन : हाइफ़न आदि।

आप साँप के फन से डर सकते हैं, किंतु साँप को पकड़ने का फ़न आपके पास न हो तो आप उसे पकड़ नहीं सकते। बड़े-बड़े कलाकार, संगीतकार, नर्तक अपने फ़न में उस्ताद होते हैं। इस फ़न का साँप वाले फन से कोई संबंध नहीं। किसी फ़नकार का परिचय आप फनकार के रूप में देंगे तो वह अपनी विनम्रता से चाहे आपका बुरा न माने, किंतु श्रोता उससे उसके फ़न की अपेक्षा करेंगे, फन की नहीं। आपके मित्र हरफ़नमौला हों तो भी उनको फ़न के नीचे बिंदी चाहिए ही चाहिए।

आयुर्वेद में तीन प्रमुख रोग कारक तत्त्व (त्रिदोष) हैं – वात, पित्त और कफ। यहाँ यदि आप फ पर बिंदी लगाएँगे तो कफ़ (फ़ारसी) शब्द का अर्थ होगा श्लेष्मा, बलगम। जब तक आप श्लेष्मा से उलझ रहे हों, तब तक एक अंग्रेज़ी का कफ़ नुक्ते सहित आ टपकेगा खाँसी के अर्थ में। तभी नेपथ्य में प्रतीक्षा कर रहा एक और अंग्रेज़ी का कफ़ मंच पर आ जाएगा। कमीज़ या कुर्ते की आस्तीन के आगे की वह दोहरी पट्टी भी अंग्रेज़ी में कफ़ कहलाती है जिस पर बटन लगाते हैं।

आवृत्ति वाले 'बार' अव्यय के लिए दफ़ा शब्द है। आप एक बार कोई बात कहते हैं और आशा करते हैं कि उसका पालन हो। कानून की धारा, दंड संहिता का अनुच्छेद संख्या बताने के लिए भी दफ़ा शब्द है, किंतु जब

झुँझलाकर किसी को अपने सामने से तुरंत भाग जाने के लिए यदि आप कहते हैं, 'दफा हो जाओ मेरे सामने से।' तब दफ़ा होने वाला अपेक्षा करता है कि आप दफ़ा में एक दफ़ा नुक्ता अवश्य लगा दें, क्योंकि नुक्ताहित 'दफा' शब्द उर्दू या हिंदी में नहीं है।

अंग्रेज़ी का सफ़र (कष्ट उठाना) हो या अरबी का सफ़र (यात्रा करना), अंग्रेज़ी का फ़ी (शुल्क) हो या फारसी का फ़ी (प्रति), इन सब में फ के नीचे बिंदी होना आवश्यक है। आज स्थिति यह है कि इंग्लिश का प्रयोग चाहे-अनचाहे बढ़ जाने से अंग्रेज़ी के फ़ वाले शब्द हिंदी में सर्वाधिक प्रयुक्त हो रहे हैं।

अल्पज्ञान, अनभिज्ञता अथवा अति सतर्कता के कारण कुछ लोग फ वाले प्रत्येक शब्द में नुक्ता लगा देते हैं, जैसे फल-फूल, फावड़ा आदि फ़ल-फ़ूल, फ़ावड़ा हो गए हैं – वर्तनी में ही नहीं, उच्चारण में भी। ऐसी दुविधाजनक स्तिथि हो तो नुक्ता न लगाना ही सुरक्षित उपाय है।

82
बहू, पत्नी और स्त्री

वधू (√वह्+ऊधुक्) संस्कृत शब्द को पुरा-भारोपीय मूल का माना जाता है, जो पालि में वधू, तेलुगु (वधुवु), कन्नड़ा (वधू) है। महाराष्ट्री, शौरसेनी प्राकृतों में वहू और हिंदी, उर्दू में बहू बन गया। वधू के हिंदी में अर्थ हैं नव विवाहिता स्त्री, दुलहन, पत्नी, भार्या, पुत्र की बहू, पतोहू।

ऋग्वेद में वधू शब्द का प्रयोग मिलता है।

सुमङ्गलीरियं वधूरिमां समेत पश्यत।
सौभाग्यमस्यै दत्त्वा याथास्तं वि परेतन॥

(ऋ.१०.८५.३३)

'यह वधू सुमंगली है। इसे सब देखें और इसे अखंड सौभाग्य का आशीर्वाद देकर ही अपने-अपने घर लौटें।'

यह मंत्र पारस्कर गृह्यसूत्रों में विवाह कर्मकांड के साथ उल्लिखित है। आजकल कुछ लोग विवाह के निमंत्रण पत्रों में इसे उद्धृत किया करते हैं।

कुछ लोग मुक्त शैली में वधू/बहू को यों भी समझाते हैं:

1. वहन्ति इति वध्व :- जहाँ-जहाँ पति जाए उसको वहन करे।
2. वध्नन्ति इति वध्व :- जो पति को भुज पाश में बाँध ले।
   ये दोनों पहली ही दृष्टि में मुक्त व्याख्याएँ लगती हैं, जिनका कोई भाषिक आधार नहीं है।

185

हरियाणवी तथा कुछ अन्य बोलियों में स्थान भेद से बहू का उच्चारण 'बऊ' भी किया जाता है। कहीं 'बौ' भी है।

किसी व्यक्ति की विधिपूर्वक विवाहिता स्त्री उसकी पत्नी कहलाती है। पत्नी अर्थात वह स्त्री जिसके साथ किसी पुरुष का लोक स्वीकृत रीति से विवाह हुआ हो। भाषा वैज्ञानिक इसका मूल पुरा-भारोपीय प्रकल्पनात्मक रूप*pótnih (*पोत्नी) से मानते हैं जो *pótis (*पोतिस) का स्त्रीलिंग है। इसी से बना हुआ प्राचीन ग्रीक शब्द पोतीना है। अवेस्ता में भी यह शब्द पाया जाता है।

हिंदी में पत्नी शब्द संस्कृत से आया हुआ है और पति का स्त्रीलिंग है। संस्कृत में इसकी व्युत्पत्ति इस प्रकार की जाती है: √पा (रक्षा करना), जो रक्षा करे वह पति और पति के साथ न और ई प्रत्यय लगाकर पति का स्त्रीलिंग पत्नी।

पत्नी के कुछ पर्यायवाची शब्द हैं -जाया, भार्या, सहधर्मिणी, दारा, गृहिणी, पाणिगृहीता।

स्त्री सामान्यतः समूची नारी ज़ाति (महिला, औरत) के लिए व्यवहार में आने वाला शब्द है। पशु-पक्षियों में स्त्री मादा प्रजाति को कहा जाता है। व्याकरण में स्त्री की पहचान निर्धारित करने वाला स्त्रीलिंग या स्त्रीलिंग-बोधक कोई शब्द केवल स्त्री से संकेत किया जाता है।

कुछ संदर्भों में यह पत्नी वाचक भी है; जैसे :

- तुम्हारी स्त्री कहाँ है?
- अगली बार अपनी स्त्री और बाल-बच्चों के साथ आना।

स्त्री शब्द का मूल भारत-ईरानी *stríH माना जाता है। अवेस्ता, गांधार और दरदी भाषाओं में भी इस मूल के शब्द हैं। संस्कृत स्त्री शब्द पालि में इत्थि और प्राकृत में इत्थी है। हिंदी का तिय, तिया और तिरिया भी इसी से बने हैं। यह जानना रोचक होगा कि स्त्री शब्द की व्याप्ति प्रायः संपूर्ण दक्षिण और दक्षिण पूर्व एशिया में है। लगभग सभी भारतीय भाषाओं के

अतिरिक्त सिंहली, मलय, बाली, थाई, जावानी भाषाओं में भी स्त्री शब्द विद्यमान है।

प्रसंगवश एक अन्य प्रकल्पनात्मक मूल शब्द का उल्लेख आवश्यक है– इस्तरी। इस्तरी को इस्त्री या स्त्री भी कहा जाता है, जो स्त्री का श्रुतिसम भिन्नार्थक शब्द बन जाता है। कपड़ों की सिलवटें दूर करने 'इस्तरी' और तह जमाने वाला उपकरण है। किसी ने इसका मूल संस्कृत स्तर (परत) है।

इस्तरी वस्तुतः पुर्तगाली मूल रूप। पुर्तगाली में इस्तिरा (estirar) का अर्थ है कपड़े की झुर्रियाँ दूर करना तथा सिलवटें दूर करने वाला उपकरण। स्पेनी में भी यह शब्द है। पुर्तगालियों के साथ अगत आकर यह शब्द व्यापक हो गया है।

83
बात मुहल्ले की

मोहल्ला/मुहल्ला/महल्ला के बारे में मेरे मिलों की राय अलग-अलग है।
शर्मा जी कहते है, जहाँ मोहग्रस्त लोग हल्ला मचाएँ, वह मोहल्ला! जावेद
मियाँ बोले, जहाँ मारे हल्ले के दो घड़ी शांति मिलना मुहाल (दुर्लभ) हो, वह
मुहल्ला। इनकी पीड़ा मैं समझ सकता हूँ, आख़िर हूँ तो उसी मुहल्ले का।
लेकिन शब्द है तो उसका कोई स्रोत, कोई अर्थ होना चाहिए। इतना सतही
अर्थ तो नहीं हो सकता इतने गुलज़ार मोहल्ले का!

मुझे याद आया प्रो. चतुर्वेदी बड़ी शान से बताते हैं कि वे मथुरा के बड़े
महाल के चौबे हैं! मुझे लगा महाल और महल में आपस में भाईचारा तो
नहीं। महल अर्थात भव्यता और शानोशौकत वाला विशाल भवन। प्रश्न
उठता है– इस महल शब्द के ईंट-गारे का स्रोत क्या है?

संस्कृत में एक शब्द है महालय जो दो शब्दों से बना है महाजने
आलय (विशाल भवन)। तो यह व्युत्पत्ति तर्कसंगत और आसान लगती
है– महा+आलय > महालय > महाल > महल और महलों वाली बस्ती
महल्ला। लेकिन संस्कृत कोष देखा तो लगा फिर बड़े इमामबाड़े की
भूलभुलैया में फँस गए। आप्टे ने 'महल्ल' को संस्कृत महत्+ला+क से सिद्ध
तो किया है लेकिन इसे अरबी मूल का बताया है। 'महल्ल:' का अर्थ दिया
है महल, रनिवास और 'महल्लिक:', कहा है रनिवास में रहने वाले निरापद
प्राणी खोजा को! लगा यह भी ठीक है। मध्य युग में ऐसे बहुत से शब्द हिंदी

के शब्दभंडार में ही नहीं संस्कृत में भी जुड़े थे। बेगम हज़रत महल या ऐसे और नाम भी याद आए जो महल वाले थे। अरबी में महल का अर्थ रानी, निवास, अंतःपुर भी है।

हम तो महल्ला खोज रहे थे। महल्ला क्या है? क्या महल्लकों (खोजाओं) की बस्ती? लेकिन अब रनिवास ही नहीं तो उनकी बस्ती कहाँ! फिर हम भी तो रहते हैं किसी मुहल्ले में। हम मुहल्लेदार होते हैं, शादी ब्याह में मुहल्लेदारी निभाते हैं। यह व्युत्पत्ति कैसे स्वीकारें।

यहीं हिंदी का एक मुहावरा याद आ रहा है, अमुक राजा ने इतने सैनिक लेकर 'हल्ला बोल दिया।' हल्ला बोलना अर्थात हमला करना। यह हल्ला तो अरबी ही है। अरबी में 'मह्ल' का अर्थ समूह है। समूह में हमले को निकलना था हल्ला बोलना। इसी 'मह्ल' से बना महल्ला > मुहल्ला > मोहल्ला। किसी समूह, जाति-बिरादरी की बस्ती। कालांतर मे यह कबीलों, खेमों के लिए भी प्रयुक्त हुआ।

इधर का हल्ला यूरोप, खासकर इंग्लैंड पहुँचा तो अंग्रेज़ी का भारी-भरकम सा पद बन गया 'हल्लाबलू'। इसके उत्तरार्ध को वे स्कॉट मानते हैं पर मुझे तो ये समूचा ही हल्ला बोलना जैसा लगता है!

तो यह माना जाए कि 'महल्ला' अरबी मूल का है, महल रनिवास से जुड़ा हो तो भी अरबी। मगर एकदम देसी बनावट का हो तो संस्कृत महालय/महाल से मान सकते हैं। जो हो, रहना इसी मुहल्ले में है। शर्मा जी को समझाऊँगा कि इसका शोरगुल वाले हल्ला से प्रत्यक्ष संबंध तो नहीं है, उन्हें लगता हो तो शांति बनाए रखने में ही सबकी भलाई है।

84
बादाम और वात रोग

बादाम, एक तरह का मेवा, भूमध्यसागरीय जलवायु का पेड़ है और मूलतः ईरान और उसके आसपास के देशों की वनस्पति है। यह जंगली वृक्ष था और सबसे पहले पालतू बना लिए जाने वाले पेड़ों में इसकी गिनती होती है। माना जाता है कि लगभग 3,000 से 2,000 ईस्वी पूर्व के बीच बादाम को पालतू बनाकर उगाया जाने लगा था।

जहाँ तक बादाम शब्द की व्युत्पत्ति का प्रश्न है, यह ईरान की पहलवी भाषा में वादाम wādām / वुदाम wudām (अर्थात बादाम का पेड़ या फल) से बताई गई है। यही वादाम फ़ारसी में बादाम बन गया। फ़ारसी में बादाम होने के कारण बहुत से लोग भ्रमवश इसे /बा-/ उपसर्ग से बना शब्द मानते हैं, क्योंकि हिंदी-उर्दू में बा- उपसर्ग वाले बहुत से शब्द प्रचलित हैं, जैसे बाकायदा, बाअदब इसलिए बा+दाम अर्थात दाम (मूल्य) वाला, मूल्यवान फल। यह व्युत्पत्ति भ्रामक है।

संस्कृत में इसी वादाम (बादाम) के लिए वाताम या वाताद शब्द आया जान पड़ता है। पहलवी वादाम से ध्वनि साम्य के कारण और वात रोगों में लाभदायक होने के कारण इसको वाताम कहा गया और वात रोग की चिकित्सा से जोड़कर वाताद (वाताय वातनिवृत्तये अद्यते इति, वात रोगों से छुटकारा पाने के लिए खाया जाता है इसलिए वाताद)। नहीं लगता कि संस्कृत वाताम से यह शब्द ईरान में जाकर बादाम बन गया होगा, क्योंकि

भावप्रकाश आदि कुछ आयुर्वेद की पुस्तकों को छोड़कर वाताम अन्यत्र कहीं नहीं है।

हिंदी, मराठी, गुजराती, बांग्ला, तेलुगु, कन्नड़, मलयालम आदि अनेक भारतीय भाषाओं में में इसे बादाम/बदाम ही कहा जाता है। तमिल में यह பாதம் கொட்டை (बादाम कोट्टै) है, किंतु बादाम भी कहा जाता है।

कश्मीर ने बादाम को अपना राज्य वृक्ष माना है।

85
बावला और बौड़म

बावला संस्कृत वातुल > प्राकृत बाउल से व्युत्पन्न माना गया है। मूलतः तो यह ऐसे व्यक्ति के लिए है जिसे (वात) वायु का प्रकोप हो, जो पागल, विक्षिप्त, सनकी हो। इसके अन्य अर्थ हैं– जिसका मानसिक विकास नहीं हुआ हो, मानसिक रूप से अपरिपक्क। बोलियों में इसके रूप हैं- बावळा, बावरा, बौरा। संत तुलसीदास तो ब्रह्मा जी से कहलवाते हैं :

दानि बड़ो दिन देत दये, बिनु वेद बड़ाई भानी॥

यह अधिकार सौंपिये औरहिं भीख भली मैं जानी॥

बावरो   रावरो   नाह   भवानी।
(विनयपत्रिका)

(हे भवानी, आपका पति तो पूरा बावला है। ऐसा दानी कि जिसके भाग्य में मैं दरिद्रता लिखता हूँ, उसे यह सब कुछ दे डालता है। अब यह विधाता वाली खाता-बही मैं नहीं सँभाल सकता। आप मेरा त्यागपत्र स्वीकार कीजिए।)

भोले-भाले, नादान, अज्ञानी को भी बावरा/बावरी कहा जाता है :

'हौं ही बौरी विरह बस कै बौरो सब गाउँ।
कहा जानि ये कहत हैं, ससिहि सीतकर नाउँ॥
~बिहारी

192

बावरा का स्त्रीलिंग है बावरी। बावरी विशेषण केवल विक्षिप्त के अर्थ में ही नहीं है। बावरी होना भोलेपन की वह स्थिति है जिसमें अपनी उपस्थिति का भान नहीं होता, यह ध्यान नहीं रहता कि आसपास क्या घट रहा है। मीरा तो स्वघोषित बावरी है।

बावरी अनेकार्थी भी है। अर्थ हैं जलाशय, भोली, मासूम, अबोध। लाक्षणिक अर्थ में पगली भी इसी के निकट है। ब्रज में प्यार से कहा जाता है- अरी, बावरी है रई है!!

अधिक लाड़-प्यार से बिगड़े बच्चे को 'लड़बावला' कहा जाता है।

बौड़म

उत्तर प्रदेश में बौड़म विशेषण बहुत सुना जाता है। 'शब्दसागर' के अनुसार बावला और बौड़म दोनों की व्युत्पत्ति संस्कृत 'वातुल' से है और दोनों का अर्थ भी बहुत कुछ समान है। बौड़म व्यक्ति में ये गुण हो सकते हैं – सनकी, अर्धविक्षिप्त, पागल-सा, बेवक़ूफ़, सुस्तदिमाग़, कुंद और मूर्खतापूर्ण, सिरफिरा।

बौड़म से भाववाचक संज्ञा बनती है, 'बौड़मपना' अर्थात ऊट-पटाँग हरकत, पागलपन, मूर्खता।

प्रेमचंद की एक कहानी का 'बौड़म' तो ऐसा दुर्लभ चरित्र है कि कहने को मन करता है, काश ऐसे बौड़म देश में और भी जन्में!

86
बोलबाला 'इसलिए' का

'इसलिए' हिंदी का सर्वाधिक बारंबारता वाला क्रियाविशेषण अव्यय है जो प्रायः दो स्वतंत्र उपवाक्यों को जोड़ता है। यह यद्यपि स्वतंत्र शब्द है, किंतु गठन की दृष्टि से सर्वनाम यह और √लेना के कृदंत तथा परसर्ग का अव्यय रूप है, जो इस प्रकार दिखाया जा सकता है – यह > इस (तिर्यक) + लिए। इसी के समकक्ष किसलिए, जिस लिए (कम प्रयुक्त) रचनाएँ क्रमशः कौन और जो सर्वनामों से निर्मित हैं।

संस्कृत में 'अस्य कृते' इसलिए के अर्थ में है किंतु इसलिए की व्युत्पत्ति 'अस्य कृते' से होना संदिग्ध लगती है। इसके समानांतर हिंदी की बोलियों में 'लिए' के लागि, लगि, लगे, लाग रूप मिलते हैं, जो √लग से बने हैं।

'सबु परिवारु मेरी याहि लागि, राजा जू,
हौं दीन बित्तहीन, कैसें दूसरी गढ़ाइहौं॥'

~तुलसी

जहाँ तक प्रकार्य का संबंध है, हिंदी में 'इसलिए' दो स्वतंत्र उपवाक्यों को जोड़ता है और उनमें कार्य - कारण संबंध बताता है, जैसे :

- वर्षा हो रही थी, इसलिए मैं नहीं आ सका।
- आपने बुलाया, इसलिए आया हूँ।

उक्त वाक्यों के प्रारंभ में कुछ लोग 'क्योंकि' अथवा 'चूँकि' भी लगा देते हैं जो अनावश्यक हैं, इसलिए त्याज्य है।

- क्योंकि वर्षा हो रही थी . . .
- चूँकि आपने बुलाया . . .

"इसलिए' को तोड़कर बीच में कारण को संज्ञा + परसर्ग के रूप में भी स्पष्ट कर सकते हैं। जैसे- इस गीत के लिए . . .।

यदि वक्ता केवल कारण ही बताना चाहे तो इसलिए के साथ 'कि' भी जुड़ जाएगा।

'आप क्यों आए ?'

'इसलिए कि आपने बुलाया था।'

प्रसंगवश यह उल्लेख करना आवश्यक होगा कि इसीलिए और इसलिए में अंतर है। 'इसलिए' सामान्य निष्कर्ष है, 'इसीलिए' में 'इस' के साथ बल देने वाले 'ही' निपात को जोड़कर हम 'इस' सर्वनाम पर बल देते हैं इस-ही-लिए>इसीलिए॥

इसे हिंदी की 'ही-संधि' कह सकते हैं।

इस + ही> इसी >इसीलिए

इसीलिए के अनुकरण में उसीलिए, किसीलिए, जिसीलिए बन सकते हैं किंतु प्रयोग में ग्राह्य नहीं हैं। इसीलिए के समकक्ष 'इसलिए ही' भी प्रयोग में है। निपात 'ही' का स्थान बदल देने से अर्थ में भी अंतर आ जाता है।

अतः, अतएव, एतदर्थ क्रियाविशेषण भी इसलिए के ही पर्याय हैं और शिष्ट साहित्यिक भाषा में बहुधा प्रयुक्त होते हैं, किंतु बोलचाल की भाषा में कम। इसलिए भी कहा जा सकता है कि हिंदी में बोलबाला 'इसलिए' का ही अधिक है।

87
भला से बढ़िया तक

भला की उत्पत्ति का इतिहास रोचक है। माना जाता है कि यह संस्कृत के 'भद्र' से बना है . . . भद्र > भल्ल > भला। कुछ लोग मानते हैं कि इसी 'भद्र' से 'भला' का विलोम भाई 'भद्दा' भी बना है . . . भद्र > भद्द > भद्दा। भद्दा को संस्कृत की एक और धातु 'भल्' से निष्पन्न भी माना जा सकता है जिसका अर्थ है 'देखना'। देखा जाए तो कम से कम देख-भाल, देखना-भालना जैसे शब्दयुग्मों में तो भद्र की अपेक्षा 'भल्' अधिक निकट लगता है।

संस्कृत में 'भद्र' के ही अनुरूप हिंदी में भी 'भला' के बीसियों अर्थ-छवियों वाले प्रयोग मिलते हैं। विशेषण के रूप में प्रायः इसका प्रयोग त्रुटि रहित, निर्दोष, विकार रहित, नेक, शरीफ़ आदि के अर्थ में होता है और अनेक स्थितियों में यह अच्छा का समानार्थी या बुरा का विलोम है, जैसे : अच्छा आदमी ~ भला आदमी, अच्छे लोग ~ भले लोग।

यह शब्दयुग्म भी बनाता है : अच्छा-भला, भले-बुरे, भला-चंगा, भलमनसाई आदि। अव्यय के रूप में यह 'भला' भी अनेक अर्थछवियाँ समेटे हुए है :

- शर्त (चाहे) : लोग भले ही निंदा करें, किंतु . . .; भले तुम आज न मानो, कल मानना पडेगा।
- व्यंग्य : ये भली रही.., भली चलाई तुम्हारी।

- निषेध : वह भला क्या समझे! (वह नहीं समझ सकता)
- भला मैं कैसे जानूँ! (मैं नहीं जानता)
- धिक्कार, निंदा : धत, तेरा भला हो ।

बोलने का लहजा बदल देने पर यह शुभकामना का अर्थ भी दे सकता है–

- भगवान करे, तुम्हारा भला हो ।

अच्छा के भाई-बंदों में ही एक है बढ़िया । यह संस्कृत की 'वृध्' धातु से बनी 'बढ़ना' क्रिया से विकसित विशेषण है – वृध् > वर्द्ध > बड्ढ > बढ़ > बढ़िया । कुछ संदर्भों में, और एक सीमा तक, यह अच्छा के स्थान पर विकल्प से प्रयुक्त हो सकता है, जैसे :

- आम अच्छा है ~ आम बढ़िया है ।
- वह अफ़सर अच्छा है ~ अफ़सर बढ़िया है ।

कभी-कभी तुलना में दूसरे से अच्छा बताने के लिए भी बढ़िया का प्रयोग होता है जैसे :

- यह साड़ी देखिए, यह बढ़िया है (पहले वाली से अच्छी साड़ी) ।
- अबकी बढ़िया चाय पिलाऊँगी (पिछली चाय की अपेक्षा अच्छी चाय) ।

तुलनात्मक रूप से अच्छा बताने के लिए हिंदी में आम तौर पर 'उससे/ उसकी अपेक्षा अच्छा' या चरम अवस्था बताने के लिए 'सबसे अच्छा' पदबंधों का प्रयोग होता है । कुछ स्थितियों में हम संस्कृत के तत्सम शब्दों उत्तम और श्रेष्ठ/श्रेष्ठतम का भी प्रयोग करते हैं । उत्तम तो सीध-सीधे उपसर्ग 'उत्' से 'तम' प्रत्यय जोड़कर बना लिया गया है । 'श्रेष्ठ' संस्कृत में चरम (सुपरलेटिव) अवस्था का ही सूचक है, हम हिंदी वाले उसके सिर पर 'तम' का अवांछित भार लादकर उसे डबल-सुपरलेटिव 'श्रेष्ठतम' (सबसे श्रेष्ठ) बना देते हैं और भूल जाते हैं कि जब श्रेष्ठ में चरम भाव है तो उसे श्रेष्ठतम बनाने और अशुद्ध प्रयोग की क्या आवश्यकता है !

लेकिन ठहरिए। वेद में भी श्रेष्ठतम का प्रयोग हुआ है।

- त्वोर्जे वा वायवस्थो पायवस्थ देवोवस्सविता प्रार्पयतु श्रेष्टतमाय कर्मणो॥ (यजुर्वेद)
- यज्ञो वै श्रेष्ठतमं कर्म (शतंपय)

तो वेद विहित को कैसे अग्राह्य मानें।

भावातिरेक में हम उत्तमोत्तम कहते हैं तो श्रेष्ठतम भी कहा जा सकता है। अंग्रेज़ी में 'बेस्टेस्ट' भी सुना जाता है!

यों भी जीवित भाषा तो बहता नीर होती है। वह व्याकरण की चिंता नहीं करती, भाषा के प्रयोक्ता ही उसका मार्ग निर्धारित करते हैं। श्रेष्ठतम का प्रयोग खूब चल रहा है, और रहेगा। ऐसे ही और बहुत से प्रयोग हैं, जो हिंदी ने अपना लिए हैं, उनकी चर्चा फिर कभी।

88
भाड़, भट्टी, चूल्हा और तंदूर

आवेश या झुँझलाहट में आपने ऐसी कुछ उक्तियाँ सुनी होंगी:

भाड़ में जाए तुम्हारी सलाह !
चूल्हे में जाय तुम्हारा तमाशा !
भाड़ में डालो अपनी सौगात !

भट्ठी से निकला भाड़ में पड़ा (छोटी विपत्ति से निकलकर बड़ी विपत्ति में फँसना)।

भट्टी, भट्ठी, भज्जी, भुज्जी, भाजी और भाड़ ये सब संस्कृत की भ्रस्ज् (भूनना, पकाना) धातु से जन्मे हैं, इसलिए एक ही परिवार के सदस्य हैं। बस, परिस्थिति के मारे अलग-अलग कामों में फँसे और अलग-अलग नामों से पहचाने जाने लगे।

भट्ठी की व्युत्पत्ति संस्कृत √भ्रस्ज् > भ्राष्ट > प्राकृत भठ्ठ > हिंदी भट्टी/भट्ठी है। भट्ठी विशेष आकार-प्रकार का ईंट, मिट्टी आदि का बना हुआ चूल्हा है जिसके अनेक उपयोग हैं और उनके अनुसार ही भट्ठी का आकार-प्रकार होता है। पारंपरिक विधि से दवाइयाँ बनाने वाले वैद्य, सुनार, लोहार सब की भट्ठियाँ अलग-अलग होती हैं। इत्र बनाने वाली भट्ठी भभका भट्ठी कहलाती है। चना, मक्का, मूँगफली आदि भूँजने वाले की भट्ठी को भाड़ कहा जाता है। भाड़ (<भ्राष्ट्र) से ही शब्द बना है भड़भूँजिया। चूना फूँकने वाली, ईंट, खपरैल, मिट्टी के बर्तनों (सिरैमिक) को पकाने वाली बड़ी भट्ठी

को भी भट्ठा कहते हैं। इसी से मुहावरा बना भट्ठा बैठ जाना अर्थात बड़ी हानि होना। भट्टियों के बिना धातुकर्म की कल्पना नहीं की जा सकती। लोहा, ताँबा, सोना, चाँदी, सीसा, टिन आदि धातुओं के अयस्कों को गलाने की विधियों और भट्ठियों का उल्लेख प्राचीन भारतीय ग्रंथों में प्राप्त होता है। आधुनिक कारखानों में भी ये भट्टी या धमन भट्टी कहलाती हैं।

चूल्हा द्रविड़ भाषाओं से संस्कृत में आया है। संस्कृत चुल्लि, चुल्ली > पालि/प्राकृत चुल्ली > हिंदी में चूला, चूल्हा। अगीठी की तरह का ईंट-मिट्टी या लोहे आदि का बना हुआ जिसका आकार प्रायः घोड़े की नाल-सा अर्ध चंद्राकार होता है और नीचे आग जलाकर जिस पर भोजन पकाया जाता है। ईंधन के रूप में मिट्टी-लकड़ी या कोयले का उपयोग करने वाले चूल्हे अब गाँव-देहात की संपत्ति हो गए। बदलते समय और तकनीकी के साथ सौर चूल्हा, बिजली का चूल्हा, गैस का चूल्हा, माइक्रोवेव चूल्हा आदि चलन में आ गए हैं।

तंदूर, रोटियाँ पकाने की एक प्रकार की बड़े मटके से मिलती-जुलती अगीठी, भट्टी होती है, जिसकी ऊँची गोलाकार दीवार के भीतरी भाग में आटे की लोई को हाथ से चपटा करके चिपकाया जाता है। इसके नीचे की ओर का भाग कुछ अधिक चौड़ा होता है। तंदूर का इतिहास लगभग 5000 साल पुराना माना जाता है। कालीबंगा, सिंधु घाटी स्थलों और ईरान और मध्य एशिया के अन्य स्थानों पर हुई खुदाई में प्राप्त अवशेषों में तंदूर से मिलते-जुलते मिट्टी के चूल्हे मिले हैं। अफ़गानिस्तान, पाकिस्तान, उत्तर-पश्चिम भारत में तंदूरी रोटी प्रिय खाद्य रहा है।

चूँकि तंदूर को भारत में लाने का श्रेय मुगल शासकों को दिया जाता है, इसलिए तंदूर शब्द की व्युत्पत्ति फ़ारसी तन्नूर से मानी गई, किंतु संस्कृत में भी तंदू एक प्रकार के चूल्हे को कहा गया है, जिसमें सीधे आँच में दाने पकाए जाते थे। ऐसे अन्न को तन्दूपक्व या अङ्गारपक्व कहा गया है। इस प्रकार तंदूर के समतुल्य संस्कृत तंदू को भी माना जा सकता है।

89
भाइयो! या भाइयों!

भाषा से एक मसला और जुड़ा है और मसला गंभीर है। यों भाषा से जुड़े मसले प्रायः गंभीर होते नहीं, बना दिए जाते हैं। 'मेरी भाषा – तेरी भाषा' के चक्कर में यहाँ राज्यों के बटवारे हुए, आत्मदाह हुए। पंद्रह साल टिकने की मोहलत वाली विदेशी भाषा अमरता का वरदान पा गई और इस देश की मिट्टी में जन्मी, पली- बढ़ी भाषा दिखावे की राजभाषा बना दी गई! इस दर्द को न ही पूछें तो अच्छा।

बहरहाल, आज मसला है, 'भाइयों! बहनों!' संबोधन सही है या 'भाइयो! बहनो!'

यदि प्रचलन के हिसाब से देखें तो अनेक प्रतिष्ठित लोग भी 'भाइयों, बहनों' ही कहते सुने जाते हैं। उधर गीता का परामर्श है कि श्रेष्ठ जन जो करें वही हमें भी करना चाहिए। इसलिए भाइयों, बहनों, बच्चों, साथियों जैसे प्रयोग धड़ाधड़ हो रहे हैं – मीडिया में भी और अन्यत्र भी। लेकिन संबोधन में ऐसे प्रयोग अशुद्ध हैं। हिंदी का कोई व्याकरण इन्हें सही नहीं मान सकता।

मूल एकवचन शब्द के साथ 'ओं' जोड़कर बहुवचन बनता तो है, पर संबोधन में कभी नहीं। यों समझ लें कि 'ओं' को जब बहुवचन बनाने के लिए मूल एकवचन से जोड़ते हैं तो उसे तुरंत एक साथी की भी आवश्यकता होती है, जैसे : बहनों ने, भाइयों को, बहुओं के लिए, देवताओं से . . . ।

201

पर संबोधन में यह संभव नहीं होता। हो ही नहीं सकता। सीधा बहुवचन बनेगा – भाइयो!, बहनो!, गुरुजनो!, सभासदो! आदि।

वस्तुतः संबोधन कारक नहीं, स्वतंत्र वाक्य है। कारक का सीधा संबंध क्रिया से होता है। संबोधन पूर्ण अर्थ देने के कारण एक वाक्य है– एकपदीय लघुवाक्य। हम जब भाइयो! कहकर संबोधन करते हैं तो हमारा अनकहा होता है – भाइयो! आपसे कुछ कहना है (या ऐसा ही कुछ)। जो अनकहा है, उसी पर वाक्य संबोधन टिका हुआ है।

यह अशुद्धि पिछले कुछ वर्षों से हिंदी में इतनी पैठ चुकी है कि नामी लेखक, शिक्षक, पत्रकार प्रयोग करने लगे हैं, उनमें ऐसे भी हैं जो पहले संबोधन में अनुस्वार नहीं लगाते थे। यह चिंतनीय है। माना प्रयोग बहुलता से संभवतः वह स्वीकार्य हो जाए, पर उसके पीछे कोई भाषिक तर्क भी तो हो। किसी को कहते सुना कि, चाहे संबोधन में अनुस्वार व्याकरण सम्मत न हो, किंतु बिना अनुस्वार के सुनने में कर्णकटु लगता है! इसका उत्तर यही हो सकता है कि भाषा एक आदत भी होती है। जब हमें प्रयोग की आदत पड़ जाएगी तो वही प्रिय लगने लगेगा। दूसरा पक्ष यह भी तो है कि जो शुद्ध प्रयोग जानते, समझते और उपयोग में लाते हैं, उन्हें संबोधन बहुवचन में अनुस्वार बहुत कर्णकटु लगता है।

90
भाव, मूल्य और दर

संस्कृत में √भू (सत्तायाम्) से घञ् प्रत्यय जोड़कर भाव बनता है जिसका अर्थ है : होना, अस्तित्व, स्थिति, सत्ता। हमारी प्रवृत्ति, स्वभाव और स्वरूप भी भाव के अंतर्गत आ जाते हैं। भाव किसी के मन में उठने वाले मूल विकार हैं जो प्यार, स्नेह, लालसा, सहानुभूति, संवेदना, सुख के भी हो सकते हैं और आश्चर्य, क्रोध, दुख, ईर्ष्या, वासना के भी।

साहित्य शास्त्र में रस निष्पत्ति के उपकरणों के रूप में स्थायीभाव, विभाव, अनुभाव, संचारी भाव, व्यभिचारी भाव आदि मानसिक संकल्पनाएँ हैं, जो रस निष्पत्ति के हमारे मानसिक अनुभव में सहायक होती हैं और हम कवि-कलाकार के भावों से एकात्म हो पाते हैं। भावों का आधिक्य हमें द्रवित कर सकता है। प्रेमी-प्रेमिका के संयोग, वियोग से उत्पन्न होने वाले सुख-दुख जो अभिनय की मुद्राओं, नृत्य मुद्राओं या गीत-संगीत से प्रस्तुत किए जाएँ वे भी भाव हैं। सामान्य बोलचाल में नाज़-नखरे या चोंचले करना भाव दिखाना है; कोई अधिक करे तो कहा जाता है, भाव खा रहा है, कुछ करना पड़ेगा इसके लिए।

दूसरे भाव का संबंध मन के अमूर्त अनुभवों से नहीं, मूर्त जगत की ठोस वस्तुओं के क्रय-विक्रय, मूल्य और दर से है। ये व्यापार जगत के भाव उतरते हैं, चढ़ते हैं, स्थिर रहते हैं, इनका भाव-ताव या मोल-भाव भी किया जा सकता है।

केले कैसे दिए? प्रश्न का आशय केले का भाव पूछना है। उत्तर मिल सकता है: केले ₹50 दर्जन हैं अर्थात केले का भाव ₹50 प्रति दर्जन है। इस भाव को दर के रूप में भी पहचाना जाता है- केले की दर ₹50 प्रति दर्जन है। चीनी ₹40 किलो की दर से बिक रही है, अर्थात चीनी का भाव ₹40 प्रति किलो है।

दाम या मूल्य किसी वस्तु की बिक्री के लिए निर्धारित रकम को कहा जाता है जो या तो स्थिर होता है या मोल भाव से कम किया/कराया जा सकता है। मूल्य प्रायः इकाई का होता है; किंतु भाव इकाई का नहीं, उस वस्तु के समूचे वर्ग या वितरण या विक्रय की बड़ी इकाई का होता है। मूल्य मुख्य रूप से दो प्रकार का माना जाता है: लागत मूल्य जो प्रति इकाई होता है और विक्रय मूल्य जिसमें लागत मूल्य के अतिरिक्त ऊपरी खर्चे और अपेक्षित लाभांश जोड़कर निर्धारित किया जाता है। जैसे कहा जा सकता है: नए मकान के निर्माण में 55 लाख लागत आई, इसे 60 लाख में बेचा जाएगा। जब आप ₹40 प्रति किलो की दर से बिक रही चीनी में से 500 ग्राम चीनी ख़रीदते हैं तो ₹20 उसका मूल्य देते हैं; भाव या दर नहीं।

हिंदी का दर शब्द अज्ञात व्युत्पत्तिक प्रतीत होता है और हिंदी उर्दू के अतिरिक्त अनेक अन्य भाषाओं में इसी अर्थ में उपस्थित है। अंग्रेज़ी के रेट के समानार्थक के रूप में दर का प्रयोग अब अनेक अर्थों में होने लगा है। वेतन, बीमा, ब्याज, कर, किस्त आदि की दरें निर्धारित होती हैं। कुछ आँकड़ों के आधार पर जन्म दर, मृत्यु दर, विकास दर, साक्षरता दर आदि की गणना की जाती है।

91
भाषाई या भाषायी

स्वरांतता हिंदी की स्वाभाविक प्रकृति है। गया/ गई में एक स्थान पर श्रुति के रूप में य् व्यंजन और दूसरे पर शुद्ध स्वर ई आने का एक विशेष कारण है, जिसकी चर्चा अन्यत्र की गई है। गई हुई को गयी हुयी लिखने वाले इस 'यी-संप्रदाय' का प्रभाव संक्रमित होकर अनेक स्थानों पर देखा जा सकता है; जैसे: स्थायी, अनुयायी, उत्तरदायी, विनयी, मितव्ययी जैसे शब्दों को स्थाई, अनुयाई, उत्तरदाई, विनई, मितव्यई आदि लिखा जा रहा है।

इधर कुछ हिंदी के लेखकों, शिक्षकों, भाषाविदों, वैयाकरणों को तक एक शब्द लिखते हुए पाया जा सकता है, 'भाषायी'। यह अति सतर्कता का परिणाम है। इन्हें यह तो मालूम है कि स्थाई, उत्तरदाई जैसे शब्द अशुद्ध हैं, इनमें ई के स्थान पर यी आना चाहिए। तो इस ज्ञान का उपयोग करते हुए वे भाषाई को भाषायी लिख देते हैं और बेचारी भाषा घुटकर रह जाती है। यह मान लिया जाना चाहिए कि जान-बूझकर अशुद्धि कोई नहीं करता। अशुद्धियों का भी अपना व्याकरण होता है। यहाँ भी मुख्य कारण यह है कि शब्द की मूल संरचना ज्ञात न होने से 'ई' के स्थान पर 'यी' और 'यी' के स्थान पर 'ई' आ रही है।

जब 'यी' मूल शब्द का ही घटक हो, अर्थात उसकी वर्तनी में हो, तो उसे 'ई' से नहीं बदला जा सकता। स्थायी, उत्तरदायी, मितव्ययी आदि ऐसे ही शब्द हैं। ठीक इसी प्रकार जब 'ई' स्वर किसी शब्द का घटक हो, उसकी

वर्तनी में शामिल हो तो उसके स्थान पर भी 'यी' नहीं किया जा सकता; जैसे रजायी, भाषायी, पंडितायी अग्राह्य होंगे। इसी प्रकार पढ़ाई, लिखाई, रुलाई, मलाई, मिठाई में भी 'ई' को 'यी' से बदल देने पर जग-हँसाई होना पक्का है। कल्पना कीजिए मिठाई या मलाई में से 'ई' ही निकल जाए तो उनका स्वाद कैसा होगा! यह अनावश्यक 'ई' कार भाषा को भी स्वादहीन कर देता है।

हिंदी में दो प्रकार के 'ई' प्रत्यय हैं – एक वे जो भाववाचक संज्ञा बनाते हैं; जैसे : भलाई, बुराई, लिखाई, ऊँचाई, हँसाई, बड़ाई। दूसरा 'ई' प्रत्यय विशेषण बनाता है; जैसे : ऊँची, नीची, किताबी, भाषाई। इन दोनों प्रकार के शब्दों में 'ई' को 'यी' से नहीं बदला जा सकता। राजनय से राजनयिक, आनंदमय से आनंदमयी, नायक से नायिका होंगे, किंतु राजनइक, आनंदमई, नाइका नहीं होंगे।

92
भूल-चूक और भूले-भटके

भूल विस्मृति के लिए है और चूक भ्रम जनित सामान्य त्रुटि के लिए। अज्ञान और असावधानी दोनों के प्रेरक गुण हैं। भूल का विकास प्राकृत के 'भुल्ल' शब्द से माना जाता है और चूक का प्राकृत 'चुक्क' से जिसका संबंध संस्कृत के 'च्युतकृत' से खींच-तानकर जोड़ा जाता है।

याद करना (स्मृति) की भाँति भूलना (विस्मृति) भी एक मानसिक क्रिया है। अंतर केवल इतना है कि स्मृति एक सक्रिय क्रिया है तथा विस्मृति निष्क्रिय। किसी बाधा, अभ्यास के अभाव के कारण या अनवधानता के कारण हम कोई काम या बात भूल जाते हैं। मनोवैज्ञानिकों के अनुसार सीखी हुई बात को स्मरण रखने और आवश्यकता पड़ने पर पुनःस्मरण करने की असफलता को विस्मृति कहते हैं। यही भूलना है और भूलना का भाव है भूल। हम किसी की बात, आग्रह, निमंत्रण, यहाँ तक कि किसी का नाम, पता, ठिकाना तक भूल सकते हैं। भूल जाने का स्वभाव भुलक्कड़पन कहलाता है। भूल का एक अर्थ गलती भी है। हिसाब-किताब में भारी भूल हो जाए तो परेशानी बढ़ सकती है।

चूक भूल से एक सोपान नीचे है। यह भी एक प्रकार की भूल या गलती ही है, जो समय पर कोई बात याद न आने या जानते हुए भी स्मरण न कर पाने के कारण हो सकती है। विद्यार्थी प्रश्न का उत्तर जानता है किंतु बताते समय चूक जाता है। हम लक्ष्य की ओर बढ़ते हैं किंतु कोई एक

महत्त्वपूर्ण कदम न उठा पाने के कारण लक्ष्य से चूक जाते हैं। कोई रोजगार या पदोन्नति पाने से चूक जाए तो उसे पछतावा होता है। तुलसीदास भी कह गए हैं, 'समय चूकि पुनि का पछताने!' यहाँ चूक के स्थान पर भूल का कोई स्थान नहीं।

अर्थसाम्य के कारण दोनों से बना एक शब्द प्रचलित है भूल-चूक! भूल-चूक लेखा या हिसाब-किताब में होने वाली ऐसी गलती है, जो दृष्टि दोष, असावधानी, जल्दबाज़ी आदि के कारण हो जाती है और जिसे बाद में ठीक किया जा सकता है। भूल-चूक के लिए विनम्रता पूर्वक क्षमा माँगी जाती है। दुकानदार, व्यापारी, व्यवसायी अपनी रसीद (बिल) में एक लोकोक्ति प्रायः लिखते हैं, 'भूल चूक लेनी देनी' (E&OE) अर्थात रसीद या लेन-देन में कहीं कोई भूल-चूक हो तो उसे ठीक किया जा सकता है।

भूल से बनता है भुलावा, जिसका अर्थ है छल, धोखा। इस वर्ग के कुछ यौगिक शब्द हैं – भूल-चूक, भूल-भुलैया, भूला-भटका, भूला-बिसरा, भूले-भटके। कुछ लाक्षणिक प्रयोग भी हैं: भूलकर भी नहीं (करना), भूलकर भी नाम (न) लेना। भूला-भटका कृदंत विशेषणों का युग्म है और प्रायः संज्ञा-सर्वनाम के साथ प्रयुक्त होता है। भूले-भटके प्रायः क्रियाविशेषण के रुप में कभी-कभी के अर्थ में प्रयुक्त होता है।

93
मट्ठा, छाछ और ताक

दही से नवनी (मक्खन) निकाल लेने के बाद बचे हुए तरल के अनेक नाम हैं। हिंदी क्षेत्र में इसके लिए मठा, मट्ठा, छाँस, छाछ, छछिया, लस्सी आदि शब्द अलग-अलग क्षेत्रों में व्यवहृत होते हैं। मठा संस्कृत √मथ् (मथना) से- मथ्> मथित> मठा/मट्ठा। छाछ/छछिया संस्कृत छच्छिका से है। छाछ से ही छाँछ, छाँस, छाँ विकसित हुए हैं। मोहि, मोही, मही सं √मन्थ् से व्युत्पन्न हैं। √मन्थ्> मथित > मही > मोही। अंगिका में तक्कर (>तक्र) और घोर (घोल) शब्द हैं।

दिल्ली देहात, हरियाणा, पंजाब में छाछ को भी लस्सी कहा जाता है। लगता है √लस् चिपकने या चिपकाने का गुण, लसलसापन होने के कारण लस्सी, लाइसी नाम पड़ा होगा। गुण और प्रभाव में शीतलता के कारण छाछ को शीत भी कहा जाता है।

हरियाणवी में इन नामों से इतर छाछ के कुछ नाम और हैं। जैसे खाटो (खट्टा), ताक (तक्र), छाछड़ली, छाछड़ी (छच्छिका)। हरियाणा में ही प्रचलित फड़फड़ी, रांग, चेहड़ू, काळसेय आदि कुछ देशज नाम प्रचलित हैं। दूध/लस्सी बेचने वाला महियारा (मही वाला) कहलाता है। लस्सी में दूध की धार मारकर बना पेय गोजी है। राजस्थानी (खासकर मेवाड़ी बोली में) छाछ से विकसित छाह, छा, साह, सा शब्द भी प्रचलित हैं।

महाराष्ट्र में छाछ को ताक कहा जाता है, जो संस्कृत तक्र शब्द से सीधा व्युत्पन्न है।

जैसे स्वर्ग में देवों को अमृत, ऐसे ही भूलोक में मनुष्यों के लिए तक्र (तका/मठा) को रोग नाशक, सुखद, स्वास्थ्य वर्धक बताया गया है।

न तक्रसेवी व्यथते कदाचिन्न
तक्रदग्धाः प्रभवन्ति रोगाः।
यथा सुराणाममृतं सुखाय
तथा नराणां भुवि तक्रमाहुः।

"मट्ठे का सेवन करने वाले कभी दुखी नहीं होते, उन्हें कोई रोग नहीं होता, जैसे देवताओं को अमृत सुख देता है, उसी प्रकार धरती पर मनुष्य को मट्ठा सुख देता है।"

94
मथानी मंथन

दही मथने की मथनी/मथानी के लिए संस्कृत में √मन्थ् धातु से मन्था, मन्थान, मंथानक, मंथदंड शब्द हैं। शिव का एक नाम मन्थान: भी है।

लोक में इसके अनेक नाम हैं। रई, रवी, रहई; बिलोनी, मथानी, कन्नी; मराठी में रवी, घुसळणी; मारवाड़ी में झेरणी, कोंकणी में खवलो, गुजराती में वलोणु, नेपाली में मदानी और पंजाबी में मधाणी। हरयाणवी में दही मथने के पात्र को बिलोनी और मथने वाले डंडे को मथानी या रवी कहते हैं। ब्रज क्षेत्र में पात्र का नाम मथनी है और बिलोने वाले दंड को मथानी कहा जाता है।

इसका एक छोटा संस्करण भी है, जो लस्सी बनाने और दाल घोटने के काम आता है। उसके लिए प्रायः सारे हिंदी क्षेत्र में दलघोटनी शब्द है। पूर्वांचल में खैलर भी कहा जाता है।

मथानी के लिए कुमाउँनी में 'फिर्को' नेपाली में 'फिर्के' शब्द हैं। व्युत्पत्ति है: फिरना > फिरकना > फिरकी > फिर्को (=मथानी, कुमाउँनी में) > फिर्के (नेपाली में दलघोटनी को कहा जाता है)। कुमाउँनी में कहीं इसे रौली, रौल भी कहा जाता है। मथने के लिए जिस पात्र में दही रखा जाता है उसे कुमाउँनी में बिंड या नलिया/नइया कहा जाता है। गढ़वाली में मथानी को रौड़ी; और मथने वाले वर्तन को 'परेड़ा' या 'परिया' कहते हैं।

95
ये माजरा क्या है

मिर्ज़ा ग़ालिब की ग़ज़ल की एक पंक्ति है :

'या इलाही ये माजरा क्या है।'

एक मित्र माजरा डबास के हैं। हमेशा सूत्रों में बात करते हैं। पूछा तो उन्होंने बताया कि उनका माजरा वह माजरा नहीं है जो ग़ालिब साहब की समझ में नहीं आया। हम हैरान थे कि जब ग़ालिब साहब नहीं समझे तो हम क्या समझें। तभी ग़ालिब साहब की फुसफुसाहट सुनाई दी :

'मैं भी मुँह में ज़बान रखता हूँ
काश पूछो कि मुद्दआ' क्या है'

ग़ालिब साहब, मुद्दा तो माजरा है और आप पहले ही इलाही का वास्ता देकर फ़रमा चुके हैं कि माजरा क्या है?

बहरहाल खोज चलती रही तो पाया कि माजरा नाम के अनेक गाँव हरियाणा, दिल्ली, पश्चिमी उत्तर प्रदेश, पंजाब में विशेष रूप से मिलते हैं। कुछ उदाहरण हैं : लाखण माजरा, लावा माजरा, माजरा डबास, राणामाजरा, बामण माजरा, भोडवाल माजरा, खलीला माजरा, नैन माजरी, नूना माजरा, भैणी माजरा, मोहम्मदपुर माजरा, माजरा महताब, समसपुर माजरा, अड्डू माजरा इत्यादि।

प्रयोग से स्पष्ट है कि माजरा शब्द ग्राम वाचक है और मूलतः अरबी 'मज़रा' से संबंधित लगता है। नुक़्ता हट जाने पर रह गया माजरा। अरबी में मज़रा का अर्थ है : खेती की जगह, खेत, खेती, वह भूमि जो खेती के योग्य हो, छोटा गाँव, ग्रामीण बस्ती।

मियाँ ग़ालिब चाहे न समझे हों, हम समझ गए कि माजरा क्या है! शैख़ ज़हूरुद्दीन 'हातिम' साहब ने ठीक ही फरमाया है :
मज़रा-ए-दुनिया में दाना है तो डरकर हाथ डाल
एक दिन देना है तुझको दाने-दाने का हिसाब।

96
मूर्ति और विग्रह

मूर्ति और विग्रह के अर्थ में सामान्यतः कोई अंतर नहीं है। दोनों का प्रयोग आकृति, स्वरूप, शक्ल-सूरत के अर्थ में किया जाता है। किसी की आकृति के सदृश पत्थर, धातु, लकड़ी या मिट्टी से गढ़ी हुई प्रतिमा भी मूर्ति ही है।

मूर्ति और विग्रह शब्दों के प्रयोग में कहीं कुछ स्थितियों में अवश्य अंतर मिलता है। जैसे मूर्ति किसी जीवित या दिवंगत व्यक्ति या पशु-पक्षी की भी हो सकती है, परंतु विग्रह आराध्य का होता है। मूर्ति को घर, आँगन, चौराहे या किसी भी सार्वजनिक स्थान पर स्थापित किया देखा जा सकता है; विग्रह के लिए निर्धारित स्थान घर का पूजा स्थल या मंदिर का गर्भगृह ही हो सकता है।

किसी देवता की मूर्ति, जब शास्त्रोक्त विधि से मंदिर में प्राण-प्रतिष्ठित हो जाती है, तब उसे अमुक देवता का विग्रह कहा जाता है। मंदिर की मूर्ति किसी देवता की होती है और विग्रह मानी जाने वाली मूर्ति में स्वयं वह देवता ही विराजमान माना जाता है। यह भक्त के ऊपर है कि वह किस भाव को ग्रहण करता है।

97
मोद, मोदक और मोदी

किसी शब्द की व्युत्पत्ति निर्धारित करना बड़ा कठिन और जोखिम भरा काम होता है; विशेषकर भारत में जहाँ एक ओर सब भाषाएँ किसी न किसी रूप में संस्कृत, पालि, प्राकृत से जुड़ती हैं और दूसरी ओर सदियों से विदेशों से संपर्क के कारण विदेशी भाषाओं के शब्द भी भारतीय भाषाओं में घुलमिल गए हैं। साथ ही भारतीय उपमहाद्वीप के अन्य भाषा परिवारों के शब्द भी व्युत्पत्ति को और कठिन बना देते हैं।

मोदी शब्द को ही लीजिए। बड़ा सरल, लोक प्रचलित, सम्मानित उपनाम है, किंतु इसकी व्युत्पत्ति इतनी आसान नहीं, रोचक अवश्य है। संस्कृत कोशों के अनुसार यह √मुद् से है (प्रसन्न होना, आनंदित होना, सुगंध आदि के अर्थ में)। व्युत्पत्ति इस प्रकार है - √मुद् + भावे घञ् = मोद, मोद + णिनि = मोदिन् > मोदी मोद प्रदान करने वाला, आनंदी, विदूषक, हँसोड़।

मुद् धातु से 'मोदक' (लड्डू) भी बना है, जिसका नाम ही आनंददायक है! मोदक बनाने वाला मोदककार (हलवाई) और इसी मोदककार से मोदी भी जुड़ता है। कालांतर में मोदी शब्द में अर्थ विस्तार हुआ और गुजराती, मारवाड़ी, राजस्थानी में यह केवल हलवाई के लिए नहीं, वरन सभी तरह की चीजें बेचने वाले परचूनिये के लिए हो गया। अनाज ढोने वाली बैल गाड़ियों में बिछाया जाने वाला मोटा कपड़ा भी मारवाड़ी में मोदियो

215

कहलाता है। मध्यवर्ती युग में एक और शब्द अरबी से ईरान होते हुए भारत पहुँचा: मद्द-अ। मद्द-अ/मद्दा का अर्थ है सामग्री, सामान, जिंस। मोदी शब्द के अर्थ विस्तार में यह भी शामिल हो गया – जिसके पास सामग्री का भंडार है, वह मोदी। अन्न भंडार या गोदाम के लिए शब्द बना मोदीख़ाना। मोदीख़ाना में जो लोग गोदाम के रक्षक थे उन्हें मोदी उपाधि दी जाती थी। इससे व्यापारी वर्ग के बहुत से लोग मोदी कहे जाने लगे। इस उपाधि को वे सम्मानजनक मानते थे। गुरु नानक देव जी भी किसी ऐसे ही मोदीख़ाने के रक्षक थे जहाँ उन्होंने 'सच्चा सौदा' करते हुए भंडार को लुटा दिया।

परचून, किराना (अन्न, आटा, दाल आदि) बेचने वाले के लिए मोदी/मोडी शब्द बिहार बंगाल में भी है। बांग्ला में मूदि (মুদি) कहा जाता है।

तो इतना तो तय है कि मोदी परचुनियों का उपनाम है। पहले मोदी शब्द भंडारी/पंसारी के लिए प्रयुक्त होता था। प्लैट्स, कुलकर्णी, रोज़ारियो के कोश इसे अनाज के भंडारी से जोड़ते हैं। कुलकर्णी के कोश में भी इसे मोदक से व्युत्पन्न बताया गया है। मिष्ठान्न विक्रेता से अनाज बेचने वाले में अर्थ परिवर्तन अर्थ-विस्तार असंभव नहीं है।

हाँ, मोदक शब्द सर्वत्र लड्डू के लिए ही नहीं है। संस्कृत के कुछ कोशों (आप्टे, कल्पद्रुम, वाचस्पत्यम्, शब्दसागर) में 'मोदक' को क्षत्रिय पुरुष और शूद्र स्त्री के संसर्ग से उत्पन्न एक वर्णशंकर जाति का नाम भी बताया गया है।

रेख़्ता शब्दकोश भी मोदी को संस्कृत का शब्द बताता है और उसमें मोदी के ये अर्थ दिए गए हैं – आटा, दाल, चावल, आदि बेचनेवाला; भोजन सामग्री देनेवाला बनिया, अनाज का व्यापारी, परचून की दुकान वाला। रेख़्ता कोश के अनुसार वह भी मोदी है जिसका काम बड़े आदमियों के यहाँ नौकरों को भरती करना हो; पहुँचाने वाला, भेजने वाला, प्रेषक।

सभी प्रकार की व्युत्पत्तियों से इतना स्पष्ट है कि एक ओर आटा, दाल, चावल आदि भोजन सामग्री बेचने वाला बनिये, परचूनिये को और दूसरी ओर अन्नभंडार के रक्षक को मोदी कहा गया।

कबीर ने भी कहा है :

'माया मेरे राम की मोदी सब संसार।
जाकी चीठी ऊतरी सोई खरचनहार।'

एक अन्य कवि ने लिखा है :

'दे सबै अहारै सोदी, अन्नपूरणा मोदी।'

कोशों के अनुसार परचूनियाँ मोदी की पत्नी मोदिनी कहलाती है। अपनी दुकान पर बैठी मोदिनी के बारे में ब्रज भाषा के प्रसिद्ध कवि देव ने लिखा है :

'दामन के मोद भरी जोबन प्रमोद भरी
मोदी की बहू की दुति देखे दिन दुनी सी।
चुनरी सुरंग अंग ईंगुर के रंग 'देव'
बैठी परचुनी की दूकान पर चुनी सी।'

मोदी उपनाम के लोग गुजरात, राजस्थान, महाराष्ट्र, उत्तर प्रदेश, बिहार, झारखंड आदि में पाए जाते हैं। यह अधिकतर हिंदू वैश्य समुदाय के हैं किंतु खत्री, तेली, पारसी आदि समुदायों में भी हैं। माना जाता है कि जब जैनी समाज बिहार से भारत के अन्य राज्यों में प्रवसित हुआ तो मोदी भी प्रवसित हुए।

98
मुमताज़ और ताजमहल

वैश्विक धरोहर ताजमहल के बारे में राजनीतिक बहसों और ऐतिहासिक सहमतियों-असहमतियों से दूर रहते हुए एक भाषिक प्रश्न उभरता है।

सब जानते हैं और इतिहास भी बताता है कि ताजमहल को शाहजहाँ ने अपनी प्रिय रानी मुमताज़ महल की याद में बनाया था। यहाँ नुक़्ते की बात यह उभरती है कि मुमताज़ महल का 'ज़' तो नुक़्ते वाला है और ताजमहल का 'ज' नुक़्ताविहीन। ऐसा क्यों?

कारण जानने के लिए दोनों शब्दों के घटकों की अलग-अलग पड़ताल करनी पड़ेगी। मुमताज़ अरबी का शब्द है जिसका अर्थ है श्रेष्ठ, प्रतिष्ठित। महल का अर्थ है पत्नी, रानी, रनिवास। इसलिए मुमताज़ महल अर्थात महल/रनिवास में सबसे अधिक प्रतिष्ठित रानी। दूसरी ओर ताजमहल का ताज फ़ारसी का शब्द है। ताज का अर्थ है बादशाहों के सिर पर पहना जाने वाला मुकुट, आभूषण और महल का अन्य अर्थ है शानदार इमारत, भव्य भवन। तो ताजमहल हुआ महलों में ताज के समान श्रेष्ठ।

पड़ताल से सिद्ध हुआ कि न तो ताजमहल का ताज मुमताज़ महल वाला ताज़ है और न मुमताज़ महल का महल ताजमहल का महल है।

99

यथा-तथा

यथा और तथा दोनों अव्यय हैं। यथा का अर्थ है जैसे, जिस प्रकार और तथा का वैसे, उसी प्रकार। इनका प्रयोग प्रायः शिष्ट हिंदी में अधिक होता है। सामान्य हिंदी में जिस प्रकार और उसी प्रकार एक मिश्र वाक्य के दो उपवाक्यों को जोडते हैं, जैसे –

हिंदी में यथा का प्रयोग स्वतंत्र रूप में कम होता है। केवल उदाहरण देने के लिए 'जैसे' के अर्थ में तत्सम प्रधान शैली में साहित्यिक प्रयोग दिखाई देता है। यथा से निर्मित संयुक्त शब्द बहुत से प्रचलित हैं; जैसे : यथायोग्य, यथासंभव, यथोचित, यथा स्थान, यथानिर्देश, यथावत आदि।

तथा का यथा के सहप्रयुक्त शब्द के रूप में स्वतंत्र प्रयोग केवल कुछ कहावतों में मिलता है जैसे – यथा राजा तथा प्रजा। अन्यत्र तथा का प्रयोग योजक के रूप में स्वतंत्र रूप से कम, 'और' के विकल्प के रूप में अधिक दिखाई पड़ता है; वह भी तब, जब एक वाक्य में 'और' का प्रयोग करने के बाद कुछ जोड़ना शेष रह जाए तो यह 'और' की पुनरुक्ति से बचाता है।

तथा से एक शब्द निर्मित होता है तथ्य, जैसा है वैसा होने का भाव, अर्थात सत्य। यथा से यथ्य नहीं बनेगा। यथार्थत्व, याथार्थ्य बन सकते हैं जिनका अर्थ वास्तविकता, तथ्य के निकट है।

100
राजनीतिक या राजनैतिक

राजनीति का शब्दकोशीय अर्थ है राज्य, राजा या प्रशासन से संबंधित नीति। चूँकि आज राजा जैसी कोई संकल्पना नहीं रही, इसलिए इसका सीधा अर्थ हुआ राज्य प्रशासन से संबंधित नीति, नियम व्यवस्था या चलन।

आज बदलते समय में राजनीति शब्द में अर्थापकर्ष भी देखा जा सकता है, जैसे :

- मुझसे राजनीति मत खेलो।
- खिलाड़ियों के चयन में राजनीति साफ़ दिखाई पड़ती है।
- राजनीति में कोई किसी का नहीं होता।
- राजनीति में सीधे-सच्चे आदमी का क्या काम।

उपर्युक्त प्रकार के वाक्यों में राजनीति का आशय छल, कपट, चालाकी, धूर्तता, धोखाधड़ी के निकट बैठता है और नैतिकता से उसका दूर का संबंध भी नहीं दिखाई पड़ता। जब आप कहते हैं कि आप राजनीति से दूर रहना चाहते हैं तो आपका आशय यही होता है कि आप ऐसे किसी पचड़े में नहीं पड़ना चाहते, जो आगे चलकर आपके लिए कटु अनुभवों का कारण बने। इस प्रकार की अनेक अर्थ-छवियाँ शब्दकोशीय राजनीति में नहीं हैं, व्यावहारिक राजनीति में स्पष्ट हैं।

अब व्याकरण के अनुसार शब्द रचना की दृष्टि से देखें। नीति के साथ विशेषण बनाने वाले -इक (सं. ठक्) प्रत्यय पहले जोड़ लें तो शब्द बनेगा

नैतिक; (जैसे देह से दैहिक, लिंग से लैंगिक, इच्छा से ऐच्छिक, लोक से लौकिक आदि।) अब नैतिक से पूर्व राज जोड़कर समास करें तो राज + नैतिक = राजनैतिक शब्द बनता है।

दूसरी ओर राजनीति समस्त पद के साथ उक्त प्रत्यय जोड़ें तो राजनीतिक बनेगा, क्योंकि प्रातिपदिक की उपधा में 'आ' स्वर पहले से है, इसलिए दीर्घ स्वर में पुनः वृद्धि नहीं होगी; जैसे नीति > नैतिक (नी > नै), लोक > लौकिक (लो> लौ), समाज > सामाजिक (अ >आ) में हुई है।

यह तो है व्याकरणिक पक्ष, अब व्यावहारिक दृष्टि से भी परख लिया जाए। चूँकि आज यह विश्वास दृढ़ होता जा रहा है कि राजनीति के साथ नैतिकता कहीं रह नहीं गई, कहीं दिखाई नहीं देती, इसलिए 'राजनीतिक' ही ठीक है। व्याकरण के अनुसार शुद्ध होते हुए भी राजनीति का 'नैतिक' बोझ कोई उठा नहीं पाएगा: न राजनीति कर्मी, न राजनीति भोगी।

101
रुकना, ठहरना और रहना

मोटे तौर पर ये क्रियाएँ समानार्थक लगती हैं। प्रयोग और अर्थ में निश्चय ही कुछ अंतर है। इन वाक्यों को देखें :

- पटना जाते हुए हम एक दिन लखनऊ में और दो दिन वाराणसी में रुकेंगे।
- मामा जी दो दिन हमारे घर ठहरेंगे।
- मामाजी अवकाश प्राप्ति के बाद दिल्ली में रहेंगे।

किसी निरंतर हो रही, चल रही क्रिया का बीच में निलंबित हो जाना रुकना है।

- बिजली गई तो पंखा रुक गया।
- रुक जाओ, आगे सड़क टूटी है।
- हम दिल्ली से चलकर एक घंटा मथुरा रुके और चल पड़े।
- गाड़ी कानपुर से छूट गई और अब प्रयागराज पहुँचकर रुकेगी।
- फैसला लिखते हुए न्यायाधीश का हाथ रुक गया।

रहना, ठहरना के लिए भी कहा जा सकता है, लेकिन ठहरना में अस्थायी रूप से कुछ समय बिताने और कभी-कभी विश्राम करने का भाव भी सम्मिलित होता है। रहना में निवास करने का भाव छिपा हुआ है।

- आप कहाँ रहते हैं ?
- अभी तो होटल में ठहरा हुआ हूँ, फिर कहीं किराए का घर लेकर रहूँगा।

रहना किसी पद पर होने का अर्थ भी देता है–

- भाटिया जी हमारे जिलाधीश भी रहे।
- बस, एक वर्ष इस पद पर रहूँगा, फिर पदोन्नति हो जाएगी।

रहना की अनेक अर्थ छटाएँ हैं–

पिछड़ना	:	लोग आगे निकल गए, तुम कैसे रह गए?
जीना, सहन करना	:	गांधी जी इतने दिन उपवास में कैसे रह लेते थे?
विराम लेना, रुकना	:	तुम रहो, उसे बताने दो।
टिकना	:	आए हो तो दो दिन रहो।
लेन-देन में बकाया	:	पूरा भुगतान नहीं हुआ, पाँच हज़ार रह गया।
निरंतरता सूचक सहायक क्रिया	:	जा रहा है, जा रहा था।

रहना कभी-कभी सहायक के रूप में साथ बने रहने का भाव भी देता है :

- बॉस ने कहा, मीटिंग में तुम मेरे साथ रहोगी।
- मुझे कुछ कार्यालयों में जाना है, तुम भी रहोगे।

102
रेफ, आशीर्वाद और बिगज्यो

हिंदी में रेफ को लेकर कुछ भ्रम है, परिणामस्वरूप वर्तनी में बहुधा अशुद्धियाँ दिखाई पड़ती हैं। जैसे : आर्शीवाद (आशीर्वाद), गर्वोक्ति (गर्वोक्ति) आदि।

कुछ वर्णों के साथ संयुक्त होते हुए रेफ के कुछ मुख्य रूप हैं :

1. दो स्वरों के बीच शिरोरेखा पर लगने वाला (र्), जो पहले अक्षर के बाद बोला जाता है किंतु अगले अक्षर के सिर पर मुकुट-जैसा विराजमान होता है ; जैसे कर्म (=कर्/म), कार्य (=कार्/य), स्पोर्ट (=स्पोर्/ट)।

   शिरोरेखा रेफ के विषय में कुछ अन्य सावधानियाँ हैं :

   - यह स्वर-वर्ण पर नहीं लगता।
   - किसी अर्ध व्यंजन या हलंत व्यंजन के माथे पर भी नहीं लगाया जाता।
   - मात्रा वाले वर्ण पर पहले मात्रा और उसके बाद रेफ लगेगा।
   - यदि व्यंजन गुच्छ हो तो यह अंतिम व्यंजन के माथे पर जा विराजेगा; जैसे: ईर्ष्या, वर्त्स्य, निर्द्वंद्व।

2. दूसरा प्रकार शिरोरेखा-रेफ की तरह स्वर रहित नहीं है। स्वर सहित पूरा 'र' जब किसी हलंत व्यंजन से संयुक्त होता है तो उसकी आकृति दो प्रकार की हो सकती है :

- क्, प् जैसे पाई वाले वर्णों से और 'द्', 'ह्' से जुड़ने पर रकार अपनी पूरी आकृति बदल लेता है और एक टेढ़े डैश के समान उस व्यंजन के पैरों से जुड़ जाता है; जैसे क्रम, द्रव, प्रसन्न, ह्रास।
- खड़ी पाई से लगने वाली मात्रा र के जुड़ने के बाद लगेगी, जैसे क्रुद्ध, द्रुपद, प्रूफ़।
- जो वर्ण अपने आधार (पेंदे) पर कुछ गोलाई लिए हुए होते हैं- जैसे 'ट', 'ड', उनमें इसकी आकृति टेढ़े डैश और हलंत की आकृति को मिलाकर बनती है। जैसे राष्ट्र, ट्रेन, ड्रामा।

3. यहाँ र् के एक अन्य प्रकार की चर्चा आवश्यक है, जो की नहीं जाती। वह है 'निराघाती (प्रवाही) रकार"। इस ऱ् का उच्चारण आघात रहित और कुछ निरंतर हल्के कंपन से होता है, इसलिए इसे निराघाती या प्रवाही कहना उचित जान पड़ता है। (IPA के अनुसार < ř >)। नागरी के लिपि संकेतों में यह कुछ टेढ़े डैश की भाँति होता है और अक्षर के मध्य लगाया जाता है। मानव बरौनियों से समानता के कारण हम 'बरौनी रकार' कह सकते हैं!

बरौनी रकार देवनागरी लिपि का ऐसा संकेत है जिसे हिंदी ने नहीं अपनाया किंतु देवनागरी लिपि वाली कोंकणी, मराठी, नेपाली में प्रयुक्त होता है। उच्चारण स्तर पर यह हिंदी और उसकी कुछ सहभाषाओं, बोलियों में विद्यमान है। जैसे ब्रजभाषा, बुंदेली, अवधी, भोजपुरी, कुमाउँनी में–

कऱ्यो, सऱ्यो, बिगऱ्यो, टऱ्यो, टाऱ्यो, ताऱ्यो, उच्चारण स्तर पर हैं; लेखन में इन्हें कर्यो, सर्यो, बिगर्यो आदि ही लिखा जा रहा है। यहाँ ध्यान देने वाली बात यह है कि ऐसे शब्दों को शिरोरेखा के ऊपर वाले रेफ के साथ लिखना लिपि और उच्चारण नियमों के अनुसार अशुद्ध है। इसे यों समझा जा सकता है।

नियमानुसार 'कर्यो' का अक्षर विभाजन होगा कर्/यो, जबकि उच्चारण करते हुए र् को क के बाद नहीं, य से पहले इस प्रकार बोला जाता

है जैसे वह य से संयुक्त हुआ हो। बरौनी रकार के साथ 'कय्यो' लिखे जाने पर यह समस्या नहीं रहती। नागरी लिपि में आवश्यकता होने पर भी इसका न अपनाया जाना हिंदी के बारे में इस कथन को झुठलाता है कि 'हिंदी जैसे बोली जाती है, वैसे ही लिखी जाती है।'

103
रोम, रोमांच और रोंगटे खड़े होना

रोम का तात्पर्य है देह के बाल। यह संस्कृत का शब्द है और हिंदी में एकाधिक रूप में प्रचलित है। रोम से ही बना है रोयाँ/रोआँ, तन पर उगने वाले छोटे-छोटे बाल। रोंये उगते हैं, जमते हैं, निकलते हैं, उखड़ते हैं। इससे बने हुए कुछ मुहावरे हैं: रोंये खड़े होना अर्थात हर्ष या भय से रोमकूपों का उभरना। रोयाँ-रोयाँ दुखी होना – अत्यंत मानसिक वेदना होना। कुछ और लाक्षणिक प्रयोग देखें – रोयाँ पसीजना अर्थात हृदय में दया उत्पन्न होना। एक रोयाँ भी न उखड़ना – कुछ भी हानि न होना।

विकल्प से रोम को लोम भी कहा जाता है। अर्थ और प्रयोग इसका भी रोम की ही भाँति है किंतु हिंदी में रोम की अपेक्षा लोम कम प्रचलित है।

रोम का एक रूप और है- मसें, जिसका प्रयोग सदा बहुवचन में होता है। मसें देशज शब्द है। किशोरावस्था से युवावस्था की ओर बढ़ते हुए ऊपरी होंठ और नाक के बीच जो कोमल-से पहले रोंये उगने लगते हैं, उन्हें 'मसें' कहा जाता है। मसें भीगना एक मुहावरा है; अर्थ है किसी किशोर का युवा होना। कहीं इसे रुँआली (< रोमावली) भी कहा जाता है। मराठी में मिसरूड फुटणे है, तमिल में पूनै मयिरु (बिल्ली के बाल) और अवधी में रेख भिनई।

रोम से ही बना हुआ, किंतु कुछ रूखा-सा शब्द है रोंगटा, जिसकी व्युत्पत्ति कुछ इस प्रकार मानी जा सकती संस्कृत रोम/लोम > रोमक,

227

प्राकृत रोअंक > हिंदी रोंया/रोंगा + टा (प्रत्यय) = रोंगटा मनुष्य के सिर को छोड़कर शरीर के छोटे बाल। मुहावरा — रोंगटे खड़े होना = बहुत सर्दी से या किसी भयानक कांड को देखकर, डर से शरीर में रोमांच होना, सिहरन या पुलक से रोमांचित होना।

रोमांचक के लिए लोमहर्षक विशेषण का भी प्रयोग होता है। रोम-लोम तो एक ही बात है, 'हर्षक' का संबंध कुछ लोग आनंद से जोड़कर उसे अनुपयुक्त मानते हैं। 'हर्षण' विशेष मानसिक अवस्था है, जिसमें रोमांच, सिहरन, रोम खड़े हो जाने से प्रतिक्रिया व्यक्त होती है। रोमांच, भाव, विस्मय, शोर्य, जुगुप्सा आदि सबों से भी हो सकता है। फिर भी किसी लज्जाजनक निंदनीय कर्म के लिए 'लोमहर्षक' कहना बहुत उपयुक्त नहीं लगता। इसे सामाजिक नियम कह सकते हैं।

अर्थ विस्तार से चिड़ियों के पंखों को और पशुओं से मिलने वाली ऊन को भी रोम कहा जाता है। शरीर पर लोम (रोम) अधिक होने के कारण ही पशु विशेष का लोमश (लोमड़ी) नाम पड़ा। एक प्रसिद्ध पौराणिक ऋषि का नाम भी लोमश है। कहा जाता है कि उनके शरीर पर लोम (बाल) अधिक थे।

104

लगभग, प्रायः और बहुधा के आसपास

लगभग, प्राय, बहुधा और आसपास ये सभी अव्यय अनिश्चितता के द्योतक हैं। लगभग में पूर्व पद लगना क्रिया से बना है और अगला उसी का पुनरुक्त शब्द है। जब हम किसी एक संख्या या क्रिया व्यापार को निश्चित रूप में नहीं बता सकते तो लगभग का प्रयोग करते हैं।

- लगभग पचास लोग का अर्थ है : पचास के आसपास, दो/चार कम या अधिक।

संकेतित इकाई (संज्ञा) के पूर्व लगभग संख्यावाची विशेषण के प्रविशेषण का प्रकार्य करता है और संकेतित संज्ञा के बाद आने पर लगभग से पूर्व कारक प्रत्यय 'के' आता है; जैसे :

- लगभग बीस आम थे।
- बीस के लगभग आम थे।
- लगभग सभी आम कच्चे थे।

उक्त वाक्यों में अर्थ समान होते हुए भी वाक्य संरचना में कुछ अंतर दिखाई पड़ता है।

अब इन वाक्यों को देखें :

- पांडुलिपि लगभग पूरी हो गई।
- मकान लगभग तैयार है।

- तुम्हारा उत्तर लगभग सही है।

ऐसी स्थिति में 'लगभग' शुद्ध रूप से क्रिया विशेषण का प्रकार्य करता है और इसकी अन्विति क्रिया के निकट बैठती है। लगभग पूरा होना या लगभग तैयार होना का आशय है, बस थोड़ी-सी कसर रह गई है, अन्यथा कार्य पूरा समझें।

ऐसी स्थितियों में लगभग को 'प्रायः' से बदला भी जा सकता है।

एक अन्य स्थिति में 'लगभग' को 'आसपास' से बदला जा सकता है। पास (निकट) के अनुकरण वाची शब्द से आस-पास बनता है।

- गिरोह में दस के आसपास डाकू रहे होंगे। (लगभग दस)
- 20 जनवरी के आसपास की बात है। (लगभग 20 जनवरी की)

प्रायः और बहुधा दोनों तत्सम शब्द हैं। हिंदी में इनका प्रयोग उन स्थितियों में होता है जहाँ थोड़े-थोड़े अंतराल से कोई क्रिया होती ही रहती है। जैसे

- गर्मियों में हम प्रायः शिमला चले जाते हैं।
- बुखार प्रायः जाड़ा लगकर आता है।

इन दोनों ही वाक्यों में बहुधा का प्रयोग भी प्रायः के स्थान पर हो सकता है किंतु जैसा कि बहुधा के 'बहु' से स्पष्ट है, इसमें कार्य या क्रिया की आवृत्ति अधिक हो सकती है। प्रयोग में ये एक-दूसरे के स्थान पर आ सकते हैं और इनमें कोई सूक्ष्म अंतर नहीं किया जाता।

लगभग के ही अर्थ में 'कोई' सर्वनाम का भी अव्यय की भांति प्रयोग होने लगा है। यह वाक्य में संख्यावाची शब्द की अनिश्चितता बताता है और उसके पहले आता है। यदि संज्ञा के पहले आए तो यह सर्वनाम का कार्य करता है, जैसे :

- कोई (अज्ञात) लोग आए थे। (सर्वनाम)
- कोई (लगभग) तीस साल जनसत्ता में काम किया। (अव्यय)

105
लला, लल्ला और लल्लू

इधर दो-तीन दशकों से 'राम लला' शब्द अधिक प्रचलन में आया है यद्यपि लोक में पहले से प्रचलन में है। इसका पहला प्रयोग तुलसी (1523-1632) की एक रचना 'राम लला नहछू' में दिखाई देता है। किसी नाम के साथ जुड़ जाने पर लला उसके बालक रूप, बाल्यावस्था का द्योतक हो जाता है। रामलला अर्थात बाल स्वरूप राम।

लला शब्द संस्कृत मूल का है। संस्कृत में √लल् धातु दुलारने, पुचकारने, लाड़-प्यार करने के अर्थ में है। इसी से लालन, लाल्य, लालनीय विशेषण बने हैं। लालयेत् (लाड़-प्यार करें) पर एक प्रसिद्ध सूक्ति है :

> लालयेत् पञ्च वर्षाणि दश वर्षाणि ताडयेत्।
> प्राप्ते तु षोडशे वर्षे पुत्रं मित्रवदाचरेत् ॥

"पाँच वर्ष तक बच्चे का लालन करें, अगले दस वर्ष उसका ताड़न (डराना-धमकाना) करें और जब वह सोलह वर्ष का हो जाए तो उसे अपना मित्र मानकर व्यवहार करें।"

बच्चे के लिए लाल, लल्ला, लल्ली, लालन बने हैं जो अवधी, ब्रज, बुंदेली आदि बोलियों में बहुत प्रयुक्त होते हैं। कुमाउँनी में देवर को लला/लल्ला कहा जाता है क्योंकि छोटा होने के कारण वह भी भाभी के लिए बच्चे के समान लालनीय होता था। तब विवाह छोटी उम्र में ही हो जाते थे।

कृष्ण के लिए भी लाल, लला, लल्ला विशेषणों का प्रयोग होता है। यहाँ इसका अर्थ नन्हा, प्यारा, दुलारा के निकट है। पंजाबी का लोकप्रिय संबोधन, 'ओए लाले दी जान !' इसी लाल से विकसित माना जा सकता है। स्त्री का पर्याय 'लल्नना' में और बालिका के पर्याय 'लली', 'लल्ली' मैं भी यही लल् धातु है।

प्यारे बच्चे के लिए लल्लू बहुप्रचलित नाम है। लल्लूलाल हिंदी के प्रसिद्ध लेखक हुए हैं। यही लल्लू शब्द लालू या ललवा के रूप में भी दिखाई देता है। लाक्षणिक प्रयोग में लल्लू शब्द बच्चे के भोलेपन का सूचक बन गया जो बुद्धू का वाचक हो गया।

106

लिखें सिंह, बाँचें सिंघ, सुनें सिङ्

भारत के इतिहास में सिंह उपनाम धारी व्यक्तियों का बड़ा योगदान रहा है। गुरु गोबिंद सिंह, महाराजा रणजीत सिंह, जोरावर सिंह, सरदार भगत सिंह, ऊधम सिंह, उड़न-सिख मिल्खा सिंह और बहुत सारे सिंह भारतीय इतिहास के सितारे हैं। पंजाब, राजस्थान, उत्तर प्रदेश, उत्तराखंड, कश्मीर, बिहार आदि के न जाने कितने सिंह सपूत ऐतिहासिक हस्ती हो चुके हैं और यह परंपरा बनी हुई है।

संस्कृत में सिंह बब्बर शेर (lion)के लिए है। ज्योतिष शास्त्र और खगोल विज्ञान में सिंह (Leo) पाचवीं राशि है। इसका चिह्न शेर है। राशिचक्र में इसका विस्तार 120 अंश से 150 अंश तक है। सूर्य सिंह राशि का स्वामी और तत्त्व अग्नि। सिंह (lion) की ही तरह यह बहुत शक्तिशाली माना जाता है।

राशि नाम हो या उपनाम, सिंह की व्युत्पत्ति बड़ी रोचक है। यह शब्द 'हिंस्' (= मारना) के वर्णों को उलटकर बना है। 'सिंहो वर्णविपर्ययात्। अन्तर्विपर्यये हिनस्तीति सिंहः।' (शब्दकल्पद्रुम) अर्थात सिंह शब्द वर्ण विपर्यय (वर्ण उलट जाने) से बना; 'जो हिंसा करे, वह सिंह।'

इस नाम के साथ एक विचित्रता और भी जुड़ी हुई है। हिंदी, नेपाली, पंजाबी, मराठी, कोंकणी, गुजराती आदि में यह लिखा तो संस्कृत की ही भाँति 'सिंह' जाता है, किंतु विचित्र यह है कि उच्चारण सब में 'सिंघ'

किया जाता है। अंग्रेज़ी रोमन वर्तनी में भी हमारे उच्चारण के अनुरूप ही 'Singh' लिखा जाता है। आखिर इसका कारण क्या है?

कारण जानने के लिए हिंदी-पंजाबी भाषा से भी पीछे उनके इतिहास की ओर जाना पड़ेगा। 'सिंह' देवनागरी लिपि में लिखा तत्सम शब्द है। संस्कृत की प्रवृत्ति के अनुसार इसका उच्चारण 'सिम्ह' होना चाहिए, जैसे संस्कृत का उच्चारण 'सम्स्कृत'। किंतु हिंदी तक आते-आते न तो संस्कृत का उच्चारण सम्स्कृत रहा, न सिंह का सिम्ह।

संस्कृत में तो यह सिंह शब्द उच्चारण के अनुसार सही था अर्थात जैसा लिखा, वैसा पढ़ा। प्राकृत में आते-आते यह दो रूपों में बदला - पहले सींह और बाद में सिंघ/सिङ्घ भी। प्राकृत वाला यह बाद का रूप वही है जो आज हिंदी-पंजाबी उच्चारण में विद्यमान है। हुआ यह है कि वर्तनी में तो हम तत्सम रूप सिंह की ओर मुड़ गए, किंतु इसका संस्कृत उच्चारण (सिम्ह) कर नहीं सकते थे, इसलिए प्राकृत का उच्चारण <सिङ्घ> सुरक्षित रहा। आचार्य हेमचंद्र ने अपने 'शब्दानुशासन' में सूत्र १/२९, १/३० के अनुसार सिंघ और विकल्प से सिङ्घ होना पुष्ट किया है।

सिंह से सिंघ बनने का भाषिक और ऐतिहासिक कारण तो यही है, किंतु जो इस प्रक्रिया को न समझ पाएँ उनके लिए एक 'शॉर्टकट' वाला स्पष्टीकरण भी है जो हिंदी के आँगन से होकर जाता है।

हिंदी में अनुस्वार का उच्चारण उसके बाद आने वाले व्यंजन के उच्चारण स्थान के अनुसार निर्धारित होता है। सो सिंह में अनुस्वार के बाद /ह्/ कंठ्य होने से अनुस्वार =>कंठ्य (ङ्)। पदांत /ह/ प्रवाही और दुर्बल होने से बदल गया सबल महाप्राण /घ/ में। अतः सिंह > सिङ्ह > सिंघ। उच्चारण करते हुए पदांत अकार के लोप से सिंह > सिङ्घ भी सिकुड़कर 'सिङ्' रह जाता है, जैसे राजनाथ सिंह को कहा जाता है : 'राजनाथ सिङ्'।

107
लोकाराधन, लोकतंत्र और राजधर्म

संस्कृत √लुच् (देखना) से बना है लोक, जो देखने का विषय है। इसी से लोचन, लोकन, अवलोकन, आलोक आदि शब्द बनते हैं। पुराणों में तीन, सात या चौदह लोक गिनाए गए हैं, जिनमें से एक भूलोक है हमारा दृष्टिगोचर लोक। भाषा में व्यापक रूप से प्रयुक्त जो लोक है उसका अर्थ है – जन सामान्य, प्रजा, लोग, जन समुदाय। इस लोक से जो शब्द बने हैं उनमें प्रमुख हैं लौकिक, अलौकिक, लोकाचार, लोक गीत, लोक कथा, लोक संग्रह, लोकापवाद, लोकप्रिय, लोकोत्तर और ऐसे ही अनेक।

किसी देश समाज या उसके निवासियों, उनकी जीवन पद्धति और उनके शासन प्रणाली के संदर्भ में लोक से बने तीन शब्द बहुत महत्त्वपूर्ण हैं- लोकमत (जनसाधारण का मत या विचार), लोकसभा (लोकमत से चुने गए जन प्रतिनिधियों की सभा) और लोकतंत्र (आम जन अर्थात लोक की सहमति से लोक के लिए अपनाई गई शासन व्यवस्था), जिसे जनतंत्र या प्रजातंत्र भी कहा गया है। विश्व के अनेक सजग और प्रगतिशील देशों ने राजतंत्र या एकतंत्र के स्थान पर लोकतंत्रात्मक प्रणाली को इसीलिए अपनाया है कि वहाँ लोकमत को महत्त्व दिया जाता है।

वस्तुतः लोकतंत्र एक जीवन प्रणाली है। भारतीय परंपरा में महाभारत, अन्य पुराणों, शाकुन्तलम् आदि में 'लोकतंत्र' को कुछ इस प्रकार संकेतित

236

सुरेश पंत

किया गया है–सर्वप्रजाधिपत्यं, सर्ववर्णप्रभुत्वं, प्रजापालितं राज्यं यत्र साधारण्येन सर्वलोकेषु न्यस्तो राज्यभारः ।

अर्थात ऐसी राज्य प्रणाली जहाँ सारी प्रजा अधिपति है, समाज के सभी वर्णों का प्रभुत्व है और जिस राज्य को प्रजा द्वारा प्रजा के लिए पालित किया जाता है और राज्यभार साधारणतः सब लोगों पर होता है।

भवभूति तो इस तंत्र को सबसे सुंदर और अर्थ गर्भित नाम देते हैं 'लोकाराधनम्', अर्थात लोक का आराधन, लोक को प्रसन्न रखना। लोकाराधन दो शब्दों से बना है–लोक और आराधन। आराधन की व्युत्पत्ति इस प्रकार है: [आ उपसर्ग + √राध् (सिद्ध करना, प्रसन्न करना, सेवा करना) + न (ल्युट् प्रत्यय)] । लोकाराधन कोई सरल-सामान्य कार्य नहीं है। भवभूति के उत्तररामचरितम् के नायक राम भी कहाँ सामान्य हैं, वे स्वयं इसका उदाहरण प्रस्तुत करते हैं–

> 'स्नेहं दयां च सौख्यं च यदि वा जानकीमपि ।
> आराधनायलोकस्यमुञ्चतोनास्तिमेव्यथा ॥'

लोक की आराधना के लिए मुझे अपने स्नेह, दया, सौख्य और यहाँ तक कि जानकी का परित्याग करने में भी कोई व्यथा नहीं होगी।

यह सब राम ने स्वयं जिया, भोगा और अपनी प्रतिज्ञा के अनुसार कर दिखाया – लोकाराधन के लिए, लोक को प्रसन्न करने के लिए जो लोकतंत्र का सबसे प्रमुख कार्य है।

संस्कृत में 'राध्' धातु का एक अर्थ है- मनाना, प्रसन्न करना। राधा जी भी इसीलिए तो राधा हैं कि वे कृष्ण को प्रसन्न करना और मनाना जानती हैं। लोकाराधन का अर्थ भी यही होगा – प्रजा को पूरी तरह राजी रखना, पूर्णतः प्रसन्न करना।

आराधन के संदर्भ में ही भर्तृहरि कहते हैं –

> 'परेषां चेतांसि प्रतिदिवसमाराध्य बहुधा ।'

दूसरों के मन को अनेक प्रकार से प्रसन्न रखकर . . . !

अब लोकतंत्र या लोकाराधन से जुड़े एक लोकोत्तर धर्म की बात, जिसे राजधर्म कहा गया है। लोकाराधन ही वस्तुतः राजधर्म भी है। राजधर्म का उल्लेख महाभारत में विस्तार से हुआ है। मनुस्मृति, अनेक पुराणों, कथाओं, रघुवंश आदि काव्यों में यह शब्द सैकड़ों बार आया है और लोकाराधक राजा को प्रजापालन तत्पर भी कहा गया है। कौटिल्य के अर्थशास्त्र में राजधर्म की चर्चा इस प्रकार है :

प्रजासुखे सुखं राज्ञः प्रजानां च हिते हितम्।
नात्मप्रियं प्रियं राज्ञः प्रजानां तु प्रियं प्रियम्॥

'प्रजा के सुख में ही राजा का अपना सुख है और प्रजा के हित में अपना हित। अपना प्रिय उसे प्रिय नहीं होता, वही प्रिय होता है जो प्रजा को, लोक को प्रिय है।'

सूरदास की गोपिका तक यह समझती है और व्यंग्य करने से नहीं चूकती,

'हरि   हैं   राजनीति   पढ़ि   आए।
राजधर्म तो इहै 'सूर' जहँ प्रजा न जाहिं सताए।'

108
वाद, विवाद और संवाद

वाद की व्युत्पत्ति √वच् (बोलना, कहना, बताना) से है। वाद, वचन, बात, भाषण समानार्थी हैं। न्यायालय की भाषा में वाद न्यायाधीश के समक्ष न्याय के लिए प्रस्तुत बात अर्थात मुकदमा है। जो आरोप लगाकर न्याय की गुहार करता है वह वादी, और जिसे उसका उत्तर देना है, वह प्रतिवादी।

वाद के पहले सम्-उपसर्ग जोड़कर बनता है संवाद और वि- जोड़कर विवाद। संवाद के लिए दो पक्ष चाहिए; इसलिए संवाद ऐसी बातचीत है जिसमें कथन – प्रतिकथन चलता रहता है। किसी विवादित विषय के दो पहलू होते हैं जिनमें एक दूसरे के कथनों को सुनते हुए, अपने-अपने तर्कों से विचार विमर्श चलता है। यह संयत हो और शिष्टता की सीमा की भीतर हो तो वाद-विवाद और यदि आवेश में दूसरे को सुने बिना अपनी बात मनवाने का हठ हो तो सहज ही तू-तू, मैं-मैं में बदल जाता है।

सच्चे अर्थों में वाद-विवाद शिक्षण संस्थानों में औपचारिक रूप से आयोजित किए जाते हैं। संसद या विधायिका के सदनों में भी अपेक्षा की जाती है कि उनके वाद-विवाद भी एक दूसरे पक्ष को समझ कर संयत रूप में होंगे, किंतु वहाँ भी कभी-कभी उग्र तू-तू, मैं-मैं दिखाई पड़ जाती है।

संवाद का एक अर्थ समाचार भी है। इसलिए संवाद एकत्रित कर अपने संस्थान को प्रेषित करने वाले व्यक्ति को संवाददाता कहा जाता है।

दो मित्रों में, परिचितों में, देशों में भी जब बातचीत करने और विषय को आगे बढ़ाने की कोई संभावना नहीं रहती, सीधे शब्दों में बोलचाल बंद हो जाती है तो उसे संवादहीनता कहा जाता है।

भारतीय संगीत पद्धतियों (कर्नाटक और हिंदुस्तानी) में भी वादी और संवादी स्वर मुख्य माने जाते हैं। वादी और संवादी में ४-५ स्वरों की दूरी होती है। किसी राग की संगीत रचना में जो स्वर सबसे अधिक बार आता है, वह वादी, जो उससे कम बार आए वह संवादी और जो वर्जित हो वह विवादी कहलाता है। सामान्य बोलचाल में विवादी झगड़ालू को कहते हैं, जिसका संगीत से संभवतः दूर-दूर तक संबंध न हो पर विवाद करने के स्वभाव से विवादी कहा जाता है।

109
व्रत, उपवास और अनशन

भक्ति, साधना या किसी धार्मिक अनुष्ठान और नियम पालन के लिए दृढ़ संकल्प पूर्वक किया गया कोई विधान व्रत कहा जाता है। सत्यव्रत, पतिव्रत, ब्रह्मचर्य व्रत; एकादशी, पूर्णिमा, रामनवमी आदि ऐसे ही व्रत हैं, जिनमें एक विशेष प्रकार का आचरण अपेक्षित होता है। भोजन करने या न करने से इसका विशेष संबंध नहीं। यह तो किसी उद्देश्य के लिए किया गया एक प्रण, संकल्प (निश्चय) है। दिन-भर भोजन न करना अथवा स्वल्प भोजन (उपवास) भी उस आचरण का एक अंग हो सकता है, जैसे एकादशी, प्रदोष या सत्यनारायण व्रत में।

उपवास (उप+√वस्) का मूल अर्थ तो अपने आत्म, आराध्य, गुरु या मंत्र के निकट होने, बसने के लिए किया जाने वाला विशेष आचरण था, जिसमें भोजन सहित अनेक सुविधाओं को त्यागकर एकोन्मुखी होना उद्देश्य होता था। धीरे-धीरे यह भोजन न करने का पर्याय हो गया। धार्मिक दृष्टि से या किसी सामाजिक – राजनैतिक उद्देश्य की प्राप्ति के लिए भोजन न करने (अनशन) के अर्थ में भी आज उपवास शब्द का प्रयोग होता है। जैसा कि कहा गया, उपवास समग्र व्रत-विधान का एक अंग भी है।

आगे जब यह भोजन न करने का पर्याय हो गया तो राजनीतिक अस्त्र के रूप में भी प्रयुक्त होने लगा। वस्तुतः उपवास करना या भोजन न करना अनशन नहीं है। मूलतः यह किसी के निकट होना है।

जब हम अनशन करेंगे तो आत्म या आराध्य के निकट नहीं, पूरे समय अपने शरीर के पास रहेंगे। अनशन (अन् +अशन) का तात्पर्य ही है 'नहीं खाना', जबकि खाने का विचार दिन-भर घूम-फिरकर मन में आता रहता है। ऐसे में दिन भर शरीर के पास ही मन घूमेगा। बार-बार विचार आएगा कि भूख लगी है, प्यास लगी है, पर खाना-पीना नहीं है।

कथित उपवास में अनेक लोग फल, मेवा, मिठाई आदि खाते हैं; चाय, कॉफ़ी, दूध पीते हैं। इस प्रकार देखा जाए तो उपवास से अनशन तो बिलकुल उल्टा है। दोनों में भोजन नहीं किया जाता, फिर भी दोनों उल्टी ही बातें हैं, क्योंकि अनशन में आदमी शरीर के पास रहता है – चौबीस घंटे, जितना कि खाना खाने वाला भी नहीं रहता। उपवास में उसे शरीर के बारे में सोचने का अवकाश ही नहीं होगा, क्योंकि वह आत्मा के या आराध्य के समीप होगा, शरीर के नहीं। यही अंतर अनशन और उपवास में माना जाना चाहिए।

110
विकलांग या दिव्यांग

जिनके शरीर के किसी अंग की कार्यक्षमता में इतनी कमी आई कि उसके लिए सामान्य गतिविधि में भागीदारी कठिन हो तो उसे विकलांग कहा जाता है के लिए हिंदी में #विकलांग शब्द अरसे से चल रहा है और वांछित अर्थ का काफी हद तक यह ठीक संकेत करता है कि विकलांग जन के किसी अंग में कोई विकलता या अक्षमता है : विकल+अंग। किंतु इधर कुछ समर्थ स्रोतों ने उसके लिए एक नया शब्द गढ़ा है #दिव्यांग। और मीडिया इसे ले उड़ा ; बिना इस बात की चिंता किए हुए के इस शब्द से वह विकलांग जन का न केवल मजाक उड़ा रहा है, बल्कि यह नाम उन्हें अपमानित भी कर रहा है।

निस्संदेह यह शब्द बाहर से सुंदर, कर्णप्रिय और एक सीमा तक सम्मान-द्योतक भी लगता, परंतु जिस विषय पर बात की जा रही है, उसके संदर्भ में अर्थपूर्ण नहीं लगता है। इससे वह अर्थ नहीं ध्वनित होता जो शारीरिक अक्षमता को दर्शाता हो। √दिव् धातु अनेक अर्थों में प्रयुक्त होती है, किंतु इससे व्युत्पन्न विशेषण दिव्य में इसका अर्थ स्पष्टतः चमकना या उज्ज्वल होना है। तदनुसार इस विशेषण शब्द के अर्थ हैं दैवी, स्वर्गीय, अलौकिक, उज्ज्वल, मनोहर, सुंदर इत्यादि। कुल मिलाकर दिव्य उस विशिष्टता को व्यक्त करता है जिसकी केवल कामना की जा सकती है, ऐसी विशिष्टता जो देवताओं को उपलब्ध है, और जो सामान्यतः मनुष्य के लिए

अप्राप्य है। यह उस दोष का संकेतक नहीं हो सकता है जिससे मनुष्य मुक्त रहना चाहेगा, परंतु जिसका सामना उसे दुर्भाग्य से करना पड़ सकता है।

अर्थ प्रभाव की दृष्टि से भी दिव्यांग बड़ा अटपटा शब्द है, क्योंकि विकलांगता तो किसी अंग विशेष की होती है। उसके स्थान पर संभवत: क्षतिपूर्ति के लिए विकलांग व्यक्ति के अन्य अंग अधिक सक्षम और समर्थ होते हैं। इसलिए उन्हें 'अन्यथा सक्षम' तो कहा जा सकता है किंतु दिव्यांग कहना व्यंग्यात्मक है। सामान्य मनुष्य में दैवी गुणों की बलात प्रतिष्ठा जैसा। लगता है कि हम किसी सक्षम व्यक्ति की हँसी उड़ा रहे हैं। किसी सामान्य किंतु विकल अंग को दिव्य अंग कहना ऐसा ही है, जैसे किसी दरिद्र को सेठ जी कहना।

कोई अंग विकल होने का यह अर्थ नहीं निकाला जा सकता कि वह व्यक्ति ही अशक्त, निर्बल या अक्षम है। ऐसे अंग विशेष में बाधित लोग अनेक मामलों में सक्षम लोगों से भी अधिक सक्षम साबित होते हैं। बीठोवन, स्टीवन हॉकिंग या अरुणिमा सिन्हा और प्रांजल पाटिल जैसे अनेक उदाहरण दिए जा सकते हैं। जायसी और पौराणिक कथाओं के प्रसिद्ध विद्वान अष्टावक्र भी अन्यथा सक्षम थे।

विकलांगता में दिव्यता का दर्शन और उसके लिए दिव्य-पुरुष, दिव्य-चक्षु, दिव्य-दृष्टि या दिव्य-मूर्ति जैसे शब्द हमारे धर्म और भारतीय संस्कृति का बोध तो देते हैं, किंतु विकलांगता का किसी धर्म या समुदाय से कोई लेना-देना नहीं है। तो फिर दिव्यांग शब्द उन लोगों पर क्यों थोपा जाए जो अपनी शारीरिक चुनौतियों के बावजूद संघर्षरत हैं, सक्रिय हैं? दिव्यांग कहकर उन्हें सहानुभूति का पात्र ऐसे बनाया जाता है, जैसे उनमें बेचारगी हो जिसे नाम-परिवर्तन से दूर कर दिया जाएगा।

इसी प्रकार गांधीवादी दौर में भी एक शब्द 'हरिजन' चला था। हरिजन अर्थात भगवान का जन। इसका बाद में बहुत विरोध हुआ और सही विरोध हुआ। हरिजन कह कर भी आप एक वर्ग विशेष का मजाक

उड़ाते हैं। दलित, शोषित, वंचित, पिछड़े ये सब हरिजन जैसे साफ-सुथरे रेशमी चादर में लपेट लिए गए। हरिजन कहकर उन्हें आदरणीय विशेषण दे दिया गया और हरि भजने को छोड़ दिया गया। भाषा की कम समझ वाले लोग जब भाषा में भी दखल देने लगते हैं तो ऐसा ही होता है।

अपाहिज व्यक्तियों के अधिकारों के लिए काम करने वाली संयुक्त राष्ट्र की समिति (सीआरपीडी) ने भी 'दिव्यांगजन' शब्द को अवांछित बताया है। विकलांगों ने तमाम बाधाओं पर काबू पाकर अपनी क्षमताएँ सिद्ध की है और यह कहना ठीक नहीं होगा कि ये किसी दिव्य शक्ति का परिणाम हैं, बल्कि इस तरह की रचनाशीलता केवल भ्रम पैदा करेगी। यही नहीं इससे विकलांगों के मुद्दों का समाधान भी नहीं होगा।

111
विघ्न, बाधा और अड़चन

विघ्न, बाधा और अड़चन ये तीनों अब समानार्थी की भाँति हिंदी में प्रयुक्त हो रहे हैं और एक दूसरे के स्थान पर वैकल्पिक रूप से इनका प्रयोग किया जाता है, किंतु तीनों में न केवल रचना की दृष्टि से, अपितु अर्थ की दृष्टि से भी सूक्ष्म अंतर है।

विघ्न में 'घ्न' सबसे डरावना है। यह संस्कृत की √हन् धातु से बना है जिसका अर्थ है मारना। शत्रुघ्न (शत्रु को मारने वाला), कृतघ्न (किए हुए उपकार को न मानने वाला) शब्दों में यही घ्न है। घ्न से पहले वि उपसर्ग उसे और अधिक विशेष तथा डरावना बना देता है। विघ्न में तीव्रता अधिक है। यह ऐसी बाधा है, जो किसी काम को संपन्न करने से पूरी तरह रोकने का प्रयास करती है।

बाधा संस्कृत √बाध् धातु से है जिसका अर्थ है दबाना, सताना, पीड़ा पहुँचाना। अमरकोश बाधा को पीड़ा का ही पर्याय मानता है। यह पीड़ा मानसिक और शारीरिक दोनों प्रकार की हो सकती है। ऐसी मानसिक/शारीरिक पीड़ा जो रुकावट पैदा करे, वह बाधा है। हिंदी में अब विघ्न और बाधा में कोई अंतर नहीं किया जाता। दोनों को पर्याय की भाँति और शब्द युग्म के रूप में भी प्रयोग किया जाता है: विघ्न-बाधा।

अड़चन विघ्न-बाधा से कुछ कम तीव्रता की रुकावट है। यह हिंदी की अड़ना क्रिया से बनी संज्ञा है। इसी से आड़ और अड़ंगा भी बने हैं। आचार्य

रामचंद्र वर्मा अड़चन को किसी पुराने अप्रचलित क्षेत्रीय शब्द 'अड़चल' से जोड़ते हैं और इसे दो क्रियाओं- अड़ना और चलना- का योग मानते हैं। उनके अनुसार विरोध आदि के कारण ठीक तरह से न चल पाना और बीच-बीच में ठहरने या रुकने के लिए विवश होना अड़चन है। अड़चन में कुछ और कम तीव्रता का गतिरोध है जिससे थोड़े प्रयास में पार पाया जा सकता है। किसी कार्य को संपन्न करते हुए जो छोटी-मोटी कठिनाइयाँ आती हैं, वे ही अड़चनें हैं। ये कार्य को पूर्ण रूप से रोकने में समर्थ नहीं होतीं, किंतु कार्य संपादन करने वाले को चिंतित कर सकती हैं। कार्यारंभ या समाप्ति में कुछ रुकावट पैदा करके विलंब कर सकती हैं।

112
विज्ञ, अभिज्ञ और अनभिज्ञ

अभिज्ञ (जानकार), अनभिज्ञ (न जानने वाला) में अ- और अन- को निषेधार्थक उपसर्ग मानकर कुछ विज्ञ (ज्ञानी) जन ज्ञानी के लिए 'भिज्ञ' शब्द का प्रयोग करते हैं। उनके लिए अभिज्ञ वह है जो जानता कुछ नहीं। उनका सीधा तर्क है- जैसे अज्ञानी में से अ हटा देने पर ज्ञानी बचता है, ठीक उसी प्रकार अ, अन हटा देने से 'भिज्ञ' भी बनेगा।

वस्तुतः हिंदी में 'भिज्ञ' कोई शब्द ही नहीं है। संस्कृत में शब्द है 'ज्ञ' (जानने वाला)। यहाँ भी ज्ञ से पहले अभि- और अन्- उपसर्ग जोड़ दिए गए हैं। 'अनभिज्ञ' में भी अन + भि + ज्ञ नहीं, अन् + अभिज्ञ है। √ज्ञा (जानना) धातु से जानने वाला के अर्थ में 'ज्ञ' शब्द बनता है जिसका अर्थ है ज्ञानी, जानकार। वि- उपसर्ग जोड़ने से 'विज्ञ' बनेगा जिसका अर्थ है विशेष जानकार, विशेषज्ञ।

विशेष बात यह है कि 'ज्ञ' का हिंदी में स्वतंत्र प्रयोग नहीं है। संस्कृत में भी कम पाया जाता है। 'ज्ञ' से अनेक यौगिक शब्द बनते हैं जो संस्कृत से ज्यों-के-त्यों ले लिए गए (तत्सम) हैं; जैसे: सर्वज्ञ, अज्ञ, अल्पज्ञ, तत्वज्ञ, रसज्ञ, शास्त्रज्ञ, मर्मज्ञ, सुविज्ञ आदि।

ऐसे सुविज्ञों से सावधान रहने की आवश्यकता है, जो आपको भिज्ञ मानते हों।

121
स्रोत, स्तोत्र और सहस्र

कहीं अवचेतन मन में संस्कृत के कुछ शब्दों के सादृश्य प्रभाव को अशुद्ध रूप में ग्रहण कर लेने से हिंदी में कुछ शब्दों की वर्तनी अशुद्ध लिखी जा रही है। 'स्रोत' ऐसा ही एक उदाहरण है। वर्तनी स्तर पर स्रोत को मुख्य रूप से दो अशुद्ध रूपों में लिखा जा रहा है– स्तोत्र, स्त्रोत।

स्रोत संस्कृत के 'स्रोतस्' से विकसित हुआ है किंतु हिंदी में आते-आते इसके अर्थ में विस्तार मिलता है। मूलतः स्रोत झरना, नदी, बहाव का वाचक है। अमरकोश के अनुसार, 'स्वतोऽम्बुसरणम्, वेगेन जलवहनं स्रोतः, अर्थात जल का स्वयं निसृत होना और वेगपूर्वक बहना स्रोत है।

अब हम किसी वस्तु या तत्व के उद्गम या उत्पत्ति स्थान को या उस स्थान को भी जहाँ से कोई पदार्थ प्राप्त होता है, स्रोत कहते हैं। भागीरथी (स्रोत) का उद्गम गौमुख है, न कहकर हम कहते हैं – भागीरथी का स्रोत गौमुख है अथवा, भागीरथी का उद्गम गौमुख है।

स्रोत का अर्थ विस्तार, लाक्षणिक प्रयोग भी अनेक रूपों में मिलता है। आयकर वाले आय का स्रोत पूछते हैं। उद्धरण देने के लिए आप स्रोत ग्रंथ का उल्लेख करते हैं। खोजी पत्रकार, जानकारी के मूल स्रोत तक पहुँचना चाहते हैं।

स्रोत को संस्कृत श्रोत के अनुकरण में श्रोत भी लिखा जा रहा है, जबकि श्रोत, श्रोता, श्रौत्र एकदम भिन्न शब्द हैं। श्रोत, श्रोत्र शब्द 'श्रुति'

शिक्षा करणे अर्थात दंडित करना, ताड़ना करना ।शिक्षा के कुछ उद्देश्य सनातन और स्थिर होते हैं तो कुछ देश, काल तथा परिस्थिति के अनुसार बदलते भी रहते हैं । इसलिए कुछ लोग शिक्षा, शिक्षण और उपदेश के बीच का अंतर ज्ञान प्रदान करने (शिक्षण) की विधि में मानते हैं ।

माता-पिता द्वारा पुत्र-पुत्री को दी गई शिक्षा को हम क्या कहेंगे? इसका उत्तर इस बात पर निर्भर करेगा कि शिक्षा कैसे दी जा रही है । आचरण से, अनुभव से, अपरोक्ष रूप में या कथा, कहानी, प्रवचन आदि के माध्यम से विधि-निषेध बताते हुए, उपदेश रूप में । कथा-कहानी रोचक विधा है, किंतु जब हम कथा के अंत में, 'इससे क्या शिक्षा मिली?' से समाप्त करते हैं तो इसे नई पौध उपदेशात्मक मान लेती है । बिदकती है ।

आज की पीढ़ी प्रत्यक्ष शिक्षण (यह करो-वह मत करो) विधि को उबाऊ मानती है । इसलिए आप ही निर्णय कीजिए कि उसे कैसे शिक्षा दी जा सकती है ।

114

श्री, श्रीमती और सुश्री से अनंत श्री तक

'श्री' का मुख्य प्रचलित अर्थ है लक्ष्मी। यह प्रतिष्ठा, धन-दौलत, सम्मान, शोभा, प्रभा, संपत्ति आदि का वाचक भी है। है तो स्त्रीलिंग, किंतु पुरुषों ने इसे अपने नाम से पहले शोभा के रूप में धारण कर लिया है। पहले अपने देवताओं को अर्पित किया – श्रीराम, श्रीकृष्ण, श्री गणेश; और उसके बाद नैवेद्य के रूप में स्वयं ग्रहण कर लिया – श्री आदित्य प्रसाद। अब यह पुरुष सामान्य के लिए विशेषण बन गया है। यह बात और है कि सौजन्य वश या शिष्टता के कारण (दिखावे की ही सही) व्यक्ति स्वयं अपने नाम के आगे श्री नहीं लगाता, अपेक्षा करता है कि दूसरा उसे श्री अवश्य कहे। अब जिसके नाम का अंग ही श्री हो उन्हें एक श्री और उपहार में मिल जाता है – जैसे श्री श्रीलाल, श्री श्रीनाथ।

अंग्रेज़ी के 'मिस्टर' के लिए 'श्री' हिंदी समानार्थी बन गया है। सामाजिक न्याय कुछ ऐसा है कि आप किसी सामान्य भिखारी को तो श्री भिखारी जी नहीं कहेंगे किंतु किसी सम्मानित पदधारी को आप श्री अशर्फीलाल ही नहीं, श्री भिखारी दास भी कह सकते हैं! हाँ, एक बात और, श्री का आतंक ऐसा कि आप एक व्यक्ति के लिए लगा रहे हैं तो भी क्रिया बहुवचन की ही लगेगी। आदरार्थक बहुवचन, क्योंकि श्री को अनादर पसंद नहीं है।

पुरुषों ने स्वयं को प्रतिष्ठित, धन संपन्न, सम्मानित बताने के लिए अपने नाम के साथ श्री जोड़ा तो महिलाओं ने श्रीमती (श्री वाली) जोड़

250

लिया। अंततः धन-दौलत की चाबी तो उनके पास ही रहती है! वे श्रीमती होंगी, तभी आप श्रीमान (श्री वाले) होंगे; वरना ठन-ठन गोपाल। धीरे-धीरे श्रीमती विवाहिता महिला के लिए रूढ़ बन गया। केवल और केवल विवाहित महिला ही श्रीमती कही जाती है। यहाँ उसकी रुचि-अरुचि की अपेक्षा सामाजिक नियंत्रण अधिक समर्थ है। श्री (धन, यश) से संपन्न किंतु अविवाहित महिला को श्रीमती कहे जाने का अधिकार पुरुष प्रधान समाज नहीं देता।

याद आता है एक बार संसद में भी बहस हुई थी कि श्री विशेषण पर पुरुषों का वर्चस्व कैसे? महिलाओं के साथ भी श्री क्यों न लगे? यह पुरुषों का एकाधिकार कैसे हो सकता है? हम देवियों को तो श्री कहते हैं – श्री राधा जी, श्री सीता जी तो महिलाओं को क्यों नहीं कह सकते? याद नहीं कि बहस का क्या परिणाम निकला था, किंतु पुरुष को श्री और विवाहिता महिला को श्रीमती कहने की यह परंपरा चल रही है। आज भी और संभवत: आगे भी।

पुरुषों ने रहस्य यहाँ भी बनाए रखा। विवाहित होने अथवा न होने के बारे में 'श्री' से कुछ पता नहीं चलता। श्री 'अमुक' विवाहित भी हो सकते हैं, कुँवारे भी और विधुर भी। श्रीमती 'अमुक' विवाहित ही होंगी, विधवा होने पर भी श्रीमती। संबंध विच्छेद हो जाने पर उनकी इच्छा पर है कि वे 'सुश्री' ठीक समझती हैं या श्रीमती।

अपनी पत्नी को 'श्रीमती जी!' संबोधन बिल्कुल सही है किंतु सामान्यतः किसी अन्य के लिए नहीं। पूछताछ वाली खिड़की पर बैठा कर्मचारी जब विनम्रता से किसी महिला से पूछता है, 'मैं आपकी क्या सेवा कर सकता हूँ श्रीमती जी', तो उसका आशय अंग्रेज़ी के 'मैडम' शब्द से होता है, कुछ और नहीं।

अविवाहित कन्याओं को 'कुमारी' कहा जाने लगा किंतु कुमारी के साथ जो कौमार्य की अर्थ संकल्पना है वह नारी समाज के प्रति एक विशेष

दृष्टिकोण की भी द्योतक है और आवश्यक नहीं कि सबको स्वीकार्य हो। जो महिलाएँ उम्र में बड़ी हैं और विवाहित होने-न-होने के बारे में नहीं बताना चाहतीं या इस बारे में आपको नहीं पता है, तो? तब उनके नाम के पहले सम्मान व्यक्त करने के लिए 'सुश्री' जोड़ने का चलन चला, अर्थात श्री को तो महिलाओं के लिए भी अपना लिया गया किंतु एक सुंदर सा प्रविशेषण 'सु' और जोड़ दिया गया। गोपनीयता की रक्षा भी हो गई।

संस्कृत में प्रथा थी कि देवी (श्री दुर्गा, श्री राधा); देवता (श्री राम, श्री कृष्ण); गुरु (श्री वशिष्ट, श्री विश्वामित्र); तीर्थ (श्री प्रयागराज, श्री रामेश्वरम्); विशिष्ट व्यक्ति (श्री वाल्मीकि, श्री वेदव्यास); धर्मग्रंथ (श्री भागवत, श्री रामायण); आदि के प्रति आदर करने के लिए श्री विशेषण जुड़ना चाहिए। आदर के ही कारण श्री मुख, श्री पादुका, श्री चरण, श्री हस्त जैसे प्रयोग भी दिखाई पड़ते हैं। कार्य प्रारंभ करने के लिए 'श्री गणेश करना' बन चुका है। पद्म श्री भारत सरकार द्वारा दिया जाने वाला उच्च नागरिक सम्मान है जो जीवन के विभिन्न क्षेत्रों में विशिष्ट योगदान देने वाले किसी व्यक्ति को मान्यता प्रदान करने के लिए दिया जाता है।

श्री की सांस्कृतिक जड़ें बड़ी पुरानी और व्यापक रही हैं।

पहले जब पत्र लेखन और औपचारिक संबोधन के नियम निर्धारित थे, तब सिखाया जाता था :

श्री लिखिए षट् गुरुन को, स्वामि पाँच, रिपु चारि।
तीन मित्र, दो भृत्य को, एक शिष्य सुत नारि॥

अर्थात संबोधन करते हुए परिवार के बड़े लोगों, गुरुजनों को श्री ६, स्वामी अथवा राजा को श्री ५, शत्रु को श्री ४, मित्र को श्री ३, सेवक को श्री २, और शिष्य, पुत्र तथा पत्नी को श्री १ लिखा जाना चाहिए।

कोई संत श्रीजी हों तो उन्हें श्री श्रीजी कहा जा सकता है, किंतु संत और साधुओं के समाज में श्री को लेकर बड़ी उथल-पुथल रही है, और श्री प्रयोग के नियमों को ठीक-ठीक नहीं समझा जा सकता। यहाँ तो कम से

कम 'श्री १०८' से संबोधन प्रारंभ होता है और 'श्री १००८', 'श्री १०००००८' से होता हुआ 'अनंत श्री' तक जा पहुँचता है। वे इतने समर्थ होते हैं कि अपने लिए स्वयं चुनाव कर सकते हैं कि उन्हें श्री १०८ कहा जाए या अनंतश्री विभूषित।

115
सिराना सेलाण

लोक में चाय ठंडी नहीं होती, सिराती या सेराती है। सिराना के लिए कहीं-कहीं सियराना/सियरा जाना भी है। सिराना शब्द शीतल से व्युत्पन्न है इसलिए ठंडा होने का भाव इसमें है। किसी अत्यधिक गर्म वस्तु को ठंडा करके अर्थात सेराकर/सिवराकर सेवन करते हैं। गुनगुना या कुनकुना विशेषण आधा या थोड़ा गर्म होना बता सकता है, जबकि सेराई हुई वस्तु पूर्णतः ठंडी भी हो सकती है।

ठंडा होना/करना के लिए कहीं जूड़ (जूड़ी, कँपकँपी) से जुड़ाना/जुड़वाना क्रियाएँ हैं। जुड़ाइ गऽ (= ठंडा हो गया है)।

कहीं 'सिराना' खाली होना, काम को निपटा लेना भी है। अइसन सिराइके बइठा हयऽ जइसे कवनो कामइ नाइँ बा।

पूजा सामग्री को विसर्जित करने के लिए भी सिराना क्रिया है। पूजा संपन्न होने के बाद सामग्री को एकत्र कर नदी, बावड़ी, पीपल तले या तुलसी के वृंदावन में सिराया जाता है। भाव है जल में डुबाकर शीतल करना, या शीतल और शांत स्थान पर पधराना, जैसे 'मौर सिराना'।

कुमाउँनी में सिराना के ही समकक्ष सेलाण/सेलै जाण रूप हैं। सेराना, सेलूणो, सेलाण, सेलै जाण आदि की व्युत्पत्ति टर्नर और दास के अनुसार शीतल/शैतल्य से मानी गई है। यह ठीक भी लगता है।

'नैन सेराने, भूखि गइ, देखे दरस तुम्हार' —जायसी

116
संगठन, संघटन और संघ

संगठन और संघटन में प्रायः अंतर करना कठिन हो जाता है। मूल संस्कृत शब्द तो संघटन है किंतु हिंदी में संगठन इसके समानांतर चल पड़ा है और संघटन की अपेक्षा अधिक प्रचलित है। जोड़ने, रचना करने के अर्थ में √घट् धातु से बने 'घटन' के पूर्व सम् उपसर्ग जुड़ने से बनता है संघटन। संगठन इसका हिंदी में विकसित रूप है। अब चूँकि दोनों शब्दों की रचना दो भिन्न धातुओं से नहीं है, इसलिए संघटन को तत्सम तथा संगठन को तद्भव भी माना जा सकता है। इन दोनों के अर्थ क्षेत्र परस्पर मिले हुए हैं किंतु इधर पारिभाषिक शब्दावली के रूप में दोनों में स्पष्ट अंतर किया जाने लगा है।

संगठन

बिखरी हुई शक्तियों, लोगों या अंगों आदि को इस प्रकार मिलाकर एक करना कि उनमें नया जीवन या बल आ जाए, किसी विशिष्ट उद्देश्य या कार्यसिद्धि के लिये बिखरे हुए अवयवों को मिलाकर एक ओर व्यवस्थित करना, एक में मिलाने और उपयोगी बनाने के लिये की हुई व्यवस्था संगठन (organization) है। प्रबंधन विज्ञान के अंतर्गत संगठन वह आंतरिक व्यवस्था है, जिसके अंतर्गत यह देखा जाता है- उत्पादन के विभिन्न उपादानों को एकत्र कर उन्हें काम पर लगाना तथा उनके बीच ऐसा सहयोग एवं सामंजस्य स्थापित करना कि वे उत्पादन में अपना अधिकतम योग दे सकें तथा कार्यरत व्यक्तियों के मध्य मधुर संबंध स्थापित कर सकें।

255

अपने उद्देश्य और कार्य क्षेत्र के अनुसार संगठन अनेक प्रकार के हो सकते हैं, जैसे स्कूली शिक्षा संगठन, व्यापारिक संगठन, मजदूर संगठन, किसान संगठन, प्रकाशक संगठन आदि।

संघटन

किसी चीज के विभिन्न अवयवों को जोड़कर उसे प्रतिष्ठित करना, रचना करना, वर्गों या व्यक्तियों का मिलकर एक इकाई का रूप धारण करना, किसी काम के लिए बनाई गई संस्था, मेल, संयोग आदि संघटन में आते हैं। यह इंटिग्रेशन के अर्थ में हो सकता है, जैसे सरदार वल्लभ भाई पटेल ने भारत के सभी राज्यों का संघटन कर भारत राष्ट्र की नींव डाली।

हिस्सों को जोड़कर पूर्ण आकार देने समामेलन (अमल्गमेशन) के लिए भी संघटन हो सकता है, जैसे: मेरी कंपनी ने अपनी सारी इकाइयों को केंद्रीय प्रशासन के अंतर्गत संघटित किया। किसी वस्तु की संरचना को भी संघटन कहा जाता है – जैसे पदार्थों का संघटन परमाणु या उप-परमाण्विक कणों – इलेक्ट्रॉन, प्रोटॉन और न्यूट्रॉन से हुआ है। जिन वस्तुओं से संघटन हुआ हो उन्हें संघटक या घटक कहा जाता है।

यहाँ एक बात ध्यान में रखने की है कि संगठन और संघटन दोनों के आर्थी क्षेत्र कहीं-कहीं परस्पर अतिव्याप्त भी हो सकते हैं और कहीं एक के स्थान पर दूसरे का वैकल्पिक प्रयोग भी देखा जाता है।

संघ

संगठन और संघटन के आर्थी क्षेत्र का ही एक और शब्द है संघ। यह सम् + √हन् से बना है। सामान्यतः संघ का अर्थ समूह, संग्रह 'समुच्चय झुंड' एक साथ रहने वाले लोगों का समूह आदि है। जैसे जनसंघ, महर्षि संघ, महिला कल्याणकारी संघ आदि। पारिभाषिक शब्द के रूप में संघ शब्द अंग्रेज़ी के एसोसिएशन, यूनियन के अर्थ में तो संगठन का ही पर्याय लगता है, जैसे: छात्र संघ/छात्र संगठन, मजदूर संघ/मजदूर संगठन। समाज विज्ञान या

राजनीति के क्षेत्र में संघ फेडरेशन, यूनियन या लीग का पर्याय है; जैसे : भारत में संघीय व्यवस्था होने के कारण यह कई राज्यों का एक संघ है। अंतरराष्ट्रीय स्तर पर संयुक्त राष्ट्र संघ एक संगठन है। कुछ निजी संस्थाएं भी अपने आप को संघ कहती हैं, जैसे राष्ट्रीय स्वयंसेवक संघ। कुछ संघों के संगठन अपने आप को महासंघ कहते हैं।

117
सृजन और सर्जन

यदि प्रत्येक हिंदी शब्द के लिए संस्कृत की ओर मुड़ना आवश्यक हो तो सृजन चाहे तत्सम प्रतीत होता हो, है नहीं। इस प्रकार कह सकते हैं कि सृजन भ्रामक व्युत्पत्ति का उदाहरण है! संस्कृत में √सृज् से सर्जन बनता है, सृजन नहीं। शतृ प्रत्यय जोड़ने पर कृदंत अव्यय 'सृजन्' बनता है, संज्ञा 'सृजन' नहीं। सर्जन (सृष्टि), विसर्जन (मुक्ति, त्याग, छोड़ना), उत्सर्जन (अपशिष्ट पदार्थों को शरीर से बाहर निकालने की क्रिया) आदि शब्द इसी संस्कृत सर्जन से व्युत्पन्न होते हैं।

हिंदी में सृजन भी सर्जन के समानांतर ही प्रयुक्त होता आ रहा है, इसकी आवृत्ति (फ्रीक्वेंसी) सर्जन से अधिक दिखाई पड़ती है और इसे अशुद्ध नहीं मान सकते। निस्संदेह इसे पाणिनीय व्याकरण से सिद्ध नहीं किया जा सकता, किंतु यह प्रयोग से सिद्ध और स्वीकृत है। हिंदी में ऐसे अनेक शब्द हैं, जो पाणिनि के बंधनों से मुक्त हैं और यह स्वाभाविक है। भाषा का प्रवाह अग्रगामी होता है, उसे पीछे की ओर मोड़ना संभव नहीं।

सृजन से हिंदी में अनेक शब्द व्युत्पन्न हुए हैं। सृजनात्मक, सृजनात्मकता, सृजनशील, सृजनकर्म, सृजनकारी आदि आदि।

सृजन (क्रिएशन) एक मानसिक प्रक्रिया है जिसमें नये विचार, उपाय या कांसेप्ट का जन्म होता है। सृजन का भाव ही सृजनात्मकता (क्रिएटिविटी) है। वैज्ञानिक मान्यता यह है कि सृजन के प्रतिफल में मौलिकता एवं सम्यकता

दोनों विद्यमान होते हैं। निर्माण सृजन का ही समतुल्य शब्द है, किंतु इसमें मौलिकता का बोध नहीं है। किसी जानकारी के आधार पर निर्माण कोई भी कर सकता है, पर सृजन भी कर सके यह आवश्यक नहीं। कवि, चित्रकार, कलाकार, वास्तुकार मूलतः सृजनकर्ता (सर्ज़क) हैं, निर्माता नहीं।

सृष्टि भी सृजन ही कही जाएगी। सभी धर्म मानते हैं कि ईश्वर या उसके समतुल्य कोई शक्ति है, जिसके द्वारा समस्त ब्रह्मांड की सृष्टि की गई है। ईश्वर ने सारी सृष्टि का निर्माण किया है, वह समस्त प्राणियों का 'सिरजनहार' (सर्जक) है। इस सिरजनहार से -हार प्रत्यय हटा दें तो सिरजन बचता है, जो सृजन तत्सम का तद्भव रूप है। इसी आधार पर सृजन तत्सम > सर्जन और सिरजन तद्भव।

प्रसंगवश उल्लेख किया जा सकता है कि 'सर्जन' अंग्रेज़ी में हिंदी के सर्जन का समध्वनिक शब्द है, सृजन या सर्जन से उसका कोई संबंध नहीं।

118
स्वजन-परिजन

संस्कृत की √जन् धातु से अनेक शब्द बने हैं जन, जनक, जननी, जनन, जन्म आदि तत्सम शब्द। उपसर्ग-प्रत्यय लगने पर इस जन से और बहुत से शब्द बनते हैं – दुर्जन, सज्जन, स्वजन, जनशून्य, निर्जन, जनहीन, विजन (बीरान), परिजन, कुटुंबी जन, महाजन आदि। यों तो जन शब्द पुल्लिंग-स्त्रीलिंग दोनों के लिए आ सकता है, किंतु हिंदी में जना (एक जन) पुल्लिंग शब्द है, जिससे बहुवचन बनता है जने। जैसे : एक जना इधर आओ, दो जने बैठे रहो।

हिंदी में अब प्रायः स्वजन और परिजन को समानार्थी मान लिया गया है, जबकि शब्द रचना की दृष्टि से दोनों भिन्न हैं। स्वजन में अपने (स्व) कुटुंब के रक्त संबंधी, पति-पत्नी, माता-पिता, चाचा, ताऊ, मामा आदि कुटुंबी जन (वे उसी कुटुंब में न रहकर देश-विदेश में कहीं भी हो सकते हैं), आत्मीय, नाते-रिश्तेदार आएँगे।

मैथिल समाज में, स्वजन-परिजन में रीति रिवाज, मान्यताओं और खानपान आदि सामाजिक व्यवहार में पर्याप्त विभेद हैं। विभेद से इतना तो स्पष्ट है कि स्वजन में निकटतम बांधव और संबंधी आते हैं, परिजनों में स्वजनेतर। इसे भात-भेद भी कहा जाता है।

'परि-' उपसर्ग परितः, (चारों ओर, आसपास) के अर्थ में आता है। इसलिए परिजन स्वजन नहीं है। परिजन वे हैं – जिनसे आप दैनंदिन घिरे

रहते हैं। तदनुसार सेवक, परिचित, मित्र, चौकीदार, टहलुए, माली, धाय, काम वाली बाई, ड्राइवर आदि परिजन की परिधि में आएँगे।

स्वजन के समकक्ष कुटुंबी जन हो सकता है जिसमें पत्नी, बाल- बच्चे, माता-पिता आदि वे सब आ सकते हैं, जो एक कुटुंब के सदस्य हैं। परिजन का अर्थ विस्तार कर उसे स्वजन का समानार्थी मान लिए जाने के पीछे मुख्य कारण यह लगता है कि कुटुंब और परिवार को समानार्थी मान लिया गया। इसलिए परिजन को परिवार के जन मानकर उसका लाघव करके मुखसुख के लिए समास से परिजन कर दिया गया है जो हिंदी में स्वजन या कुटुंबी जन के पर्याय के रूप में चल रहा है। चाहें तो इसे एक प्रकार का संक्षिप्तीकरण भी कह सकते हैं।

है तो यह खींचतान, लेकिन जो चला, वह सिक्का। सो परिजन चल रहा है स्वजन के लिए भी, जो व्युत्पत्ति या शब्दरचना की दृष्टि से सही नहीं है। जो भी मानिए, इतना कीजिए कि स्वजन का उच्चारण 'श्वजन' न सुनाई दे। जो 'स' का उच्चारण 'श' करते हैं, उनके लिए कठिन तो है, पर ऐसा न करने पर 'श्वजन' चाहे प्रसन्न हों, 'स्वजन' अवश्य रूठ जाएँगे, क्योंकि श्वजन क 'श्व' श्वान का पर्याय है।

119
स्वादिष्ठ या स्वादिष्ट

कुछ तत्सम शब्दों की वर्तनी के बारे में भ्रम होता है कि इन के अंत में ट है या ठ? मोटी पहचान यह है कि यदि विशेषण उत्तमावस्था में है तो '-ष्ठ' (स्वादिष्ठ, श्रेष्ठ, बलिष्ठ, गरिष्ठ, कनिष्ठ); अन्यथा '-ष्ट' (इष्ट, शिष्ट, अनिष्ट, अदिष्ट, अदृष्ट, क्लिष्ट, परिशिष्ट, निकृष्ट, स्वादिष्ट)। संस्कृत में स्वादिष्ठ (स्वादु+ईष्ठन्) ठीक है, किंतु अधिक प्रचलन को देखते हुए स्वादिष्ट को तद्भव स्वीकारा जा सकता है। यहाँ यह ध्यान रखना होगा कि हिंदी में स्वादिष्ट शब्द स्वादिष्ठ की भाँति उत्तम अवस्था का विशेषण नहीं रह गया। अब स्वादिष्ट का अर्थ 'सबसे अधिक स्वाद वाला' नहीं, वरन् 'स्वाद वाला' ही रह गया है। तुलनात्मकता के लिए हम '-से स्वादिष्ट', -की अपेक्षा स्वादिष्ट, '-सबसे स्वादिष्ट' कहेंगे। विशेषणों की तुलनावस्था या उत्तमावस्था के लिए हिंदी की अपनी व्यवस्था इस प्रकार है:

विशेषण के पहले 'की अपेक्षा', 'से', 'तुलना में' या 'सबसे' जोड़कर। जैसे :

- सुंदर (तुलनावस्था) - से सुंदर, -की अपेक्षा सुंदर, -की तुलना में सुंदर;
- (उत्तमावस्था) -सबसे सुंदर, सर्व सुंदर, सर्वाधिक सुंदर।

संस्कृत में तुलना और उत्तमावस्था के लिए -तर, -तम तथा -ईयान्, -इष्ठन् हैं जो हिंदी में कुछ तत्सम शब्दों के साथ ही बचे हैं।

हिंदी में संस्कृत के तुलनावाची प्रत्यय जोड़कर ही कहना हो तो तुलना के लिए स्वादुतर, श्रेयस्कर, बलवत्तर इनका प्रयोग करना होगा क्योंकि ईयस्, -ईष्ठ प्रत्यय हिंदी में नहीं प्रयुक्त होते। तर-तम ही बचा है, वह भी केवल कुछ तत्सम शब्दों के साथ।

120

स्वेद से पसीना वाया स्वेटर

बचपन में स्वेटर को हमारी उम्र के लोग 'स्वीटर' कहते थे। यह सीधे-सीधे अंग्रेज़ी के 'स्वीट' से जुड़ता था (बच्चों को स्वीट शब्द से यों भी अधिक मोह होता है!)। जो पहनने में स्वीट (अच्छा) लगे, जाड़ों में जिसे पहनना मीठा लगे, वह स्वीटर। आगे चलकर स्वेटर शब्द भी जानकारी में आया तो हमने सोचा स्वीटर > स्वेटर। नाम ही तो बदला है, गुण स्वभाव तो मीठा ही है! जब शब्दों की व्युत्पत्ति खोजने का कीड़ा कुछ ज्यादा ही काटने लगा तो पता लगा कि हमारा स्वेटर मीठा न होकर कुछ और ही स्वाद का है।

संस्कृत में एक धातु है √स्विद् जिसका अर्थ है पसीना होना, गीला होना आदि। इसी शब्द से बना है स्वेद अर्थात पसीना, श्रम जल। स्वेद के लिए लोक में अधिक प्रचलित पसीना शब्द की ओर चलें। कुछ लोग पसीना को फ़ारसी का मान लेते हैं जो ठीक नहीं लगता। लगता है, यह पसीना तो सीधे-सीधे स्वेद से बना है। स्वेद से प्र उपसर्ग लगाकर प्रस्वेद, प्रस्वेद से प्रस्वेदन और प्रस्वेदन से पसीना या दूसरा मार्ग है – प्र+स्विद्+क्त = प्रस्विन्न > पसिन्नअ > पसीना। संस्कृत में जो स्वेद है, वही अवेस्ता में ह्वेद हो जाता है।

अब थोड़ा स्वेटर की ओर मुड़ा जाए। आश्चर्य नहीं होना चाहिए कि यह स्वेटर भी संस्कृत स्वेद से बना है। भाषा वैज्ञानिक मानते हैं कि पुरा-भारोपीय मूल की कोई प्रकल्पनात्मक क्रिया *स्विद थी जिससे बना स्वेट्।

264

अनेक यूरोपीय भाषाओं में यह पहुँचा। अंग्रेज़ी का स्वेटर भी स्वेट् क्रिया से है और स्वेट् (संस्कृत स्वेद) का अर्थ है पसीना। जो स्वेट (पसीना) लाए वह स्वेटर! आजकल एक 'स्वेट शर्ट' शब्द भी चलता है, अर्थ है स्वेट (पसीना) लाने वाली शर्ट (कमीज़)।

हिंदी/उर्दू में पसीना से जुड़े अनेक मुहावरे हैं, इतने कि हम पढ़ते-पढ़ते पसीने से नहा जाएँ, पसीना-पसीना हो जाएँ। जब कोई क्रोध में दाँत पीस रहा होता है तब कहा जाता है अगले के दाँतों पसीना आ रहा है। कोई तीसरा किसी काम के लिए खून-पसीना एक कर रहा होता है, क्योंकि वह जानता है कि पसीना बहाए बिना सफलता नहीं मिलती। कुछ लोग यह कहते हुए पाए जाते हैं कि जहाँ आपका पसीना गिरेगा, वहाँ हमारा ख़ून करेगा, उनकी करनी चाहे इससे उलट ही क्यों न हो। कहीं पसीना छूटता है तो कहीं पसीने की भरपाई होती है। कहते हैं कभी-कभी किसी को ठंडा पसीना भी आ जाता है।

हमें तो लाला माधव राम जौहर का एक शेर याद आ रहा है :

'अब इत्र भी मलो तो तकल्लुफ़ की बू कहाँ
वो दिन हवा हुए जो पसीना गुलाब था!'

121
स्रोत, स्तोत्र और सहस्र

कहीं अवचेतन मन में संस्कृत के कुछ शब्दों के सादृश्य प्रभाव को अशुद्ध रूप में ग्रहण कर लेने से हिंदी में कुछ शब्दों की वर्तनी अशुद्ध लिखी जा रही है। 'स्रोत' ऐसा ही एक उदाहरण है। वर्तनी स्तर पर स्रोत को मुख्य रूप से दो अशुद्ध रूपों में लिखा जा रहा है– स्तोत्र, स्त्रोत।

स्रोत संस्कृत के 'स्रोतस्' से विकसित हुआ है किंतु हिंदी में आते-आते इसके अर्थ में विस्तार मिलता है। मूलतः स्रोत झरना, नदी, बहाव का वाचक है। अमरकोश के अनुसार, 'स्वतोऽम्बुसरणम्, वेगेन जलवहनं स्रोतः, अर्थात जल का स्वयं निसृत होना और वेगपूर्वक बहना स्रोत है।

अब हम किसी वस्तु या तत्व के उद्गम या उत्पत्ति स्थान को या उस स्थान को भी जहाँ से कोई पदार्थ प्राप्त होता है, स्रोत कहते हैं। भागीरथी (स्रोत) का उद्गम गौमुख है, न कहकर हम कहते हैं – भागीरथी का स्रोत गौमुख है अथवा, भागीरथी का उद्गम गौमुख है।

स्रोत का अर्थ विस्तार, लाक्षणिक प्रयोग भी अनेक रूपों में मिलता है। आयकर वाले आय का स्रोत पूछते हैं। उद्धरण देने के लिए आप स्रोत ग्रंथ का उल्लेख करते हैं। खोजी पत्रकार, जानकारी के मूल स्रोत तक पहुँचना चाहते हैं।

स्रोत को संस्कृत श्रोत के अनुकरण में श्रोत भी लिखा जा रहा है, जबकि श्रोत, श्रोता, श्रौत्र एकदम भिन्न शब्द हैं। श्रोत, श्रोत्र शब्द 'श्रुति'

से बने हैं। इन दोनों का अर्थ है कान, श्रवणेन्द्रिय। इन्हीं से श्रोता (सुनने वाला) बनता है। श्रुति वेदों को भी कहा जाता है, क्योंकि ये श्रुति परंपरा अर्थात सुनने की परंपरा से चले आए हैं। श्रुति से ही शब्द बना है श्रौत अर्थात श्रुति (वेद) संबंधी, श्रुति को मानने वाले; जैसे स्मार्त स्मृतियों को मानने वाले।

स्रोत की ही भाँति सहस्र (हजार) को भी 'सहस्त्र' लिखा जा रहा है। कारण संभवतः संस्कृत के कुछ शब्दों के बिंबों को भ्रमात्मक स्थिति में ग्रहण किया गया है। हिंदी में तत्सम शब्द अस्त्र, शस्त्र, स्त्री, वस्त्र, आदि बहुत प्रचलित हैं जिनमें 'स्र' नहीं, 'स्त्र है'। 'स्र' वाले अजस्र, स्राव, हिंस्र जैसे शब्द कम प्रचलित हैं और इनमें भी प्रायः 'स्र' को 'स्त्र' बनाकर दुर्गति की गई है। इसलिए स्रोत 'स्त्रोत' हो गया है और सहस्र 'सहस्त्र'।

इस वर्ग में एक शब्द 'स्तोत्र' भी है जिसे अशुद्ध रूप में 'स्त्रोत्र' या 'स्रोत्र' लिखा जा रहा है। स्तोत्र वस्तुतः स्तुति से बना है। किसी की स्तुति में, प्रशंसा करते हुए जो कहा, लिखा जाए, वह स्तोत्र अर्थात स्तुतिपरक रचना – जैसे 'रामरक्षा स्तोत्र', 'शिव स्तोत्र' आदि।

122
हाल, हाल-चाल, हालात और हलचल

हाल (पु) और हालत (स्त्री) अरबी से आए हुए शब्द हैं। दोनों का अर्थ है स्थिति, दशा, संवाद, अवस्था, परिस्थिति, वर्तमान, समाचार आदि। कुछ समय पूर्व का संकेत हाल से दिया जाता है, जैसे हाल की घटना, हाल में बेघर हुए लोग। कभी-कभी बुरी दशा हो जाने पर कहा जाता है हाल बेहाल हो गए। दोनों का बहुवचन रूप उर्दू में हालात है। चूँकि आगत शब्दों पर व्याकरणिक नियम हिंदी के लागू होंगे, इसलिए हिंदी में तिर्यक बहुवचन होगा हालों, हालतों। अनेक बार 'हालातों' प्रयोग देखा जाता है, जो दोहरा बहुवचन होने से ठीक नहीं है।

अरबी हाल में हिंदी चाल मिला दी जाती है तो शब्द बनता है हाल-चाल, अर्थात वर्तमान स्थिति या दशा, कुशल-क्षेम, खैरियत। हाल-चाल और हलचल में देखने में चाहे केवल आ की मात्रा का अंतर हो, किंतु दोनों भिन्न शब्द हैं।

हलचल हिंदी की दो क्रियाओं – हिलना (हलना) और चलना से बना है। लोगों के बीच किन्हीं तात्कालिक कारणों से फैली हुई अधीरता, घबराहट, बेचैनी वाली गतिविधि हलचल के अंतर्गत आती है। लोग अपनी सामान्य चाल से कुछ अधिक तत्परता पूर्वक आने-जाने लगते हैं, हड़बड़ी में होते हैं या व्यस्त दिखाई पड़ते हैं तो हलचल होती है। बारात के आने से, प्रतीक्षित विशिष्ट मेहमान के पधारने पर, किसी आंदोलन के कारण भी

268

हलचल दिखाई पड़ सकती है। हलचल, चहल-पहल और चहल-पहल के कारण होने वाले कोलाहल का सूचक भी है। कोई समाचार सुनकर भी मन में होने वाली बेचैनी भी हलचल। स्वतंत्रता संघर्ष के दिनों में आंदोलन वाली गतिशीलता को भी हलचल कहा जाता था। कभी-कभी किसी भय या संकट के कारण भी हलचल हो सकती है। अत्यधिक हलचल ही आगे चलकर खलबली में बदल सकती है।

123
हो गया बंटाढार

हम ज्यों-ज्यों गाँव देहात के लोक जीवन से कटकर शहरी होते जा रहे हैं, त्यों-त्यों लोक से जुड़े अनेक भाषिक शिष्टाचार भी हमारे लिए अबूझ होते जा रहे हैं। मुहावरों की बात करें। सैकड़ों मुहावरे गाँव की मिट्टी से, वहाँ के जनजीवन से उत्पन्न हुए हैं। जिन्हें आज हम जानते भी हों तो भी नहीं कहा जा सकता कि आने वाली पीढ़ी उनके मूल को समझ सकेगी, उनकी सराहना कर सकेगी। ऐसा ही एक मुहावरा है बंटाढार हो जाना, बंटाढार कर देना।

इस मुहावरे का संबंध बंटा नामक पात्र से है। बंटा पीतल के बड़े बर्तन को कहा जाता है जो पानी लाने, उसे भंडारित करने तथा अन्य अनेक घरेलू या सामाजिक कामकाज में प्रयुक्त होता था। राजस्थान, हरियाणा, उत्तर प्रदेश आदि में गाँवों में अब भी कहीं-कहीं बंटा दिखाई पड़ता है। हरियाणा में एक प्रसिद्ध लोकगीत आज भी गाया जाता है—

मेरे सिर पै बंटा टोकणी, मेरे हाथ में नेज्जू डोल
मैं पतळी सी कामणी, मेरे हाथ में नेज्जू डोल।

बंटा का ढलक जाना ही बंटाधार है। (ढलना/ढालना > ढाल > ढार > धार)। बंटा लुढ़क जाने से उसमें रखी हुई वस्तु, पेय या खाद्य पदार्थ बिखर जाएँगे। बंटाढार होने में अधिक और संभवतः अपूरणीय हानि की संभावना भी है। इसलिए मुहावरा बना बंटाढार (बंटाधार) कर दिया अर्थात बहुत बड़ा नुकसान कर दिया।

124
हौले-हौले, धीरे-धीरे

हौले रीतिवाचक क्रिया विशेषण है। इसकी व्युत्पत्ति संस्कृत 'लघु' से है। रोचक बात यह है कि संस्कृत में लघु शीघ्र, त्वरित्, क्षिप्र का समानार्थक है और उससे हिंदी में विकसित हौले मंदगति का। यह अर्थापकर्ष का अच्छा उदाहरण है।

हौले का विकास क्रम इस प्रकार है।

संस्कृत- लघु > लघुक > प्राकृत- लहुक > हलुक>हलुअ (वर्ण विपर्यय से) > हिंदी में- हल्का (बोलियों में हरुआ/हरुवा) से क्रियाविशेषण बना हौले, हौले-हौले अर्थात धीरे-धीरे; आहिस्ता; मंद गति से, मंदस्वर में, हल्की आवाज़ में।

हौले के ही अर्थ में धीरे और आहिस्ता भी रीतिवाचक क्रिया विशेषण हैं। धीरे की व्युत्पत्ति संस्कृत धीर (धैर्यवान, अचंचल) से है। आहिस्ता फ़ारसी आहिस्तह से है और अर्थ है धीरे से, दबी आवाज़ में।

संस्कृत लघु, प्राकृत हलुअ और हिंदी हरुवा विशेषण है, हौले रीतिवाचक क्रिया विशेषण। इसी प्रकार धीर भी विशेषण है और धीरे रीतिवाचक क्रिया विशेषण। पुनरुक्त होने से हौले-हौले या धीरे-धीरे में विशेष रूप से धीमा होने का भाव है।

125
हैं

व्याकरण में 'हैं' को स्थिति वाचक क्रिया 'है' का बहुवचन माना जाता है। इसे सहायक क्रिया का घटक माना जाता है जो क्रिया का पक्ष, काल, लिंग, वचन, वाच्य सूचित करता है। जैसे -हम आते हैं;

लोग कह रहे हैं।

'हैं' एक पूर्ण स्वतंत्र वाक्य भी है।

वाक्य की परिभाषा है 'जो पूरा अर्थ दे।' 'हैं' क्रिया भी अनेक प्रयोगों में पूर्ण वाक्य बन जाती है, क्योंकि वह पूरा अर्थ देती है, इसलिए स्वतंत्र वाक्य है। कर्ता-कर्म-क्रिया या उद्देश्य-विधेय जैसे वाक्य के घटक अंग न होने के कारण ऐसे वाक्य अल्पांग वाक्य कहलाते हैं। किसी प्रोक्ति के भीतर अकेले 'हैं' पद से उद्देश्य-विधेय या कर्ता-कर्म की स्थिति समझ में आ जाती है, जैसे :

* भुगतान के लिए पूरे पैसे हैं?
* हैं। (=पूरे पैसे हैं।)
* क्या दुकान में आम भी हैं?
* हैं। (=आम भी हैं।)

जब किसी संवाद मे श्रोता को कुछ स्पष्ट न हो, ठीक से न सुनाई पड़े तो वह प्रायः इन दो में से किसी एक शब्द का प्रयोग करता है – 'हैं' या 'क्या'। ये दोनों ही अल्पांग वाक्य हैं। संदर्भ के अनुसार आश्चर्य, अविश्वास

और चौंकने का भाव भी व्यक्त हो सकता है। विषय और वक्ता-श्रोता के संदर्भानुसार 'हैं' का अर्थ निम्नलिखित में से कुछ भी हो सकता है। कहीं अनुतान में कुछ अंतर हो सकता है।

हैं →

— क्या कहा? (समझ में नहीं आया)

— दुबारा कहिए। (पुष्टि के लिए)

— मैंने सुना नहीं। (दुहराइए)

— आपका आशय क्या है? (सुन तो लिया, स्पष्ट कीजिए)

— बात पर विश्वास नहीं हो रहा। (अविश्वसनीयता)

126

व्यंजन व्युत्पत्तियाँ : उपमा, दोसा, खाजा

उपमा

हम पाकविधि की बात नहीं कर रहे, हम उपमा शब्द की बात कर रहे हैं। वस्तुतः उपमा मेरा प्रिय नाश्ता है, यह बात और है कि प्रारंभ में मैं इस नाम का संबंध अलंकार शास्त्र से जोड़ता था। यह शब्द किसी को कालिदास की याद दिला सकता है और वह हैरान होगा कि भला कविता से इस व्यंजन का क्या लेना-देना?

उपमा शब्द तमिल भाषा का है और दो शब्दों का मेल है – उप्पु अर्थात नमक और मावु अर्थात आटा! नमक और आटे के प्रधान घटकों के साथ बनने वाला व्यंजन कहा गया उप्पमा (उप्पु +मावु = उप्पमा > उपमा), यह बात और है कि अब उपमा के प्रेमियों ने सूजी, चावल, दलिया, ओट्स आदि के उप्पमा ढूँढ़ लिए हैं। दक्षिण की चारों प्रमुख भाषाओं, उनकी बोलियों में यही शब्द है, किंतु कर्नाटक के कुछ भाग में इसे उपीटु/उप्पीटू भी कहा जाता है। यह मराठी का प्रभाव है, क्योंकि मराठी भाषा में आटे को पीठ कहते हैं। इसलिए शब्द रचना प्रक्रिया में उपीट या उपमा समान हैं।

दोसा - धुस्का

दोसा/ डोसा व्यंजन आज अखिल भारतीय स्तर पर लोकप्रिय है। यों भी कहा जा सकता है कि इस अकेले स्वादिष्ट व्यंजन के माध्यम से पूरे उत्तर

274

भारत पर द्रविड़ भाषा – संस्कृति के प्रभाव को आज देखा जा सकता है और स्वाद इंद्रिय के माध्यम से अनुभव किया जा सकता है। कहा भी गया है कि दिल का रास्ता जीभ और पेट से होकर जाता है।

दोसा शब्द तमिल में तोसै है और इसे पुरा द्रविड़ (प्राचीन द्रविड़) में भी तोसै ही कहा जाता था। यह जानना भी रोचक होगा कि आज चाहे हम दोसा को तमिल नाम मानते हो, किंतु तमिल में यह नाम उत्तर भारत में झारखंड में पहले बोली जाने वाली द्रविड़ परिवार की ही किसी भाषा से संबद्ध बताया जाता है। दोसा के प्राचीन सूत्र-अवशेष उत्तर में आज भी हैं। झारखंड में यह धुस्का है, जिसे संस्कृत के धोसक से व्युत्पन्न मानते हैं। धुस्का व्यंजन के घटक भी वही दो हैं – जो दोसा के अर्थात दाल और चावल का घोल, किंतु पाक विधि में अंतर है। धुस्का जहाँ तल कर बनाया जाता है वहीं दोसा, जैसा कि आप जानते हैं, तवे पर फैलाकर।

किसी ऐतिहासिक काल खंड में कभी तोसै शब्द तमिल में पहुँच गया (यह स्वाभाविक था) और संपूर्ण दक्षिण भारत में फैल गया। यही तोसै मलयालम् में दोसा, कन्नड़-तेलुगु में दोसै कहा जाता है। दक्षिण की अनेक बोलियों में भी यह दोसै या दोसा के रूप में है। उत्तर भारत में मलयालम के दोसा नाम को अंग्रेज़ी के माध्यम से अंग्रेज़ी वर्तनी (dosa) का हिन्दीकरण करके अपनाया गया डोसा कहकर। तमिल में 'ड' ध्वनि है ही नहीं, इसलिए वहाँ यह डोसा हो भी नहीं सकता, 'तोसै' है।

खाजा

खाजा की व्युत्पत्ति इस प्रकार है–संस्कृत : खाद्यक, > प्राकृत : खज्जअ, > हिंदी : खाजा।

हिंदी में खाजा कहीं-कहीं किसी भी खाद्य पदार्थ के लिए है। जैसे चूहा बिल्ली का खाजा है। इसके मुहावरे हैं – खाजा बनना, खाजा का अकाल पड़ना, अकाल का खाजा होना।

भारतेंदु हरिश्चंद्र के नाटक 'अंधेर नगरी' में चौपट राजा का लक्षण है : जिसके राज में भाजी और खाजा एक भाव (टके सेर) बिकें।

कुमाऊँ में खाजा कच्चे चावलों को कहा जाता है जिसे सीधा बुकाया (चबाया) जाता है। बुकाए जाने के कारण ही कुमाऊँ का खाजा गढ़वाल में बुकणा कहलाता है।

भुना चावल भी खाजा हो सकता है कुमाऊँ में। तैयार करने की विधि और नाम कुछ भिन्न हैं।

- कच्चे धान को भूनकर कूटने के बाद प्राप्त चावल जिसे सिरौल कहा जाता है।
- नए धान को भिगोकर भूनकर अखल मे चपटा करके बनाया जाने वाला चिवड़ा/चिड़वा।
- एक विशेष प्रकार के धान के कच्चे चावल भूनने पर खील जैसे फूल जाते हैं जिन्हें आसानी से 'बुकाया' जा सकता है। इन्हें खजिया कहा जाता है।

खाजा, खजिया, सिरौल, बुकणा सभी को अखरोट की गिरी, भाँग या भङिर के साथ चबाना विशेष आनंददायक होता है।

महिलाएँ आँचल में खाजा/बुकणा रखकर सुबह ही काम पर निकल पड़ती हैं। इसकी गाढ़ी खीर 'खिरखाजा' अच्छा नाश्ता है।

बिहार, झारखंड में खाजा मैदे से बना विशेष लोकप्रिय पकवान है जिसमें मालूशाही की भाँति अनेक परतें होती हैं।

पूर्वी उत्तर प्रदेश, मध्यप्रदेश, उड़ीसा में भी खाजा प्रिय पकवान है। महाराष्ट्र का मालवणी खाजा और काकीनाडा (आंध्र प्रदेश) का खाजा भी बहुत लोकप्रिय व्यंजन कहे जाते हैं।

127
हिंदी के वर्जित शब्द

भाषा क्योंकि समाज की दैनिक व्यवहार में आने वाली संपत्ति है, इसलिए मनुष्य के प्रत्येक भाव के संप्रेषण के लिए उसके शब्द भंडार में कोई न कोई उपयुक्त शब्द है, किंतु समाज के विभिन्न स्तरों के अनुसार शब्द विशेष के प्रयोग में भी कुछ सावधानियों और कुछ अलिखित नियमों का पालन करना आवश्यक होता है। इन्हें सामान्यतः हम समाज-मनोवैज्ञानिक नियंत्रण कहते हैं अर्थात शब्द का कोशीय अर्थ उपयुक्त होते हुए भी उसके प्रयोग पर कुछ प्रतिबंध होते हैं। इन्हें सामान्य बोलचाल में वर्जित, प्रतिबंधित या टैबू शब्द कहा जाता है। ऐसे अनेक शब्द प्रत्येक भाषा की अपनी पूँजी होते हैं।

हिंदी के कुछ 'टैबू' शब्दों की चर्चा करें।

हिंदी एक व्यापक प्रदेश की भाषा है, अनेक बोलियों का समवेत रूप है, इसलिए इसमें ऐसे शब्द भी हैं जो हिंदी की एक बोली में तो प्रतिबंधित हैं पर दूसरी में सामान्य व्यवहार में भी आ सकते हैं। सामान्यतः कुछ ऐसे टैबू शब्द और अभिव्यक्तियाँ हैं, जो अकेले हिंदी क्षेत्र में ही नहीं, प्रायः अखिल भारतीय रूप से प्रतिबंधित कही जा सकती हैं।

आने या जाने के लिए प्रयुक्त सामान्य क्रिया शब्द के प्रयोग में भी प्रतिबंध है। 'आओ' कहने की अपेक्षा 'आइए' अथवा 'पधारिए' शिष्ट अभिव्यक्ति मानी जाती है। राजस्थान में तो 'पधारिए' शब्द दोनों स्थितियों

277

में प्रयुक्त होता है – स्वागत में भी और विदा करते समय भी। इसी प्रकार 'जाता हूँ' कहने से अच्छा माना जाता है 'आता हूँ'। यह जाना-आना भी एक प्रकार से अखिल भारतीय मुहावरा है। तमिल में 'पोइट्टु वारें' = पोइ विट्टु वारें= जाकर आता हूँ। इसी प्रकार बांग्ला में 'आमी आस्छी' और अन्य भारतीय भाषाओं में भी इसी प्रकार बोलना अधिक अच्छा माना जाता है। 'वह गया' या 'मैं जाता हूँ' कहना एक प्रकार से कठोर, ग्राम्य या अशुभ अभिव्यक्ति मानी जाती है। व्याकरण भले ही इसे शुद्ध क्रिया माने, किंतु बोलने या सुनने वाले अच्छा नहीं मानते।

मनुष्य स्वभाव से जिन बातों से डरता है, उन्हें अशुभ मानता है और उनसे संबन्धित शब्द वर्जित हो जाते हैं। 'दुकान बंद करना', 'दिया बुझाना' भी ऐसे ही अशुभ माने जाने वाले शब्द/ मुहावरे हैं। उत्तर प्रदेश, हरयाणा, राजस्थान में यही पूछा जाता है, 'दुकान कितने बजे बढ़ाएँगे?' दिया बुझाया नहीं, बढ़ाया जाता है या 'घर' किया जाता है। इसी प्रकार :

मीठा खिलाना = विष खिला देना
हवा लग गई = प्रेत बाधा हो गई।
कीड़े ने काट दिया = साँप ने डस लिया
उसे माता है = उसे चेचक/खसरा है

'मर जाना' सामान्यतः नहीं कहा जाता, उसके लिए देहांत, स्वर्गवास, निधन, प्राणांत होना, पूरा होना आदि हैं। इसी प्रकार वैधव्य के लिए विधवा हो गई नहीं कहा जाता, माँग/ सिंदूर पुँछना, सुहाग लुटना, मंगलसूत्र/चूड़ियाँ टूटना, घर-संसार उजड़ना आदि से संकेतित किया जाता है। गर्भिणी नारी को पेट से है, महीने वाली है कहा जाता है, किंतु पशु के लिए गाभिन, न कि गर्भिणी! न ही महीनों वाली!

शौच जाने (दीर्घ शंका) के लिए दिशा-जंगल जाना, झाड़ा बैठना,

मैदान जाना, पोखरे जाना, फरागत आदि ग्राह्य हैं, किंतु 'टट्टी जाना' ग्राम्य ग्राम्य इसलिए त्याज्य। जब कूलर, एसी का चलन नहीं था तो गर्मियों में खस के मोटे चटाईनुमा पर्दों पर पानी छिड़ककर ठंडा किया जाता था, उन पर्दों को टट्टी कहा जाता था। कहावतें थीं : टट्टी की भी क्या आड़, अरहर की टट्टी पर गुजराती ताला। आज वह शब्द केवल शौचालय बनकर रह गया है जिसे टॉयलेट कहना अधिक अच्छा समझा जाता है!

इंग्लैंड की राजधानी लंडन है, किंतु हिंदी क्षेत्र के कुछ घरों में यह नाम पुरुष गुप्तांग के नाम के निकट होने के कारण वर्जित है। मूर्धन्य /ड/ ध्वनि हिंदी में विद्यमान है और सरलता से बोली जा सकती है, जैसे दंड, प्रचंड, खंडन, मंडन सहज स्वीकार्य हैं, किंतु लंडन टैबू है। अब मानक हिंदी में भी यह लंदन ही है। कुमाऊँ में कढ़ी को झोली/झोई या पल्यो/पयो कहा जाता है, कढ़ी नहीं, क्योंकि कढ़ी में नारी गुप्तांग के नाम से ध्वनि साम्य है। गढ़वाल चमोली में लड़का – लड़की के लिए लौड़ा-लौड़ी प्यार से कहा जाता है किंतु शेष गढ़वाल में, अन्यत्र भी यह टैबू शब्द है। ब्रज, राजस्थानी, बुंदेली में छोरा-छोरी सामान्य प्रयोग में हैं, लेकिन कुमाऊँ में प्रायः अनाथ बच्चों के लिए कहा जाता है। कहीं छोकरा-छोकरी भी अशिष्ट प्रयोग में आते हैं पर अन्यत्र सामान्य प्रयोग में हैं। 'भेल' चाहे जितना स्वादिष्ट लोकप्रिय व्यंजन हो, पहली बार मुंबई आया हुआ कुमाउँनी व्यक्ति 'भेल' शब्द सुनकर चौंकता है क्योंकि कुमाऊँ में भेल नितंबों को कहा जाता है। समूचे उत्तराखंड में काँ/कख (=कहाँ) से गंतव्य के बारे में प्रश्न नहीं पूछा जाता। 'आप कहाँ जाएँगे?' पूछने के लिए शिष्ट अभिव्यक्ति है: गढ़वाली में – आपकी सिद्धि? (आपका लक्ष्य कहाँ जाना है?); कुमाउँनी में – कतुक टाड़? (कितनी दूर जाएँगे?)।

128
कथा पूर्णविराम की

हिंदी में सभी विराम चिह्न अंग्रेज़ी (लैटिन मूल की अन्य भाषाओं) से ज्यों के त्यों ले लिए गए हैं। केवल पूर्ण विराम का चिह्न पारंपरिक है। उसका भी एक विकल्प बिंदु (फ़ुल स्टॉप) के रूप में उपस्थित है और प्रयुक्त भी हो रहा है। सहज प्रश्न उठता है कि क्या भारतीय परंपरा में विराम चिह्न अपने नहीं थे? इसके समर्थन में यही उत्तर होगा – हाँ, केवल पूर्ण विराम को छोड़कर।

वस्तुतः संस्कृत में प्रारंभ के वैदिक साहित्य में विरामचिह्नों की आवश्यकता थी ही नहीं। मौखिक परंपरा थी और गुरुओं के द्वारा शिष्यों को उच्चारण, विराम, गति - यति आदि सहित मंत्रों को रटा दिया जाता था और यही परंपरा चलती रही।

कालांतर में जब लिपि चल पड़ी और पारंपरिक साहित्य को लिखा जाने लगा तो एक पूर्ण विराम ही पर्याप्त था। जो वर्णन या कथन के प्रवाह को रोकने के लिए खड़ी पाई के रूप में रुकावट का एक संकेत मात्र था। जब श्लोकों, मंत्रों की क्रमिक गणना आवश्यक हो गई तो प्रत्येक के साथ दो विराम चिह्नों के बीच श्लोक संख्या भी दे दी गई और यही परंपरा चल पड़ी।

हिंदी में भी प्रारंभ में कविताएँ ही रची गईं इसलिए इकहरे या दोहरे खड़ी पाई वाले विराम से काम सरलता से चलता रहा। गद्य काल में अवश्य विराम चिह्नों की आवश्यकता अनुभव की गई होगी।

यह जानकर आप चकित हो सकते हैं कि अठारहवीं सदी के अंतिम दशक में ही गिलक्रिस्ट ने पूर्णविराम के स्थान पर बिंदु (.) का चलन प्रारंभ कर दिया था। उसी समय, जब हिंदी की पाठ्यपुस्तकें तैयार की जा रही थीं अंग्रेज़ी के विराम चिह्न उसी प्रकार की स्थितियों में हिंदी में भी प्रयुक्त होने लगे। गिलक्रिस्ट और उसके अनुकरण पर फोर्ट विलियम कॉलेज के लल्लूलाल और सदल मिश्र जैसे लेखकों ने इसे अपनाया। 1900 में माधव राव सप्रे ने अपनी रचना 'सुभाषितरत्न' में बिंदु को ही अपनाया।

कालांतर में भारतेंदु युग और द्विवेदी युग में जब हिंदी गद्य स्थिर होने लगा तो खड़ी पाई को छोड़कर पूर्ण विराम के लिए बिंदु का प्रयोग लेखकों ने स्वीकार नहीं किया और अंग्रेज़ी के अन्य विराम चिह्नों को स्वीकारते हुए भी खड़ी पाई का प्रयोग जारी रखा।

पूर्ण विराम के लिए खड़ी पाई के स्थान पर बिंदु के प्रयोग के पीछे सबसे बड़ा तर्क यह था की जब सारे ही चिह्न अंग्रेज़ी से लिए जा रहे हैं तो बिंदु क्यों नहीं। इससे समानता होगी लेखन में भी और टाइप में भी। फिर भी केंद्रीय हिंदी निदेशालय के अंतर्गत मानक हिंदी समिति ने इस तर्क को स्वीकार नहीं किया और अपनी संस्तुतियों में पूर्णविराम के बारे में व्यवस्था दी कि वह परंपरानुसार ही चलता रहेगा। 1970 से आगे के दशक के प्रारंभिक वर्षों में, संभवतः1973-74 के आसपास, पुनः कुछ संस्थानों ने बिंदु की ओर अपने कदम मोड़े। उनमें से एक था *टाइम्स ऑफ़ इंडिया* तथा दूसरा दिल्ली *प्रेस*। इनके स्वामित्व के अंतर्गत हिंदी में छपने वाले सभी पत्र और पत्रिकाएँ पूर्ण विराम के लिए बिंदु का प्रयोग करने लगे। आज भी स्थिति यह है कि कुछ ऐसे ही गिने-चुने संस्थानों के अतिरिक्त अधिकतर पूर्ण विराम के लिए खड़ी पाई का ही प्रयोग हो रहा है।

यहाँ जब परंपरा की ही बात की जा रही है तो यह उल्लेख करना भी महत्त्वपूर्ण होगा कि हिंदी में परंपरा से चला आया विरामचिह्न एक ही है;

खड़ी पाई वाला पूर्णविराम। रोचक है कि यह हिसाब-किताब में चौथाई/ पाव का सूचक था, पूर्ण का नहीं। संस्कृत श्लोकों में भी यह एक प्रकार से पाद (चौथाई), श्लोक के एक चरण (पाद) के लिए प्रयुक्त होता है। श्लोक की समाप्ति पर इसे दोगुना (॥) कर दिया जाता है

यह खड़ी पाई वाला पूर्ण विराम चिह्न गणित में भी अनेक सूचनाओं का संकेतक रहा है। वस्तुतः तो एक चौथाई या पाव का सूचक होने के कारण इसका एक नाम चार विराम भी था। विराम सूचक यह खड़ी पाई हिसाब-किताब, मुंशियों के लेखे-जोखे में एक पाव/एक चौथाई की सूचक थी और 1957 में मुद्रा और भार के लिए दशमलव प्रणाली अपनाने तक व्यवहार में रही।

अनुक्रमणिका

संदर्भ ग्रंथ सूची

आप्टे, वामन शिवराव(1957), संस्कृत-हिंदी शब्दकोश, प्रसाद प्रकाशन, पुणे
कपूर, बदरीनाथ (1995), शब्द परिवार कोश, राजपाल एंड संस
कुमार, अरविंद (1996), हिंदी समांतर कोश, नेशनल बुक ट्रस्ट
गुरु, कामता प्रसाद(1920), हिंदी व्याकरण, नागरी प्रचारिणी सभा
जगन्नाथन, वीरवल्ली आर. (1981), प्रयोग और प्रयोग, ऑक्सफोर्ड यूनिवर्सिटी प्रेस
जोशी, हरिशंकर (1964), प्रतिभा दर्शन, चौखंभा विद्याभवन
दास, श्यामसुंदर (1975), हिंदी शब्दसागर, नागरी प्रचारिणी सभा
पांडे, भास्करानंद (2017), भर्तृहरि का भाषा दर्शन, जास्मिन पब्लिकेशन
प्रसाद, कालिका(1992), बृहत हिंदी शब्दकोश, ज्ञानमंडल, वाराणसी
भट्ट, उमा (2017), झिक्कल कामची उडायली, पहाड़ प्रकाशन
मिश्र, चंद्रप्रकाश (2013), मीडिया लेखन, सिद्धांत और व्यवहार, संजय प्रकाशन
मिश्र, विद्यानिवास(2011), हिंदी की शब्द संपदा, राजकमल प्रकाशन
महरोत्रा, रमेशचंद्र (2004), मानक हिंदी के शुद्ध प्रयोग, राजकमल प्रकाशन
वर्मा रामचंद्र (2005), अच्छी हिंदी, लोकभारती प्रकाशन
वर्मा, रामचंद्र (2010), शब्दार्थ विचार कोश, राजपाल एंड संस
वडनेरकर, अजित(2021),शब्दों का सफर, राजकमल प्रकाशन
वाजपेयी, किशोरीदास(2008), हिंदी निरुक्त, वाणी प्रकाशन
वाजपेयी, किशोरीदास(1976), हिंदी शब्दानुशासन, नागरी प्रचारिणी सभा
शर्मा, रामविलास(1994), पश्चिमी एशिया और ऋग्वेद, दिल्ली विश्वविद्यालय
शर्मा, रामविलास(2014), भाषा और समाज, राजकमल प्रकाशन
शर्मा, रामविलास (2017), ऐतिहासिक भाषा विज्ञान और हिंदी, राजकमल प्रकाशन
Avtans, Abhishek (forthcoming) A Dictionary of Indian Words and Phrases, Aleph Book Company, Delhi
Sharma, Aryendra(1958), A Basic Grammar of Modern Hindi, Central Hindi Directorate, GoI

वेब संदर्भ

अष्टाध्यायी https://ashtadhyayi.com/
अमरकोश भारत https://xn--l1b6a9di5a0j.xn--h2brj9c/
डगलस आर हार्पर https://www.etymonline.com/
कोश संस्कृत टुडे https://sanskrit.today/
डिजिटल डिक्शनरीज़ ऑफ साउथ एशिया https://dsal.uchicago.edu/dictionaries/